AF125543

Anne Buscha · Szilvia Szita

SPEKTRUM DEUTSCH B2

Integriertes Kurs- und Arbeitsbuch für Deutsch als Fremdsprache

Sprachniveau B2

Teilband 2

Mit Zeichnungen von Jean-Marc Deltorn

E-Book

Nutzen Sie dieses Buch auch als E-Book mit interaktiven Aufgaben für nur 5 €*.

nur 5 €* only

*UVP-Preis kann für andere EU-Länder abweichen.

For an additional price of only € 5*, you can also access the e-book version, incl. interactive exercises.

Ihr Gutscheincode
Your coupon code

Lizenzdauer: Lernende 1 Jahr, Lehrende 4 Jahre
Licence period: 1 year for learners, 4 years for teachers

Jetzt einlösen unter www.schubert-verlag.de/gutschein
Redeem now at

X-001-6

SCHUBERT Verlag

Das vorliegende Lehrwerk beinhaltet Hörtexte.

 Hörtexte

Die Hörmaterialien stehen in unserer App SCHUBERT-Audio
und auf unserer Website unter *schubert-verlag.de/medien*
zum Download zur Verfügung.

 Dieses Buch wurde hergestellt mit 100 % Ökostrom aus
ökologischer Erzeugung, welcher durch den TÜV Nord
und das ok-Power-Label zertifiziert ist.

Es ist gedruckt auf zertifiziertem Papier aus nachhaltigen
und verantwortungsvollen Quellen.

Das Werk und seine Teile sind urheberrechtlich geschützt.
Jede Nutzung in anderen als den gesetzlich zugelassenen Fällen
bedarf der vorherigen schriftlichen Einwilligung des Verlages.

Verlagsredaktion: Silvia Hofmann
Layout und Satz: Diana Liebers, Antje Menzel
Zeichnungen: Jean-Marc Deltorn

Die Hörtexte wurden gesprochen von:
Patrick Becker, Burkhard Behnke, Claudia Gräf,
Caroline Hassert, Beatrix Hermens, Manuela Kasecker,
Philipp Oehme, Susanne Prager, Roger Schläfli, Axel Thielmann

© SCHUBERT-Verlag, Leipzig
   1. Auflage 2021
   Alle Rechte vorbehalten
   Printed in Germany
   ISBN: 978-3-96915-001-6

Wachsmuthstr. 10a
D-04229 Leipzig
produkt@schubert-verlag.de

Inhaltsverzeichnis

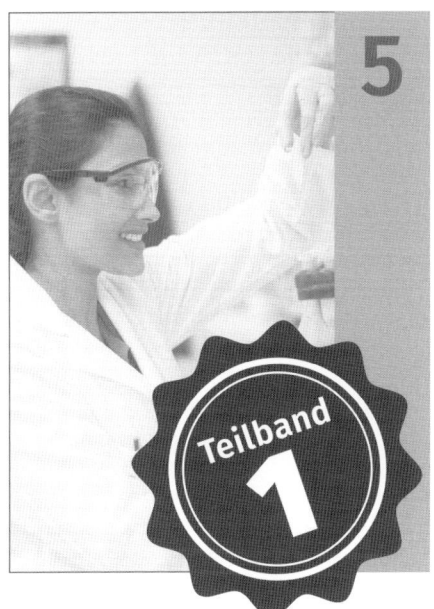

10 Wünsche, Träume und die Wirklichkeit 209

Sprachhandlungen und Lernziele
▪ Über Wünsche und Träume sprechen ▪ Eine kleine Geschichte über das Träumen schreiben ▪ Themenbezogene Hör- und Lesetexte verstehen und wiedergeben ▪ Eine E-Mail mit Ratschlägen für eine Freundin/einen Freund verfassen ▪ Diskussionen über Traumberufe, Influencer und smarte Technik führen ▪ Forumsbeiträge zu den Themen Traumberufe und Smarthome schreiben ▪ Einen literarischen Text lesen und verstehen ▪ Irreale Wünsche, Bedingungen und Vergleiche formulieren ▪ Zeitliche Abläufe mithilfe von Nebensätzen ausdrücken

Themen und Wortschatz
▪ Ratschläge an das jüngere Ich ▪ Traumberufe: Berufe aus Fernsehserien, Influencer ▪ Träume und Technik: Smarthome ▪ Redemittel zur Wiedergabe von Untersuchungsergebnissen

Strukturen
▪ Verben im Konjunktiv II: Irreale Wunschsätze, Bedingungen und Vergleiche ▪ Adjektive mit direktem und präpositionalem Kasus ▪ Temporale Nebensätze

11 Mensch und Natur 229

Sprachhandlungen und Lernziele
▪ Über Tiere, ihre Fähigkeiten und Verhaltensweisen sprechen ▪ Themenbezogene Hör- und Lesetexte verstehen und wiedergeben ▪ Einen Forumsbeitrag zum Thema Artenschutz verfassen ▪ Diskussionen über verschiedene Umweltthemen führen ▪ Eine Fotoauswahl treffen und begründen ▪ Ein Naturschutzgebiet präsentieren ▪ Absichten und Prognosen formulieren ▪ Vermutungen in Gegenwart und Vergangenheit ausdrücken ▪ Zustände mithilfe des Zustandspassivs beschreiben

Themen und Wortschatz
▪ Tiere: Fähigkeiten und Verhaltensweisen ▪ Artenschutz ▪ Umwelttipps für Privatpersonen ▪ Naturschutz als Beruf ▪ Nationalparks in Österreich und der Schweiz ▪ Der ökologische Fußabdruck ▪ Redemittel zum Ausdruck von Zweifel und Widerspruch

Strukturen
▪ Zeitformen der Verben: Futur I und Futur II ▪ Zustandspassiv ▪ Nomen mit präpositionalen Ergänzungen

12 Freizeit und Medien 249

Sprachhandlungen und Lernziele
▪ Eine Grafik über Freizeitbeschäftigungen in Deutschland beschreiben und über das Thema sprechen ▪ Themenbezogene Hör- und Lesetexte verstehen und wiedergeben ▪ Über Fernsehgewohnheiten berichten ▪ Eine Fernsehserie vorstellen ▪ Eine Diskussion über Mediennutzung führen ▪ Forumsbeiträge zu den Themen Mediennutzung und Vertrauen in die Medien verfassen ▪ Nachrichten selbst formulieren ▪ Gehörtes und Gesagtes mithilfe der indirekten Rede wiedergeben ▪ Formellen Sprachgebrauch erkennen und selbst mithilfe von Nomen-Verb-Verbindungen anwenden

Themen und Wortschatz
▪ Freizeitbeschäftigung ▪ Fernsehgewohnheiten ▪ Krimiserien und die Realität ▪ Digitales Fasten ▪ Nachrichten ▪ Redemittel zur Beschreibung einer Grafik (2) ▪ Erfahrungen mit Medien ▪ Redemittel zur Vorstellung einer Serie oder eines Films

Strukturen
▪ Verben im Konjunktiv I: Indirekte Rede ▪ Nomen-Verb-Verbindungen

Vorwort

Spektrum Deutsch B2 ist ein modernes und kommunikatives Lehrwerk, das sich an erwachsene Lernende im In- und Ausland richtet.

Spektrum Deutsch B2 orientiert sich sowohl an den Beschreibungen des Gemeinsamen Europäischen Referenzrahmens für Sprachen, Niveau B2, als auch an den Bedürfnissen der Lernenden nach schnellen und erkennbaren Lernerfolgen. Wie alle anderen Teile der Spektrum Deutsch-Reihe bietet das Lehrwerk relevanten Wortschatz für Alltag, Beruf und Studium und entspricht damit den sprachlichen und intellektuellen Anforderungen der Zielgruppe. Zudem bereitet es mit seinen anspruchsvollen Texten und dem umfassenden und vielfältigen Übungsangebot auf die anerkannten B2-Prüfungen vor.

Die Lehrbuchreihe Spektrum Deutsch zeichnet sich durch einfache und schnelle Orientierung sowie eine hohe Effizienz beim Lernen aus. Dafür sorgen unter anderem die Integration von Kurs- und Arbeitsbuch in einem Band und eine klare Buchstruktur.

Das Buch besteht aus 12 Kapiteln. Jedes Kapitel enthält folgende Elemente:
- Der **Hauptteil** umfasst Lese- und Hörtexte, Aufgaben zur mündlichen und schriftlichen Kommunikation, Wortschatztraining und Übungen und Erläuterungen zu den Strukturen. Hier werden grundlegende Fertigkeiten behandelt und trainiert.
- Der **Vertiefungsteil** bietet Übungen zu Wortschatz und Strukturen, die im Selbststudium bearbeitet werden können.
- Die **Übersichten** über wichtige Wörter und Wendungen und die im Kapitel behandelten Strukturen dienen zur Wiederholung, Vertiefung und zum Nachschlagen.
- Mithilfe eines kleinen **Abschlusstests** am Ende des Vertiefungsteils kann der Lernerfolg selbstständig überprüft werden.

Die vorliegende Ausgabe von Spektrum Deutsch B2 besteht aus zwei Teilbänden mit jeweils 6 Kapiteln: Teilband 1 – Kapitel 1 bis 6; Teilband 2 – Kapitel 7 bis 12.
Jeder Teilband enthält einen Anhang mit den Lösungen zu den Übungen. Teilband 2 beinhaltet außerdem einen Übungstest zur Prüfungsvorbereitung und eine zusammenfassende Übersicht der behandelten Strukturen.

Spektrum Deutsch B2 beinhaltet zahlreiche Übungen zur Schulung des Hörverstehens. Die hierfür benötigten Audiodateien können Sie mit unserer Audio-App offline auf Ihrem Mobilgerät hören. Daneben stehen die Audiodateien auch online bereit.

Die Lehrwerke der Reihe sind auch digital als interaktive Ausgaben erhältlich. Unter *schubert-verlag.de/digital* finden Sie weitere Informationen.

Eine Übersicht über kostenlose digitale Zusatzmaterialien zum Buch finden Sie unter *www.schubert-verlag.de/spektrum.b2.dazu*. Hier werden Ihnen auch alle Hörmaterialien, Links zur Audio-App und Links zu weiterführenden Übungen in unserem Aufgabenportal zur Verfügung gestellt.

Wir wünschen Ihnen viel Freude beim Lernen und Lehren!

Anne Buscha und Szilvia Szita

Unterwegs

▸ Texte über Sehenswürdigkeiten lesen und verstehen, eine Auswahl treffen und begründen und eine Sehenswürdigkeit präsentieren

▸ Hör- und Lesetexte zu den Themen Reisetrends, Reise- und Geschäftsbedingungen, Reiseblogs, Arbeiten im Ausland und Eine Reise zum Mars verstehen und wiedergeben

▸ Über Reisetrends und persönliche Reiseerfahrungen sprechen

▸ Ein Bewerbungsschreiben an die NASA verfassen

▸ Über Reiseblogs und Reiseblogger diskutieren

▸ Über kulturelle Gepflogenheiten im Heimatland und Erfahrungen im Ausland berichten

▸ Einen literarischen Text von Franz Hohler lesen und verstehen

▸ Orte, Gegenstände, Vorgänge mithilfe von Partizipien beschreiben

▸ Nationalitäten richtig benennen

1 Sehenswürdigkeiten in Deutschland, Österreich und der Schweiz

a Wo ist was? Ordnen Sie der Stadt die richtige Sehenswürdigkeit zu. Arbeiten Sie in kleinen Gruppen. Sie können auch im Internet nach Informationen suchen.

Österreich: Graz   *B*

             Salzburg   ....

Schweiz: Basel   ....

             Zermatt   ....

Deutschland: Nürnberg   ....

> **Redemittel**
>
> - Meiner Meinung nach befindet sich ... in ...
> - Ich bin mir nicht sicher, aber ich denke ...
> - Ich habe keine Ahnung. Lass uns mal im Internet nachschauen.

Graz: Altstadt

A Den **Christkindlesmarkt** kann man nur im Dezember besuchen. Er ist einer der ältesten und berühmtesten Weihnachtsmärkte der Welt.

B Die **größte mittelalterliche Altstadt Europas** bietet neben vielen Sehenswürdigkeiten wie der Murinsel und dem Schloss Eggenberg auch unzählige historische Häuser.

C Das **Matterhorn** ist ein Wahrzeichen. Insgesamt ragt der **Berg** 4 478 Meter über dem Meeresspiegel in die Höhe und ist bis heute der meistfotografierte Berg der Welt.

D In der **Kulturmetropole im Dreiländereck** können Besucher viele Museen, ein imposantes Rathaus und ein berühmtes **Münster** besuchen, in dem sich das Grab von Erasmus von Rotterdam befindet.

E Das **Haus, in dem der Komponist Wolfgang Amadeus Mozart** 1756 geboren wurde, zählt zu den meistbesuchten Sehenswürdigkeiten in Österreich.

Österreich:	Innsbruck	....
	Wien	....
Schweiz:	Broc (Kanton Freiburg)	....
Deutschland:	Essen	....
	Eisenach	....
	Berlin	....
	München	....

Ⓕ Der **Alpenzoo** liegt auf 750 Meter Höhe und erstreckt sich über 4,1 Hektar. Hier leben rund 2 000 Tiere aus 150 Arten der alpinen Tierwelt. Der Zoo ist vor allem für seine Wiederansiedlungsprojekte von in Tirol bereits ausgestorbenen Tierarten bekannt.

Ⓖ Der am Westufer der Isar gelegene **Englische Garten** ist mit über vier Quadratkilometern Grünfläche eine der größten innerstädtischen Parkanlagen der Welt. Eine der Hauptattraktionen und Wahrzeichen des Gartens ist der Chinesische Turm mit seinem Biergarten. Hier können Gäste nicht nur bei schönem Wetter entspannen.

Ⓗ Im **Schloss Schönbrunn** lebte, zumindest zeitweilig, Kaiserin Sisi (1837–1898) mit ihrem Mann, Franz Joseph I. Besucher können die mit Originalmöbeln eingerichteten Räume besichtigen und einen authentischen Eindruck davon bekommen, wie die Habsburger Monarchen lebten.

Ⓘ Die **Zeche Zollverein Schacht XII** war früher die weltweit größte und modernste Förderanlage für Steinkohle und ein repräsentatives Beispiel für die Entwicklung der Schwerindustrie in Europa. Das beeindruckende Industriedenkmal mit seiner vom Bauhaus beeinflussten Architektur ist heute ein Zentrum für Kunst und Kultur.

Ⓙ Das von 1788 bis 1793 erbaute **Brandenburger Tor** ist untrennbar mit der deutschen Geschichte verbunden. Durch seinen Standort wurde es zum Symbol der Teilung Deutschlands.

Ⓚ Die verschiedenen Phasen der Schokoladenherstellung werden in der **Schokoladenfabrik Maison Cailler** präsentiert. Besucher erhalten außerdem die Möglichkeit, sich über die Geschichte der Fabrik zu informieren oder die in einem Schokoladen-Workshop selbst hergestellte Schokoladenkreation zu genießen.

Ⓛ Die **Wartburg** zählt zu den am besten erhaltenen Burgen des deutschen Mittelalters. Sie kann auf eine fast tausendjährige Geschichte zurückblicken und gehört zu den bedeutendsten Burgen Deutschlands. Der Kirchenreformator Martin Luther übersetzte hier 1521/22 das Neue Testament in die deutsche Sprache.

b Welche Sehenswürdigkeit würden Sie besuchen? Wählen Sie zwei Sehenswürdigkeiten aus. Begründen Sie Ihre Wahl.

① ....
② ....

Redemittel

- Meine Wahl fällt auf …
- Ich entscheide mich für …
- Mich interessiert vor allem …
- Mir fällt die Entscheidung (nicht) leicht.

2 Präsentation einer Sehenswürdigkeit

Präsentieren Sie eine Sehenswürdigkeit aus Ihrem Heimatland oder einem anderen Land, die Ihrer Meinung nach jede/jeder besuchen sollte.

Schloss Neuschwanstein

▶ **Redemittel**

- … liegt/befindet sich …
- … zählt/gehört zu (den bekanntesten/bedeutendsten, meistbesuchten …)
- … bietet/zeigt/steht für …
- … gilt als Wahrzeichen …/ist die Hauptattraktion …
- … kann auf eine …-jährige Geschichte zurückblicken.
- … erstreckt sich über … Hektar.
- Hier können Gäste/Besucher …

3 Strukturen: Partizipien als Adjektive

a Lesen Sie die Beispielsätze und markieren Sie die Adjektive.

1. Der Alpenzoo ist vor allem für seine Wiederansiedlungsprojekte von in Tirol bereits ausgestorbenen Tierarten bekannt.

2. Besucher können die mit Originalmöbeln eingerichteten Räume besichtigen.

3. Das beeindruckende Industriedenkmal mit seiner vom Bauhaus beeinflussten Architektur ist heute ein Zentrum für Kunst und Kultur.

b Lesen und ergänzen Sie die Beispiele und die Hinweise.

Partizip II

- die **ausgestorbenen** Tierarten
ausgestorben + ………. *(Adjektivendung)*
Aktiv: Die Tierarten sind ausgestorben.

- die **eingerichteten** Räume
eingerichtet + ………. *(Adjektivendung)*
Passiv: ………………………………………….
→ Die Handlung ist abgeschlossen.

Partizip I

- das **beeindruckende** Industriedenkmal
beeindruckend + ………. *(Adjektivendung)*
Aktiv: Das Industriedenkmal beeindruckt (Besucher).
→ Die Handlung ………………………………….

▶ Partizipien als Adjektive geben eine temporale Beziehung zur Haupthandlung wieder.

▶ Sie können auch mit verschiedenen Angaben **erweitert** werden:
*die mit Originalmöbeln eingerichteten Räume
die in Tirol bereits ausgestorbenen Tierarten*

▶ Erweiterte Partizipien findet man vor allem in der Schriftsprache, z. B. in beschreibenden Texten oder wissenschaftlichen Publikationen.

▶ *Übersicht Seite 160*

c Passiv
Umschreiben Sie die Adjektive aus den Texten wie im Beispiel.

▶ der meistfotografierte Berg
Der Berg wurde am meisten fotografiert.

1. die meistbesuchte Sehenswürdigkeit
……………………………………………

2. die von mir selbst hergestellte Schokolade
……………………………………………

3. die vom Bauhaus beeinflusste Architektur
……………………………………………

4. das von Martin Luther übersetzte Neue Testament
……………………………………………

5. das von 1788 bis 1793 erbaute Brandenburger Tor
……………………………………………

4 Reisetrends

a Ergänzen Sie im Text die Adjektive in der richtigen Form. *(PI=Partizip I, PII=Partizip II)*

(1) besuchen *(PII)*
(2) kommen *(PI)*
(3) planen *(PII)*
(4) buchen *(PII)*
(5) verwalten *(PII)*
(6) drucken *(PII)*
(7) entwickeln *(PII)*
(8) ersehnen *(PII)*
(9) bevorzugen *(PII)*
(10) steigen *(PI)*
(11) berücksichtigen *(PI)*
(12) wachsen *(PII)*
(13) orientieren *(PII)*
(14) aktualisieren *(PII)*

ITB Berlin

Auf der Internationalen Tourismus-Börse (ITB) in Berlin, der weltgrößten und gern besuchten (1) Reisemesse, kann man die .... (2) Trends in Sachen Reisen am besten erkennen. Deutlich ist, dass der digitale Wandel auch am Reisen nicht vorbeigeht. Die im Netz .... (3), online .... (4) und über eine Smartphone-App .... (5) Reise wird zum Normalfall. Auch zum klassisch .... (6) Reiseführer gibt es mittlerweile eine Gratis-App, die zusätzliche Infos für die Reiseregion bietet. Mithilfe neu .... (7) Sprachassistenten oder einer Online-Übersetzungsanwendung lassen sich am .... (8) Zielort sprachliche Schwierigkeiten ohne Probleme meistern.

Als Reiseziel für Deutsche ist das eigene Land nach wie vor am beliebtesten. Mehr als 30 Prozent der Urlauber zieht es in die .... (9) Urlaubsregionen an der Ost- und Nordsee oder in die Berge. Die Tourismusbranche rechnet hier mit weiter .... (10) Zahlen.

Immer mehr in den Fokus der Reiselustigen rückt das Thema Nachhaltigkeit. Fast 60 Reiseveranstalter orientieren sich insbesondere an den Wünschen der Kunden, denen ökologische und soziale Aspekte .... (11) Angebote wichtig sind.

Infolge der Corona-Pandemie muss sich ein in den letzten Jahren stark .... (12) Tourismuszweig neu orientieren: die Kreuzfahrtindustrie. Die Tendenz zu immer größeren Schiffen mit immer mehr Passagieren ist vorerst gestoppt. Der Massentourismus auf dem Meer und an Land wird langfristig einem an Qualität .... (13) Tourismus weichen.

Bei der Reisevorbereitung gewinnen die Sicherheitsempfehlungen des Auswärtigen Amtes immer mehr an Bedeutung. Die stets .... (14) Hinweise enthalten genaue Angaben zu bestimmten Regionen oder Städten.

b Geben Sie die wichtigsten Informationen des Textes mit eigenen Worten wieder.

c Berichten Sie.
1. Schauen Sie sich die Website der ITB Berlin an. Suchen Sie nach weiteren Informationen über die Messe und präsentieren Sie diese im Kurs.
2. Suchen Sie im Internet nach Informationen über Reisetrends in Ihrem Heimatland und präsentieren Sie diese im Kurs.

> **Redemittel**
> - Das Interesse an ... wächst/lässt nach/bleibt.
> - Das beliebteste Reiseziel ist heute .../bleibt nach wie vor ...
> - Eine Tendenz geht in eine ähnliche/die entgegengesetzte Richtung: ...
> - Das Thema *(Nachhaltigkeit)* rückt immer mehr in den Fokus.

d Sagen Sie es anders. Verwenden Sie statt des Partizipialattributs einen Relativsatz.

▷ Die Internationale Tourismus-Börse in Berlin war im letzten Jahr <u>die am meisten besuchte</u> Reisemesse.
Die Internationale Tourismus-Börse in Berlin war im letzten Jahr die Reisemesse, *die am meisten besucht wurde*.

1. Die <u>im Netz geplante</u> Reise ist heute der Normalfall.
Die Reise, ..., ist heute der Normalfall.

2. Die Alternative zum <u>auf Papier gedruckten</u> Reiseführer ist heute eine Smartphone-App.
Die Alternative zum Reiseführer, ..., ist heute eine Smartphone-App.

3. Ein <u>neu entwickelter</u> Sprachassistent hilft am Zielort bei sprachlichen Schwierigkeiten.
Ein Sprachassistent,.., hilft am Zielort bei sprachlichen Schwierigkeiten.

4. Die <u>am meisten gebuchten</u> Urlaubsregionen sind die Strände an der Ost- und Nordsee oder die Berge.
Die Urlaubsregionen, ..., sind die Strände an der Ost- und Nordsee oder die Berge.

5. Immer mehr Reiseveranstalter nehmen <u>ökologische und soziale Aspekte berücksichtigende</u> Angebote in ihr Programm auf.
Immer mehr Reiseveranstalter nehmen Angebote, ..., in ihr Programm auf.

6. Infolge der Pandemie muss sich die in den letzten Jahren stark <u>gewachsene</u> Kreuzfahrtindustrie neu orientieren.
Infolge der Pandemie muss sich die Kreuzfahrtindustrie, ..., neu orientieren.

5 Klassenspaziergang: Reisen

Wählen Sie drei Fragen aus und sprechen Sie mit möglichst vielen Kursteilnehmern.
Berichten Sie anschließend.

> Wohin ging Ihre letzte Urlaubsreise und was ist das Ziel Ihrer nächsten Urlaubsreise?

> Wohin würden Sie am liebsten fahren, wenn Geld keine Rolle spielen würde?

> Worauf freuen Sie sich bei einer Urlaubsreise am meisten?

> Wie und mit wem planen und buchen Sie Reisen?

> Was sind für Sie wichtige Punkte, die Sie bei Ihrer Reiseplanung besonders berücksichtigen?

> Worüber ärgern Sie sich, wenn Sie (beruflich oder privat) verreisen?

> Was machen Sie, wenn Sie mit etwas (z. B. dem Hotel, dem Transport o. Ä.) nicht zufrieden sind?

> Bewerten Sie Hotels, in denen Sie übernachtet haben, auf Internetportalen?

> Achten Sie bei Ihren Reisen auf ökologische Aspekte?

▶ **Angaben zu Richtung und Ort**

Richtungsangaben: Ich fahre bald …
- **nach** Italien/München/Europa
- **in** die Schweiz/den Sudan/**ins** Gebirge
- **auf** die Kanarischen Inseln/einen Berg
- **an** die See/den Strand/**ans** Meer
- **zu** meinen Verwandten.

Ortsangaben: Ich war …
- **in** Italien/München/Europa
- **in** der Schweiz/**im** Sudan/**im** Gebirge
- **auf** den Kanarischen Inseln/einem Berg
- **an** der See/dem Strand/**am** Meer
- **bei** meinen Verwandten.

6 Reisebericht

Schreiben Sie einer Freundin/einem Freund eine E-Mail und berichten Sie über Ihre schönste oder eine Ihrer schönsten Reisen. Schreiben Sie etwa 200 Wörter.

7 Reise- und Geschäftsbedingungen

a Berichten Sie. Lesen Sie die Geschäftsbedingungen, bevor Sie eine Reise buchen? Wenn ja, welche Punkte sind für Sie wichtig (z. B. Rücktritt/Stornierung, Umbuchungsmöglichkeit, Haftung des Reiseveranstalters im Katastrophenfall)?

b Sie haben bei einem Reiseveranstalter eine Reise gebucht. Lesen Sie den Auszug aus den Reise- und Geschäftsbedingungen des Reiseveranstalters und wählen Sie die passenden Überschriften. (Nicht alle Überschriften passen.)

- A Mitwirkungspflicht des Reisenden
- B Umbuchungen
- C Stornokosten
- D Rücktritt
- E Beschränkung der Haftung
- F Preisänderungen
- ~~G Bezahlung~~
- H Leistungsveränderungen
- I Datenschutz
- J Abschluss des Vertrages

Auszug aus den Reise- und Geschäftsbedingungen

▶ Bezahlung

Nach Vertragsabschluss wird gegen Aushändigung eines Sicherungsscheins für die Reise eine Anzahlung in Höhe von 20 Prozent des Reisepreises fällig.

(1) ....

Abweichungen von vereinbarten Reiseleistungen, die nach Vertragsabschluss aus unterschiedlichen Gründen notwendig werden, sind gestattet, wenn diese vom Veranstalter nicht wider Treu und Glauben* herbeigeführt werden. Die Kunden sind hierüber unverzüglich in Kenntnis zu setzen.

(2) ....

Der Reiseveranstalter behält sich ausdrücklich das Recht vor, den Reisepreis im Falle gestiegener Treibstoffkosten, erhöhter Abgaben im Rahmen von Hafen- oder Flughafengebühren oder des Anstiegs von Touristensteuern zu erhöhen.

(3) ....

Der Kunde kann jederzeit vor Reisebeginn von der Reise zurücktreten. Der Rücktritt ist gegenüber dem Reiseveranstalter in schriftlicher Form zu erklären.

(4) ....

Im Falle eines Reiserücktritts berechnet der Reiseveranstalter bis zu Tag 90 vor Reiseantritt 20 Prozent, ab dem 30. bis zum 15. Tag 50 Prozent, ab dem 14. Tag 80 Prozent des Reisepreises.

(5) ....

Nach Vertragsabschluss hat der Kunde in der Regel kein Recht auf Änderungen des Reisetermins, des Reiseziels, der Unterkunft oder der Beförderungsart.

(6) ....

Der Reiseveranstalter haftet nicht für Leistungsstörungen und Schäden im Zusammenhang mit Einzelleistungen, die er als Fremdleistung lediglich vermittelt hat (Ausflüge, Sportveranstaltungen, Ausstellungsbesuche).

*wider Treu und Glauben: betrügerisch, unehrlich, unredlich (vertragssprachlich, aus der Rechtsprechung)

c Entsprechen die Aussagen den Geschäftsbedingungen in Teil b? Kreuzen Sie an: *ja* oder *nein*.

	ja	nein
1. Sie müssen bei Buchung der Reise 20 Prozent des Reisepreises bezahlen.	☐	☐
2. Der Reiseveranstalter muss die Reise genauso durchführen, wie es im Vertrag steht.	☐	☐
3. Wenn zwischen der Buchung und dem Reiseantritt zum Beispiel die Flughafengebühren steigen, kann die Reise teurer werden.	☐	☐
4. Ein Reiserücktritt muss immer schriftlich erfolgen.	☐	☐
5. Wer eine Woche vor dem Abreisetag seine Reise storniert, muss 80 Prozent des Reisepreises bezahlen.	☐	☐
6. Der Kunde kann nach Buchung einer Reise den Reisetermin noch verschieben.	☐	☐
7. Wer am Urlaubsort privat einen Ausflug bucht, bekommt im Schadensfall Geld vom Reiseveranstalter zurück.	☐	☐

d Bilden Sie Nomen.

▶ einen Vertrag abschließen   *der* Vertrags*abschluss*

1. 20 Prozent des Reisepreises anzahlen   .... von 20 Prozent des Reisepreises
2. von den Reiseleistungen abweichen   .... von den Reiseleistungen
3. Touristensteuern steigen an   .... von Touristensteuern
4. von einer Reise zurücktreten   .... Reise.............................
5. eine Ausstellung besuchen   .... Ausstellungs.............................

e Sagen Sie es anders. Formen Sie die Sätze mithilfe der Angaben in Klammern um.

▶ Eine Anzahlung des Reisepreises <u>wird fällig</u>. *(leisten müssen ▪ Passiv)*
   Eine Anzahlung des Reisepreises muss geleistet werden.

1. Abweichungen von Reiseleistungen <u>sind gestattet</u>. *(erlaubt sein)*
2. Abweichungen dürfen vom Veranstalter nicht <u>wider Treu und Glauben</u> herbeigeführt werden. *(in betrügerischer Absicht)*
3. Die Kunden sind hierüber unverzüglich <u>in Kenntnis zu setzen</u>. *(informieren müssen ▪ Passiv)*
4. Der Reiseveranstalter <u>behält sich das Recht vor</u>, den Reisepreis zu erhöhen. *(können)*
5. Der Rücktritt ist gegenüber dem Reiseveranstalter in schriftlicher Form <u>zu erklären</u>. *(erfolgen müssen)*

8   Diskussion: Reiseblogs und Reiseblogger/innen
Diskutieren Sie in kleinen Gruppen und berichten Sie anschließend.

- Lesen Sie Reiseblogs? Wenn ja, wie oft, welche? Was erfahren Sie da?
- Wie stellen Sie sich das Leben einer Bloggerin/eines Bloggers vor? Wie sieht der Arbeitsalltag aus? Wo lebt man als Reiseblogger/in, wo schreibt man die Texte?
- Womit verdienen Blogger/innen ihr Geld? Was meinen Sie?
- Würden Sie selbst gern (hauptberuflich oder nebenbei) als Reiseblogger/in arbeiten? Warum? Warum nicht?
- Haben Sie vielleicht selbst schon einmal einen (Reise-)Blog geschrieben? Wenn ja, berichten Sie über Ihre Erfahrungen.

9   Reiseblogger: Arbeiten, wo andere Urlaub machen?
a Sie reisen um die Welt und schreiben darüber – hier berichten zwei Reisebloggerinnen von ihren Erfahrungen. Hören Sie den ersten Bericht. Welche Aussage ist richtig? Kreuzen Sie an: *a, b* oder *c*.

🎧 28

① Die Entscheidung, selbstständig als Bloggerin zu arbeiten,
   a) ☐ war spontan.
   b) ☐ war genau geplant.
   c) ☐ haben ihre Eltern nicht unterstützt.

② Nach Meinung der Bloggerin
   a) ☐ arbeiten Blogger oft am Strand.
   b) ☐ reicht ein bisschen Glück, um einen erfolgreichen Blog zu führen.
   c) ☐ ist es nicht sinnvoll, alles auf einmal machen zu wollen und auf Weltreise zu gehen.

③ Blogger
   a) ☐ verdienen das meiste Geld durch Reiseberichte.
   b) ☐ brauchen Glaubwürdigkeit, um erfolgreich zu sein.
   c) ☐ können mit gekauften Followern sehr reich werden.

b Geben Sie die Hauptinformationen des Textes wieder.

- Was hat die Bloggerin vorher gemacht?
- Wie läuft ihr Blog?
- Welche Marktlücke hatte sie am Anfang entdeckt?
- Womit verdient sie ihr Geld?
- Wo arbeitet sie?
- Hat die Bloggerin ein gutes Einkommen?

c Was passt zusammen? Ordnen Sie die passenden Verben zu.
Erläutern Sie anschließend die Wendungen 1, 9 und 10 mit anderen Worten.

▸	eine feste Stelle	□	□	a) buchen
1.	auf der Straße	□	□	b) wagen
2.	als Bloggerin	□	□	c) testen
3.	einen Blog	□	□	d) kündigen
4.	den Schritt in die Selbstständigkeit	□	□	e) gemieden werden
5.	ein Hotel im Netz	□	□	f) landen
6.	von einem Versprechen nichts	□	□	g) halten
7.	Provision	□	□	h) arbeiten
8.	Produkte	□	□	i) betreiben
9.	mit gekauften Followern	□	□	j) bekommen
10.	von Agenturen	□	□	k) auffliegen

d Hören Sie den zweiten Bericht und beantworten Sie die Fragen zum Hörtext.

29 1. Wie viel verdient die Bloggerin monatlich?
....
....

2. Wo wohnen digitale Nomaden?
....
....

3. Was ist das Ziel der Unternehmen, die mit der Bloggerin zusammenarbeiten?
....
....

4. Wie lange arbeitet die Bloggerin am Tag?
....
....

5. Welche Aufgaben erledigt die Bloggerin tagsüber (zwei Angaben)?
....
....

6. Wo veröffentlicht sie ihre Bücher?
....
....

7. Warum ist sie Bloggerin geworden?
....
....

8. Was bringt die Selbstständigkeit mit sich?
....
....

e Bilden Sie aus den Vorgaben Sätze im Präsens.
Achten Sie auf die fehlenden Präpositionen und den richtigen Kasus.

▶ *ich ▪ ständig umher ▪ und ▪ [auf] → die Häuser [von] → andere Leute ▪ reisen ▪ aufpassen*
Ich reise ständig umher und passe auf die Häuser von anderen Leuten auf.

1. *mein Geld ▪ ich ▪ vor allem ▪ [.................] → mein Reiseblog ▪ verdienen*

2. *ich ▪ [.................] → Unternehmen ▪ zusammenarbeiten, ▪ die ▪ Werbung ▪ [.................] → mein Blog*
   ▪ oder ▪ [.................] → die dazugehörigen sozialen Medien ▪ machen wollen

3. *ich ▪ Artikel ▪ [.................] → Kooperation [.................] → Unternehmen ▪ oder ▪ ihre Produkte*
   ▪ schreiben ▪ testen

4. *meine Leser ▪ [.................] → meine Blogbeiträge ▪ sehen können, welche Leistungen ▪ ich ▪ [.................]*
   → ein Blogbeitrag ▪ erhalten

5. *meine Arbeitszeit ▪ [.................] → 10 und 16 Stunden ▪ [.................] → Tag ▪ betragen*

6. *man ▪ kein Geld ▪ verdienen, wenn ▪ man ▪ faul ▪ [.................] → Strand ▪ liegen*

7. *rund die Hälfte meiner Arbeitszeit ▪ [.................] → organisatorische Tätigkeiten ▪ draufgehen*

8. *ich ▪ zum Beispiel ▪ [.................] → Kooperationspartner ▪ und ▪ [.................] → die Buchhaltung*
   ▪ reden ▪ sich kümmern

9. *rund zwei Stunden pro Tag ▪ ich ▪ [.................] → meine Social-Media-Accounts ▪ verbringen*

10. *meine Selbstständigkeit ▪ auch ▪ Unsicherheit und Zukunftsängste ▪ mit sich bringen*

f Vergleichen Sie die Aussagen der Bloggerinnen mit Ihren Vermutungen in Aufgabe 7.
Was hat Sie überrascht, welche Erwartungen haben sich bestätigt?

g Gefällt Ihnen das Leben der Bloggerinnen?
Diskutieren Sie die Vor- und Nachteile in kleinen Gruppen.

10 **Einige Zeit im Ausland**
Was fällt Ihnen dazu ein? Erstellen Sie ein Assoziogramm.

....

....

....

....

....

Arbeiten im Ausland

....

....

11 **Arbeits- und Praktikumsaufenthalte im Ausland**
a Hören Sie die Kurzberichte. Welche Erfahrungen haben die Berichtenden gemacht?
Machen Sie sich während des Hörens einige Notizen. Vergleichen Sie Ihre Notizen anschließend mit anderen Kursteilnehmern / Kursteilnehmerinnen.

(30) ▶ *Der Aufenthalt hat den Blickwinkel verändert. ...*

b Hören Sie die Kurzberichte noch einmal und ergänzen Sie die fehlenden Wörter.

① Luca: China (Peking)

▷ Luca war im Bereich der Elektro-mobilität und Marktrecherche ~~tätig~~.

1. Er hat seinen .... verändert und angefangen, über die eigene Gesellschaft nachzu-denken.

2. Er hat gelernt, sich an die Arbeitskultur in China .... und seine eigenen .... zurückzustellen.

3. Luca musste Verständnis für die .... der Chine-sen entwickeln.

4. Es hängt von einem selbst ab, wie weit man sich auf das fremde Land und die Menschen .... und was man daraus macht.

② Kathrin: Belgien

1. Kathrin .... noch heute von ihrem Aus-landsjahr.

2. Die Lebens- und .... in Belgien unter-scheidet sich deutlich von Deutschland.

3. Der .... miteinander ist in Belgien sehr offen und locker.

4. Außerdem .... die Belgier viel Wert auf Essen und Geselligkeit.

5. Sie konnte ihre Französischkenntnisse ....

6. Sie hat sich ein berufliches .... aufgebaut.

7. Freunde und Bekannte .... sie mit Wangen-küssen.

③ Christine: Peru

1. Am Anfang hatte Christine etwas ...., aber durch die spannenden Arbeitsaufgaben konnte sie das schnell ....

2. Toll fand sie, dass sie durch den Aufenthalt die Möglichkeit hatte, die peruanische Kultur kennenzulernen und einen .... über das facettenreiche Südamerika zu bekommen.

3. Sie hat neue Freunde ....

4. Ihr ist aufgefallen, dass in Südamerika Arbeits- und Privatleben nicht so strikt voneinander .... sind wie in Deutschland und dass man in einigen Situatio-nen viel .... braucht.

5. Aber darauf kann man sich ....

c Vergleichen Sie die Aussagen mit Ihren Ergebnissen in Aufgabe 10.
Welche Gemeinsamkeiten und welche Unterschiede können Sie feststellen?

d Wo würden Sie gern arbeiten oder ein Praktikum machen? Berichten Sie und begründen Sie Ihre Auswahl.

12 Persönliche Erfahrungen

Sprechen Sie in kleinen Gruppen über Ihre Erfahrungen.
Geben Sie einige Informationen im Kurs wieder.

Was sind Ihrer Meinung nach die interessantesten Gegeben-heiten in Ihrem Heimatland? Welche besonderen Erfahrungen haben Sie woanders gemacht? Orientieren Sie sich an den folgenden Punkten.

- Begrüßung (Familienmitglieder, Freunde, Kollegen, Fremde)
- Anrede (du/Sie, Vorname, Nachname, Titel)
- Umgang mit der Zeit (Pünktlichkeit bei geschäftlichen Ter-minen und privaten Verabredungen, Einhaltung von Fristen, Bearbeitungszeiten von Behörden usw.)
- Servicementalität
- Gesprächsthemen (z. B. beim Smalltalk)
- Einladung zum privaten oder geschäftlichen Essen (Geschenke, Esssitten)
- Verhältnis von Berufs- und Privatleben (eher strikt getrennt oder fließender)
- Arbeitsklima (Hierarchien beachten, Zuständigkeiten einhalten, Kritik üben, Kleiderordnung)

▶ Redemittel

- Ich habe den Eindruck, dass es in … wichtig/üblich ist, …
- In … legt man Wert auf …
- … hat einen wichtigen/hohen Stellenwert.
- Normalerweise/In der Regel …
- Man sollte (unbedingt) darauf achten, …
- Ich habe die Erfahrung gemacht, dass es in … als unhöflich emp-funden wird, wenn …

13 Strukturen: Nationalitätenbezeichnungen

a Lesen Sie die Sätze und markieren Sie die Nationalitätenbezeichnungen.

1. Kathrin meint, dass die Belgier viel Wert auf Essen und Geselligkeit legen.
2. Luca sagt, dass er Verständnis für die Gewohnheiten der Chinesen entwickeln musste.

b Lesen Sie die Hinweise.

Die Nationalitätenbezeichnungen lassen sich in zwei Gruppen einteilen:

Gruppe 1:

der Belgier, der Niederländer, der Brasilianer: Endung **-er**

- Bei der **femininen** Form wird die Endung **-in** angefügt: *die Belgierin, die Niederländerin*
- Die **Pluralform** endet ebenfalls auf **-er**: *die Belgier, die Niederländer*

Hinweis: Einige Nationalitäten erhalten ein zusätzliches **-a(n)**: *Peru – Peruaner, Bolivien – Bolivianer*

Gruppe 2:

der Chinese, der Pole, der Franzose: Endung **-e**

- Die Nomen gehören zur *n-Deklination*.
- Bei der **femininen** Form wird anstelle der Endung -e die Endung **-in** angefügt: *die Chinesin, die Polin*
- Die **Pluralform** endet auf **-en**: *die Chinesen, die Polen*

Ausnahme: *der Deutsche, die Deutsche, die Deutschen* (folgt der Adjektivdeklination)

▸ *Übersicht n-Deklination Seite 160*

c Ergänzen Sie die Nationalitätenbezeichnungen im Plural.

Tipps fürs Verhandeln

▷ Wer mit *Chinesen* Geschäfte macht, sollte beim Smalltalk auch etwas über sich selbst erzählen. *(China)*

1. Eine Präsentation vor .... sollte kurzweilig, geistreich und ein bisschen emotional sein. *(Frankreich)*
2. .... benutzen in geschäftlichen Verhandlungen eine sehr höfliche Sprache, in der Sache aber bleiben sie oft hart. *(die Schweiz)*
3. Wer von .... zum Essen nach Hause eingeladen wird, sollte ein kleines Gastgeschenk mitbringen. *(Großbritannien)*
4. Bei Verhandlungen mit .... kann man auch über eigene Erfolge sprechen. *(USA)*
5. Bei geschäftlichen Terminen mit .... sollte man pünktlich sein und keine langen Vorreden halten. *(die Niederlande)*
6. Bei Verhandlungen mit .... sollte man sich von Gesten nicht irritieren lassen: Kopfschütteln bedeutet Zustimmung, Nicken Ablehnung. *(Bulgarien)*

14 Strukturen: *n*-Deklination maskuliner Nomen

Lesen Sie den Hinweis und ergänzen Sie die maskulinen Personenbezeichnungen.

Mit wem hast du gerade gesprochen?
Ich habe mit ... gesprochen.

▷ mein Freund   – *mit meinem Freund*
der Praktikant   – *mit dem Praktikanten*

1. der Architekt   – ....
2. der Verkäufer   – ....
3. der Präsident   – ....
4. der Minister   – ....
5. ein Journalist   – ....
6. ein Kunde   – ....
7. ein Mitarbeiter   – ....
8. der Fotograf   – ....

▸ Wie maskuline Nationalitätenbezeichnungen auf **-e** werden auch einige andere maskuline Nomen dekliniert:

- maskuline Nomen auf **-e**,
  (*der Kollege, der Junge, der Kunde*)
  Achtung: Maskuline Personenbezeichnungen auf **-e** können auch nominalisierte Adjektive oder Partizipien sein (*der Vorgesetzte*), siehe Kapitel 6.
- Nomen auf **-and, -ant, -ent, -ist**
  (*der Doktorand, der Praktikant, der Patient, der Journalist*)
- einige Berufsbezeichnungen
  (*der Diplomat, der Fotograf, der Architekt*).

15 Der Mars braucht dich

a Diskussion

Verschiedene Weltraumorganisationen planen eine bemannte Reise zum Mars und suchen Freiwillige, die sich für das Abenteuer „Leben auf dem Mars" zur Verfügung stellen.

Diskutieren Sie in kleinen Gruppen:

- Welche Anforderungen kommen wahrscheinlich auf die Freiwilligen zu?
- Würden Sie eine solche Reise mitmachen? Warum (nicht)?

Präsentieren Sie einige Argumente im Plenum.

b Lesen Sie den Text.

Sie reisen gerne? Auch an weit entfernte Orte, die erst noch erforscht werden müssen? Dann bewerben Sie sich bei der NASA – für einen Job auf dem Mars.

■ Arbeiten auf dem Mars

Langeweile im Büro, Kollegen, die sich wie Außerirdische verhalten – und immer wieder dieser eine Gedanke: Ich will hier weg, weit weg! Das erleben Sie immer wieder?

5 Wenn Sie wirklich weit wegwollen, so richtig weit, und vielleicht auch ein bisschen das Abenteuer suchen, dann kommt hier Ihre Chance. Die Weltraumbehörde NASA will Angestellte gewinnen, die auf dem Planeten Mars arbeiten. Die
10 Stellenanzeige hat sie in einer künstlerischen Plakatserie verpackt und mit verschiedenen Werbeslogans versehen. Hier sind einige davon:

- „Werde ein Marsianer. Der Mars braucht DICH!"
- „Der Mars wird alle Arten von Entdeckern,
15 Landwirten, Sachverständigen, Lehrern … brauchen, aber vor allem DICH!"
- „Haben Sie einen grünen Daumen? Dann ist dies das Richtige für Sie. Im Weltraum können Sie Tomaten, Salat oder Erbsen anpflanzen wie in Ihrem
20 Sommergarten."
- „Wenn Sie auf Phobos wohnen und als Bergarbeiter Ressourcen abbauen, haben Sie ein Büro mit einem Ausblick auf den Mars im Nachthimmel."

Wann genau die Reise starten soll, geht aus den
25 Werbeplakaten nicht hervor. Wer dabei sein will, muss also nicht sofort die Zelte auf der Erde abbrechen.

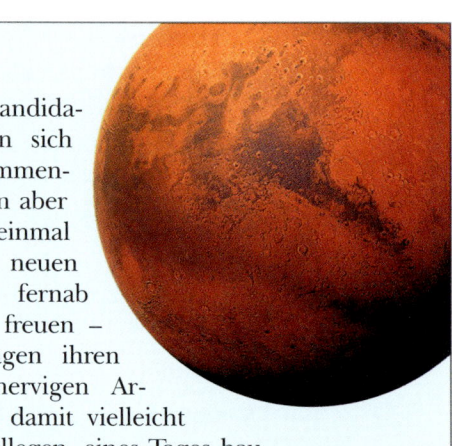

Die Kandidaten dürfen sich
30 in den kommenden Jahren aber schon einmal auf den neuen Traumjob fernab
35 der Erde freuen – und ertragen ihren jetzigen nervigen Arbeitsalltag damit vielleicht besser: Kollegen, eines Tages hau
40 ich sowieso ab und verlasse euren armseligen Planeten!

Vielleicht hilft es aber auch schon, sich die Vorteile seines öden Bürojobs im Vergleich zu einer Arbeit auf dem Mars klarzumachen. Es gibt da
45 einiges, was die NASA in ihrer Stellenanzeige verschweigt.

Arbeitsweg: Je nachdem, wie weit der Mars gerade von der Erde entfernt ist, könnte die Reise dorthin fast ein Jahr dauern. Das macht Pendeln
50 zu einer Herausforderung.

Bezahlung: Ob und wie viel Geld die Angestellten auf dem Mars verdienen, verrät die NASA nicht. Gar nichts vielleicht? Sie könnten auf dem Mars sowieso nichts kaufen.

55 **Berufskleidung:** Egal, ob einem der Weltraumanzug auf Dauer gefällt oder nicht – ohne ihn können Menschen auf dem Mars nicht überleben. Sie hätten nicht genug Sauerstoff. Außerdem herrschen auf dem Mars extreme Temperaturunter-
60 schiede mit Kältegraden von minus 100 Grad.

Probezeit, Kündigungsoption: Wer sich einmal für den Mars-Job bei der NASA entschieden hat, kann vermutlich nie wieder kündigen – egal, wie mies die Stimmung unter den Kollegen ist. Von
65 einer Rückkehr auf die Erde ist in der Stellenanzeige der NASA nicht die Rede, ähnlich wie bei dem europäischen Projekt „Mars One", das auch Menschen auf den Mars schicken will – für immer.

c Berichten Sie.

- Wie fanden Sie den Text?
- Welche Meinung hat die Autorin zum Projekt der NASA?
- Wie ernst sollte man den Text nehmen?

d Fassen Sie den Inhalt des Textes kurz zusammen.

- Was sagt die NASA über ihre eigene Mission?
- Welche bedenkenswerten Punkte nennt die Autorin? Welche Probleme sind mit der Marsmission verbunden?

e Ordnen Sie die Synonyme den Wendungen zu. Achten Sie auf die Wortstellung und fehlende Präpositionen.

- verlassen
- sehr schlecht
- unzulänglich
- Hin- und Herfahren
- langweilig
- gut mit Pflanzen umgehen können
- nicht deutlich werden
- nicht erwähnen

1. einen grünen Daumen haben
   ....

2. Etwas geht aus den Werbeplakaten nicht hervor.
   ....

3. die Zelte auf der Erde abbrechen
   ....

4. ein armseliger Planet
   ....

5. ein öder Bürojob
   ....

6. Die Stellenanzeige verschweigt etwas.
   ....

7. Pendeln wird zu einer Herausforderung.
   ....

8. Die Stimmung ist mies.
   ....

f Was passt zusammen? Ordnen Sie die passenden Verben zu.

▶ etwas immer wieder	☐	☐	a) anpflanzen
1. sich wie Außerirdische	☐	☐	b) freuen
2. das Abenteuer	☐	☐	c) tragen
3. Marsianer	☐	☐	d) erleben
4. auf dem Mars	☐	☐	e) ertragen
5. Tomaten und Salat	☐	☐	f) verlassen
6. sich auf den neuen Traumjob	☐	☐	g) werden
7. den nervigen Arbeitsalltag besser	☐	☐	h) verhalten
8. den armseligen Planeten Erde	☐	☐	i) verdienen
9. einen Raumanzug	☐	☐	j) arbeiten
10. kein Geld	☐	☐	k) suchen

16 Bewerbungsbrief an die NASA

Schreiben Sie einen Bewerbungsbrief an die NASA.

Beschreiben Sie Ihre Motivation, Ihre Fähigkeiten und Fertigkeiten und begründen Sie, warum Sie für die Mission besonders geeignet und wichtig sind. (Sie dürfen alles erfinden und richtig übertreiben.)

17 Meinungsäußerung: Urlaubsreisen ins All

Sie lesen in einer Zeitschrift die folgende Kurznachricht.

> Haben Sie auch schon einmal von einer Urlaubsreise ins All geträumt? Laut der US-Raumfahrtbehörde NASA soll das auf der Internationalen Raumstation ISS bald wieder möglich sein. Der Transport zum Urlaubsdomizil kostet rund 58 Millionen Dollar. Für den Aufenthalt an Bord der Raumstation, der bis zu 30 Tage dauern kann, werden noch einmal rund 35 000 Dollar pro Tag berechnet.

Formulieren Sie einen kurzen Kommentar an die Zeitschrift (etwa 150 Wörter).

Schreiben Sie,

- was Sie von dem Angebot, dass Privatleute zur ISS fliegen dürfen, halten
- was die Weltraumtouristen auf der ISS tun könnten und sollten
- ob und warum Sie selbst, wenn Geld für Sie kein Problem wäre, zur ISS fliegen würden.

18 Eine Kurzgeschichte

a Lesen Sie zum Abschluss des Kapitels einen Text des Schweizer Autors Franz Hohler.

■ Made in Hongkong

„Made in Hongkong" – das habt ihr sicher schon auf einem eurer Spielzeuge gelesen. Aber wisst ihr auch, was es heißt? Also, ich will es euch erklären.

5 Was Maden sind, wisst ihr, so nennt man Käfer, wenn sie noch so klein sind, dass sie wie winzige Würmer aussehen.

In einem Garten lebte einmal eine ganze Schar solcher Maden. Eine davon war beson10 ders klein und wurde von den anderen ständig ausgelacht. „Du bringst es nie zu etwas!", sagten sie immer wieder, bis die kleine Made so wütend wurde, dass sie sagte: „Ich bringe es weiter als ihr alle. Ich komme bis nach Hongkong!", und 15 schnell davonkroch.

„Viele Grüße!", riefen ihr die anderen nach, „und lass es uns wissen, wenn du in Hongkong angekommen bist."

Die Made kroch zum Flughafen und konnte 20 sich dort im Spalt einer großen Kiste verstecken. Der Zufall wollte es, dass diese Kiste nach Hongkong geflogen wurde, aber das war noch nicht alles. Die Kiste war nämlich voll Gold und deshalb wurde sie in Hongkong auf dem Flughafen von 25 Räubern gestohlen, die damit davonfuhren und sie in einem verlassenen Keller versteckten. Nachher wollten sie eine zweite solche Kiste rauben, wurden aber dabei von der Polizei erschossen.

Jetzt wusste niemand mehr, wo die Kiste mit 30 dem Gold war, außer unserer Made. Die überlegte sich, wie sie ihren Maden zu Hause mitteilen konnte, dass sie in Hongkong angekommen war. Dabei kam ihr in den Sinn, dass im Garten, wo sie lebten, ein großer Sandhaufen war, in dem vie35 le Kinder spielten. Deshalb kaufte sie mit ihrem Gold alle Spielzeugfabriken in ganz Hongkong und befahl sofort, dass man auf jedes Spielzeug, das nach Europa verkauft wurde, die Nachricht draufdrucken musste: „Made in Hongkong".

40 Ich kann euch sagen, die Maden machten große Augen, als sich die Kinder im Sandhaufen laut vorlasen, was auf ihrem Spielzeug stand. „Habt ihr das gehört?", flüsterten sich die Maden untereinander zu, „die ist tatsächlich angekommen."

45 Viele von ihnen versuchten daraufhin auch, die Reise zu machen, aber keiner gelang es, die eine flog mit einer Penduluhr nach Amsterdam, die andere versteckte sich in einem Sandwich und wurde unterwegs auf50 gegessen und die meisten kamen nicht einmal bis zum Flughafen, weil sie ihn entweder nicht fanden oder vorher von einem Vogel aufgepickt wurden.

55 Klein sein allein genügt eben nicht, es gehört auch noch etwas Glück dazu.

Hinweis: Sie können den Text auch in einer von Franz Hohler selbst gelesenen Fassung auf YouTube hören.

b Wie hat Ihnen die Kurzgeschichte gefallen? Begründen Sie Ihre Meinung. Fanden Sie den Text schwierig? Wenn ja, warum? Für welche Leser ist die Geschichte Ihrer Meinung nach geschrieben worden?

c Fassen Sie den Text für eine Freundin, einen Freund kurz zusammen.

Ich habe eine lustige/schöne/... Geschichte von Franz Hohler gelesen. Darin geht es um ...

d Schreiben Sie selbst eine Postkarte im Namen einer reiselustigen Made, die in Ihrem Haus/Ihrer Wohnung gelebt hat. Schreiben Sie etwas über die Reiseabenteuer der kleinen Made und darüber, was sie jetzt macht.

Übungen zur Vertiefung und zum Selbststudium

Ü1 ⟩ **Berufliche Tätigkeiten, bei denen man viel reist**

a Welcher Beruf ist das?
Lesen Sie zuerst den Text und ergänzen Sie die fehlenden Präpositionen. Ordnen Sie danach die Berufs-
bezeichnung im Plural zu und nennen Sie die maskuline und die feminine Form.

- Archäologen
- Import-Export-Manager
- ~~Diplomaten~~
- Reisefotografen
- Reisebegleiter
- Piloten

1. Sie sind *im* höheren auswärtigen Dienst tätig und repräsentieren
   ihr Land .... Ausland. Sie verfügen .... sehr gute
   Kenntnisse der politischen Entwicklungen im Gastland und
   führen Verhandlungen .... Interesse einer guten Zusammenarbeit .... anderen Staaten.
   → *die Diplomaten, der Diplomat, die Diplomatin*

2. Fast jeder Arbeitstag führt sie .... einen anderen Bestimmungsort. Doch eigentlich sehen sie nicht viel .... ihren Zielgebieten.
   Nur diejenigen, die häufig lange Strecken fliegen, haben die Möglichkeit, einige Tage .... Zielort zu verbringen.
   → ....

3. Sie können oft Hobby und Beruf vereinen und sie sind viel unterwegs.
   .... ihren häufigsten Aufträgen zählen Bilder .... Städten,
   Regionen, Sehenswürdigkeiten oder einzigartigen Landschaften, die
   .... Zeitschriften oder anderen Medien veröffentlicht werden.
   → ....

4. Ihr sehr spezielles Berufsfeld beschäftigt sich .... den noch
   sichtbaren Überresten früherer Gesellschaften und Kulturen. Das
   ermöglicht es ihnen, interessante historische Objekte weltweit zu
   entdecken und zu erforschen.
   → ....

5. Sie haben die Aufgabe, den Einkauf .... dem Ausland oder den
   Verkauf .... Ausland .... ihr Unternehmen abzuwickeln. Der
   Kontakt .... den Kunden und die Erschließung neuer Märkte
   sind meist .... vielen Reisen .... fremde Länder verbunden.
   → ....

6. Sie arbeiten oft .... Senioren, Kindern oder Jugendlichen
   zusammen. Sie tragen die Verantwortung .... das Wohlbefinden
   der zu begleitenden Personen. Sie können dabei .... Gruppen
   oder Einzelpersonen tätig sein.
   → ....

b Welche Berufsbezeichnungen aus a) gehören zur *n*-Deklination?
Ergänzen Sie in den folgenden Sätzen das maskuline Nomen im Singular.

1. Zu den häufigsten Aufträgen .... zählen Fotos von Städten. (*der Reisefotograf*)

2. Aufgabe .... ist es, neue Märkte zu erschließen. (*der Manager*)

3. Die Reisegruppe lernt .... erst auf dem Flughafen kennen. (*der Reisebegleiter*)

4. Fast jeder Arbeitstag führt .... an einen anderen Bestimmungsort. (*ein Pilot*)

5. Der Regierungschef hat schon einige Verhandlungen mit .... geführt. (*der Diplomat*)

6. Für .... sind die Überreste früherer Kulturen sehr interessant. (*der Archäologe*)

c Weitere Berufe
Nominalisieren Sie die Verben und bilden Sie Sätze wie im Beispiel.
Achten Sie auf die Deklination der maskulinen Nomen.

▶ *Journalist* ▪ *für seine Artikel umfassend recherchieren*
Zu den Aufgaben *eines Journalisten gehört die umfassende Recherche für seine Artikel.*

1. *Architekt* ▪ *Gebäude technisch und gestalterisch planen*
Zu den Aufgaben ....
....

2. *Polizist* ▪ *Verbrechen bekämpfen*
Zu den Aufgaben ....

3. *Anwalt* ▪ *Mandanten vor Gericht vertreten*
Zu den Aufgaben ....

4. *Biologe* ▪ *Strukturen bei Menschen, Tieren und Pflanzen analysieren und erforschen*
Zu den Aufgaben ....

5. *Chemiker* ▪ *physikalisch-chemische Laboruntersuchungen durchführen*
Zu den Aufgaben ....

6. *Philosoph* ▪ *sich theoretisch mit den existenziellen Grundfragen des Menschen auseinandersetzen*
Zu den Aufgaben ....

7. *Psychotherapeut* ▪ *psychische Leiden heilen*
Zu den Aufgaben ....

8. *Astronaut* ▪ *zur Vorbereitung auf den Flug ins All täglich trainieren*
Zu den Aufgaben ....

Ü2 ⟩ **Statistisches: Eine Umfrage zu den beliebtesten Reisezielen**
a Wer reist wohin? Ergänzen Sie die Sätze. Achten Sie auf den Kasus und die lokalen Präpositionen.

1. *Chinesen* reisen gern *nach* Europa. Am wohlsten fühlen sie sich laut der Umfrage .... Frankreich. *(Chinese)*

2. .... reisen gern .... d...... Norden Kanadas, um die Nordlichter zu bewundern. Sie mögen aber auch Reiseziele, die sie .... Fernsehshows schon gesehen haben. *(Japaner)*

3. .... kann man .... sonnigen Inseln wie Kreta oder Mallorca begegnen. Sie reisen auch gerne............ Kanada zum Wandern. *(Schweizer)*

4. Jeder dritte .... verbringt den Urlaub .... eigen...... Land. Wenn er andere Länder besuchen möchte, dann bucht er einen Flug .... Griechenland oder Spanien. Manche .... fahren auch .... Deutschland, ... Österreich oder .... d...... Schweiz. *(Schwede)*

5. Während es die Deutschen oft ins Ausland zieht, bevorzugen .... im Urlaub ihr eigenes Land. Sie reisen dann .... d...... Küste oder .... d...... Berge. *(Franzose)*

6. Jeder vierte .... fährt im Sommer nicht .... d...... Urlaub. Die ...., die es doch tun, bevorzugen eine Reise .... Italien. Auf den nächsten Plätzen folgen ebenfalls Reisen .... südliche Länder wie Kroatien, Spanien, Griechenland oder die Türkei. *(Österreicher)*

7. Mehr als 70 Prozent .... träumen von einem Urlaub .... Australien oder Neuseeland. Viele .... haben auch den Wunsch, ... Nordamerika zu reisen. *(Brite)*

8. Für .... steht ein Urlaub .... Großbritannien oder .... Mexiko an erster Stelle. *(Kanadier)*

b Markieren Sie die Nationalitätenbezeichnungen der *n*-Deklination in Teil a).

Ü3 ❭ **Das Freilichtmuseum im Schwarzwald**

a Lesen Sie die Bewertungen. Bilden Sie dabei Sätze. Achten Sie auf fehlende Präpositionen und den richtigen Kasus.

Karla aus Wien
★★★★

....
....
das Freilichtmuseum ▪ prima ▪ [................] ⟶ ein netter Spaziergang ▪ sich eignen
Der Eintritt beträgt zehn Euro für Erwachsene. Abhängig davon, wie viel Zeit man mitbringt, kann man in den Gebäuden viel Wissenswertes erfahren.

Johannes aus Bonn
★★★★★

Das Freilichtmuseum ist unbedingt einen Besuch wert. Mehrere Höfe aus verschiedenen Regionen sind zu besichtigen und bieten einen guten Einblick, wie das Leben früher mal war.
....
....
eine friedvolle Atmosphäre ▪ und ▪ schön angelegte Wege ▪ der Besuch ▪ [................]
⟶ ein schönes Erlebnis ▪ machen

Jenny aus Berlin
★★★★★

....
....
das Freilichtmuseum ▪ [................] ⟶ Liebe [................] ⟶ Detail ▪ herrichten (Passiv Präteritum)
Man erlebt hier eine Zeitreise. Wir stellten fest, dass wir den einen oder anderen alten Gegenstand noch aus unserer Kindheit kannten.

Jörn aus Basel
★★★★★

Das Freilichtmuseum ist liebevoll gestaltet.
....
....
das Museum ▪ ein guter Einblick ▪ [................]
⟶ vergangene Zeiten ▪ bieten
Die Häuser und Höfe sind sehr gut erhalten. Die Audio-Tour fanden wir gut und mit vier Euro pro Gerät günstig.

b Auf wen trifft das zu? Schreiben Sie den passenden Namen aus a) neben den Satz.

❭ Wer findet, dass man die Zeit im Museum sinnvoll verbringen kann?   *Karla*

1. Wem sind manche Objekte aus der Vergangenheit vertraut?   ....

2. Wer findet, dass man das Museum auf alle Fälle besichtigen sollte?   ....

3. Wer schätzt vor allem die Stimmung und die Umgebung?   ....

4. Wer findet, dass sich die Gebäude in gutem Zustand befinden?   ....

5. Wer findet die Gestaltung des Museums besonders schön und angenehm?   .... und
....

c Ergänzen Sie die fehlenden Verben. (Zwei Verben passen nicht.)

- bieten
- sein
- machen
- ~~herrichten~~
- erleben
- gestalten
- besichtigen
- fahren
- mitbringen
- eignen

❭ ein Museum *herrichten*

1. eine Zeitreise ....

2. ein Museum liebevoll ....

3. einen guten Einblick in vergangene Zeiten ....

4. einen Besuch/einen Abstecher wert ....

5. sich für einen netten Spaziergang ....

6. den Besuch zu einem schönen Erlebnis ....

7. Höfe aus verschiedenen Regionen ....

Ü4 ＞ **Berühmte Museen in Deutschland**

Bilden Sie aus den Verben Adjektive. Überlegen Sie, ob das Adjektiv aus dem Partizip I oder dem Partizip II gebildet wird.

① **Pergamonmuseum (Berlin)**

Das Pergamonmuseum gilt als eines der bedeutendsten Museen der Kultur- und Menschheitsgeschichte. Das Kunstwerke aus 6 000 Jahren *beherbergende* (beherbergen) Museum steht auf der seit 1999 zum UNESCO-Welterbe .... (gehören) Berliner Museumsinsel. Besonders bekannt ist es unter anderem für das Ischtar-Tor von Babylon und den Pergamonaltar. Die in Asien und im Orient .... (ausgraben) Bauwerke wurden am Ende des 19. Jahrhunderts nach Berlin gebracht. Leider ist das sich zurzeit im Umbau .... (befinden) Museum nur teilweise zugänglich.

② **Haus der Geschichte (Bonn)**

Das Haus der Geschichte nimmt die Besucher auf eine Reise in die Geschichte Deutschlands mit. Die in der Nachkriegszeit .... (beginnen) Reise führt die Besucher durch die zweite Hälfte des 20. Jahrhunderts und endet in der Gegenwart. Interaktive Medienstationen erklären anschaulich und verständlich die komplexen und von vielen Faktoren .... (abhängen) Hintergründe und Zusammenhänge der deutschen Geschichte.

③ **Mercedes-Benz-Museum (Stuttgart)**

Mit seiner Glasfassade und den an die Star-Trek-Filme .... (erinnern) Fahrstühlen sieht das Mercedes-Benz-Museum ziemlich futuristisch aus. Die auf 130 Jahre Automobilgeschichte .... (zurückblicken) Ausstellung im Inneren des Gebäudes beherbergt einige interessante Fahrzeuge. Wer schon immer mal das von Papst Johannes Paul II. .... (benutzen) „Papamobil" oder den von Lewis Hamilton .... (fahren) „Silberpfeil" bestaunen wollte, wird in diesem Museum seine Freude haben. Zusammen mit weiteren Exponaten bilden sie das Herzstück der von Autoexperten .... (zusammenstellen) Dauerausstellung auf insgesamt 16 500 Quadratmetern Fläche.

Ü5 ＞ **Erfahrungen im Ausland**

Ergänzen Sie zuerst das passende Verb. Bilden Sie danach Sätze im Perfekt in der 1. Person Singular.

▪ zurückstellen ▪ überwinden ▪ entwickeln ▪ sich aufbauen ▪ sich einlassen ▪ ~~verändern~~ ▪ nachdenken ▪ verbessern ▪ profitieren ▪ sich einstellen ▪ sich anpassen

Ich war viele Jahre im Ausland.

▷ den Blickwinkel *verändern* → *Ich habe meinen Blickwinkel verändert.*

1. über unsere Gesellschaft .... → ....

2. ..... an die Arbeitskultur des Gastlandes .... → ....

3. die eigenen Befindlichkeiten .... → ....

4. von dem Auslandsjahr .... → ....

5. meine Französischkenntnisse .... → ....

6. ..... ein berufliches Netzwerk .... → ....

7. das Heimweh .... → ....

8. ..... auf bestimmte Verhaltensweisen .... → ....

9. Verständnis für die Gewohnheiten der anderen .... → ....
....

10. ..... auf das fremde Land und seine Menschen .... → ....
....

Kleiner Abschlusstest

 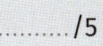

Was können Sie schon? Testen Sie sich selbst.

T1 ⟩ **Unterwegs**
.... /5

Ergänzen Sie die fehlenden Verben. (Einige Verben passen nicht.)
Was müssen Reiseblogger/innen machen?

> ▪ kümmern ▪ testen ▪ steigern ▪ ~~umherreisen~~ ▪ zurückstellen ▪ zusammenarbeiten ▪ entwickeln
> ▪ steigen ▪ einlassen ▪ aufbauen ▪ verdienen

▶ ständig *umherreisen*

1. mit Unternehmen ....

2. Produkte ....

3. mit ihrem Reiseblog Geld ....

4. sich um die Buchhaltung ....

5. die Anzahl ihrer Follower ....

T2 ⟩ **Reisebedingungen**
.... /5

Bilden Sie aus den Verben Adjektive.

▶ Die im Prospekt *beschriebenen* (beschreiben) Reiseleistungen haben sich minimal verändert.

1. Der .... *(abschließen)* Vertrag bleibt gültig.

2. Sie erhalten aber 10 Prozent Rabatt auf den .... *(vereinbaren)* Reisepreis.

3. Sollten Sie mit den .... *(nennen)* Veränderungen nicht einverstanden sein, können Sie von der Reise zurücktreten.

4. Für absichtlich .... *(herbeiführen)* Schäden haften wir nicht.

5. Alle Unterlagen für die nächste Woche .... *(beginnen)* Reise werden morgen per Mail zugesandt.

T3 ⟩ **Reisetrends**
.... /10

Bilden Sie Sätze wie im Beispiel. Achten Sie auf die fehlenden Präpositionen und den richtigen Kasus.

▶ *viele Leute ▪ ihre Reise ▪ [im] → Netz ▪ planen ▪ und ▪ alle Dokumente und Informationen ▪ [über] → eine Smartphone-App ▪ verwalten*
Viele Leute planen ihre Reise im Netz und verwalten alle Dokumente und Informationen über eine Smartphone-App.

1. *[................] → neu entwickelte Sprachassistenten ▪ man ▪ sprachliche Schwierigkeiten ▪ problemlos ▪ meistern ▪ können*
....
....

2. *viele Deutsche ▪ [................] → ihr Heimatland ▪ bleiben ▪ und ▪ [................] → Sommer ▪ [................] → die Nord- oder Ostseeküste ▪ fahren*
....
....

3. *einige ▪ eine Reise ▪ [................] → ferne Länder, z. B. [................] → die USA, [................] → China oder [................] → die Malediven ▪ lieber ▪ machen*
....
....

4. *insgesamt ▪ die Tourismusbranche ▪ [................] → weiter steigende Zahlen ▪ rechnen*
....

5. *viele Reiseanbieter ▪ heute ▪ [................] → die Wünsche der Kunden ▪ sich orientieren ▪ und ▪ [................] → ökologische Aspekte ▪ achten*
....
....

Übersichten zu den Strukturen

⟩ Die *n*-Deklination maskuliner Nomen

	maskulin	Plural
Nominativ	der Kollege • der Architekt	die Kollegen • die Architekten
Akkusativ	den Kollegen • den Architekten	die Kollegen • die Architekten
Dativ	dem Kollegen • dem Architekten	den Kollegen • den Architekten
Genitiv	des Kollegen • des Architekten	der Kollegen • der Architekten

▸ *vergleiche auch Personenbezeichnungen Kapitel 6*

Dem gleichen Deklinationsprinzip folgen:

▸ Viele maskuline Nomen auf *-e*:
der Kollege, der Junge, der Kunde, der Experte
▸ Angehörige bestimmter Nationalitäten (auf *-e*):
der Brite, der Bulgare, der Chinese, der Däne
▸ Maskuline Nomen auf *-and, -ant, -ent, -at, -ist, -graf*:
der Doktorand, der Diamant, der Praktikant, der Patient, der Soldat, der Journalist, der Polizist, der Fotograf

▸ Nomen wie:
  ▪ *der Nachbar, der Bauer* (im Singular und Plural: *-n*)
  ▪ *der Architekt, der Astronaut, der Held, der Mensch*
  (im Singular und Plural: *-en*)
  ▪ *der Herr* (im Singular *-n*, im Plural: *-en*)
▸ Einige maskuline Nomen, die den Genitiv zusätzlich mit *-s* bilden: *der Buchstabe, der Gedanke, der Name*

⟩ Partizip II und I als Adjektiv

	Partizip als Adjektiv	Bildung	Umschreibung	Temporale Beziehung zur Haupthandlung
Partizip II	die **ausgestorbenen** Tierarten	Partizip II *(ausgestorben)* + Adjektivendung	Aktiv: Die Tierarten sind ausgestorben.	▸ Die Handlung ist abgeschlossen.
	die **eingerichteten** Räume	Partizip II *(eingerichtet)* + Adjektivendung	Passiv: Die Räume wurden eingerichtet.	
Partizip I	das **beeindruckende** Industriedenkmal	Partizip I *(beeindruckend)* + Adjektivendung	Aktiv: Das Industriedenkmal beeindruckt Besucher.	▸ Die Handlung dauert an.

⟩ Lokale Präpositionen

Richtung: Wohin? Woher? Ort: Wo?

an	+ Akkusativ + Dativ	Ich fahre **an** die See/**ans** Meer. *(Wohin?)* Wir waren **an** der See/**am** Meer. *(Wo?)*
auf		Ich steige **auf** einen Berg. *(Wohin)* Wir waren **auf** dem höchsten Berg Deutschlands. *(Wo?)*
aus	+ Dativ	Ich komme **aus** Italien/München/**aus** dem Unterrichtsraum. *(Woher?)*
bei	+ Dativ	Ich bin **bei** meinen Verwandten/der Polizei. *(Wo?)*
in	+ Akkusativ + Dativ	Ich fahre **in** die Türkei. Ich gehe **in** den Unterrichtsraum. *(Wohin?)* Wir waren **in** der Türkei/ **in** München/**im** Unterrichtsraum. *(Wo?)*
nach	+ Dativ	Ich fahre **nach** Italien/München/Europa/Hause. *(ohne Artikel) (Wohin?)*
von	+ Dativ	Ich komme **von** meinen Verwandten/**vom** Bahnhof *(Woher?)*
zu	+ Dativ	Ich fahre **zur** (zu der) Polizei/**zum** (zu dem) Bahnhof/**zu** meinen Verwandten. *(Wohin?)*

Wichtige Wörter und Wendungen

 Wiederholen Sie die Wörter und Wendungen.
Zweisprachige Redemittellisten finden Sie unter
www.schubert-verlag.de/wortschatz

Sehenswürdigkeiten

- in Österreich/im Gebirge/am Stadtrand/am Rhein liegen/stehen
- zu den bekanntesten/bedeutendsten/meist-besuchten Museen/Gebäuden/Zoos/Parks/Schlössern gehören/zählen
- als Wahrzeichen gelten
- die Hauptattraktion in einem Gebiet/einer Stadt sein
- zum Symbol *(der Teilung)* werden
- auf eine langjährige Geschichte zurückblicken
- sich über viele Hektar erstrecken
- Pflanzen/Tiere/Kunstwerke/Geschichte zeigen/bieten
- sich über etwas informieren können

Reisetrends

- die kommenden Trends in Sachen Reisen erkennen
- auch am Reisen nicht vorbeigehen/das Reisen betreffen
- Reisen im Netz planen/online buchen/über eine Smartphone-App verwalten
- zusätzliche Infos für die Reiseregion bieten
- mithilfe neu entwickelter Sprachassistenten oder einer Online-Übersetzungsanwendung sprachliche Schwierigkeiten meistern
- eine Urlaubsregion bevorzugen
- mit weiter steigenden Zahlen rechnen
- in den Fokus der Reiselustigen rücken
- sich an den Wünschen der Kunden orientieren
- ökologische und soziale Aspekte berücksichtigen
- sich neu orientieren
- die Tendenz zu immer größeren Schiffen stoppen
- einem an Qualität orientierten Tourismus weichen
- Hinweise und Sicherheitsempfehlungen lesen/aktualisieren
- genaue Angaben zu bestimmten Regionen enthalten

Reisebedingungen und Beschwerden

- Reiseleistungen vereinbaren
- einen Vertrag abschließen
- einen Sicherungsschein aushändigen
- 20 Prozent des Reisepreises verlangen
- von den Reiseleistungen abweichen
- Touristensteuern bezahlen
- etwas wider Treu und Glauben/in betrügerischer Absicht herbeiführen
- die Kunden/den Reiseveranstalter in Kenntnis setzen/informieren
- sich das Recht vorbehalten, den Reisepreis zu erhöhen
- von einer Reise zurücktreten
- den Rücktritt in schriftlicher Form erklären
- für Leistungsstörungen und Schäden haften/die Kosten übernehmen
- sich über etwas beschweren
- mit etwas nicht in vollem Maße zufrieden/sehr unzufrieden sein
- von etwas ziemlich enttäuscht sein
- etwas anderes erwarten/nicht den Erwartungen entsprechen
- einen Geldbetrag erstatten/zurückzahlen

Reiseblogger

- eine feste Stelle kündigen
- Stellenangebote absagen
- auf der Straße landen
- als Bloggerin arbeiten
- einen Blog betreiben
- den Schritt in die Selbstständigkeit wagen
- ständig umherreisen
- auf die Häuser anderer Leute aufpassen
- die Arbeit in Deutschland erledigen
- vom Reiseblog leben/mit dem Reiseblog Geld verdienen
- (nicht) faul am Strand liegen
- mit Unternehmen zusammenarbeiten
- mit Kooperationspartnern reden
- sich um die Buchhaltung kümmern
- Werbung auf/in einem Blog machen
- Artikel schreiben
- Produkte testen
- Provision bekommen
- Besucherzahlen wachsen (nicht).
- (k)eine große Reichweite haben
- mit gekauften Followern auffliegen
- von Agenturen gemieden werden
- von einem Versprechen nichts halten
- Unsicherheit und Zukunftsängste mit sich bringen
- (nicht) in Geldnot geraten

Erfahrungen im Ausland

- den eigenen Blickwinkel verändern
- über unsere Gesellschaft nachdenken
- sich an die Arbeitskultur (in China) anpassen
- die eigenen Befindlichkeiten zurückstellen
- an sich arbeiten/sich weiterentwickeln
- Verständnis für die Gewohnheiten der anderen entwickeln
- wichtig für die Persönlichkeitsentwicklung sein
- sich auf ein fremdes Land und seine Menschen einlassen
- vom Auslandsjahr profitieren
- sich deutlich von Deutschland unterscheiden
- offen und locker miteinander umgehen
- Wert auf Essen und Geselligkeit legen
- seine Französischkenntnisse verbessern
- ein berufliches Netzwerk aufbauen
- Freunde und Bekannte mit Wangenküssen begrüßen
- Heimweh haben/überwinden
- die Kultur des Gastlandes kennenlernen
- einen Überblick über das facettenreiche (Südamerika) bekommen

- Freunde gewinnen
- Arbeits- und Privatleben (nicht so) strikt voneinander trennen
- sich auf andere Verhaltensweisen einstellen

Marsmission

- Langeweile im Büro haben
- sich wie Außerirdische verhalten
- etwas immer wieder erleben
- einfach nur wegwollen
- Angestellte gewinnen
- eine Stellenanzeige in einer künstlerischen Plakatserie verpacken und mit verschiedenen Werbeslogans versehen
- Marsianer werden
- einen grünen Daumen haben
- im Weltraum Tomaten, Salat oder Erbsen anpflanzen
- den armseligen Planeten Erde verlassen
- sich die Vorteile seines öden Bürojobs im Vergleich zu einer Arbeit auf dem Mars klarmachen
- etwas verschweigen

Lebensmittel und Ernährung

▸ Über Essen, Essgewohnheiten und gesunde Ernährung sprechen

▸ Hör- und Lesetexte zu den Themen Zuverlässigkeit wissenschaftlicher Studien, Ernährung, Insekten als Lebensmittel und ein Urteil des Bayerischen Amtsgerichts verstehen und wiedergeben

▸ Einen Vortrag über Ernährung halten

▸ Eine Grafik zum Thema Lebensmittelverschwendung beschreiben und über die Verwendung und das Wegwerfen von Lebensmitteln diskutieren

▸ Vorschläge zur Reduzierung von Lebensmittelabfällen unterbreiten

▸ Eine Postkarte, einen Ernährungsbericht und einen Forumsbeitrag schreiben

▸ Die Art und Weise von Vorgängen mithilfe verschiedener grammatischer Strukturen beschreiben

1 Diskussion

Beantworten Sie die Fragen in kleinen Gruppen und diskutieren Sie über die Themen.
Fassen Sie anschließend die wichtigsten Ergebnisse zusammen.

① Was essen/trinken Sie am liebsten?

② Achten Sie auf gesunde Ernährung? Wenn ja, worauf achten Sie besonders?

③ Was essen/trinken Sie am häufigsten?

④ Kennen Sie einzelne Lebensmittel, die eine besondere Wirkung haben (z. B. das Leben verlängern, bestimmte Krankheiten verhindern o. Ä.)? Wenn ja, woher stammen Ihre Informationen?

⑤ Gibt es Ihrer Meinung nach Lebensmittel, die für die Gesundheit im Allgemeinen besonders gut sind? Wenn ja, woher wissen Sie das?

⑥ Lesen Sie in Zeitungen oder Zeitschriften Artikel zu Studienergebnissen, die mit Gesundheit und Wohlbefinden zu tun haben? Warum (nicht)?

2 Kann Essen unsere Gesundheit beeinflussen?

a Hören Sie ein Gespräch im Radio. Welche Aussage ist richtig? Kreuzen Sie an: *1* bis *5 a*, *b* oder *c*.

🎧 31

① Das Thema der Sendung ist

a) ☐ der richtige Umgang mit Studienergebnissen und Empfehlungen zur Ernährung.

b) ☐ die gesundheitliche Wirkung von Kaffee.

c) ☐ Betrug in der Wissenschaft.

② Welche Probleme sieht Frau Heidenreich bei Untersuchungen unter Laborbedingungen?

a) ☐ Tierversuche sind unethisch.

b) ☐ Ergebnisse unter Laborbedingungen lassen sich nicht so einfach auf das reale Leben übertragen.

c) ☐ Die Essgewohnheiten der Menschen sind zu unterschiedlich.

③ Die Ernährungsexpertin kritisiert an den Forschungsmethoden einiger Wissenschaftler,

a) ☐ dass die Wissenschaftler Computerprogramme benutzen.

b) ☐ dass die Wissenschaftler unsinnige Themen erforschen.

c) ☐ dass Untersuchungen nicht themenbezogen, sondern zufallsorientiert durchgeführt werden.

④ Frau Heidenreich findet es besonders problematisch,

a) ☐ wenn Studienresultate zu einem Thema unterschiedlich ausfallen.

b) ☐ wenn die Wissenschaftler aus ihren Ergebnissen allgemeine Empfehlungen zur Ernährung ableiten.

c) ☐ wenn sich Wissenschaftler Erfolg wünschen.

⑤ Ernährungsempfehlungen sind

a) ☐ prinzipiell unsinnig.

b) ☐ immer sinnvoll.

c) ☐ gegebenenfalls zu hinterfragen.

b Hören Sie den Text noch einmal und beantworten Sie die Fragen.

🎧 31

1. Welche gesundheitsfördernden Eigenschaften von regelmäßigem Kaffeekonsum werden genannt? *(2 Angaben)*

....

2. Wann erkannte man die Rolle der Nahrungsmittel beim Heilungsprozess?

....

3. Worauf basiert die Anwendung von Hausmitteln?

....

4. Welche Erwartungen haben Menschen heute an einige Nahrungsmittel?

....

5. Was ist das Problem mit Resultaten aus dem Labor?

....

6. Wonach lassen manche Wissenschaftler mithilfe von Computerprogrammen suchen?

....

7. Worauf haben Lebensmittel mit Omega-3-Fettsäuren einen positiven Effekt? *(1 Angabe)*

....

3 Textarbeit

a Welches Synonym passt? Kreuzen Sie an.

1. Können Lebensmittel tatsächlich <u>Krankheiten vorbeugen</u>?

a) ☐ eine präventive Wirkung haben

b) ☐ Krankheitssymptome heilen

2. Die richtige Ernährung kann uns helfen, <u>die Genesung</u> in Krankheitsfällen zu unterstützen.

a) ☐ das Wohlbefinden

b) ☐ den Heilungsprozess

3. Resultate von Tierversuchen lassen sich nicht <u>eins zu eins</u> auf den Menschen übertragen.

a) ☐ direkt

b) ☐ kurzfristig

4. Viele Forschungsergebnisse <u>sind mit Vorsicht zu genießen</u>.

a) ☐ sollte man kritisch sehen

b) ☐ sollte man aufmerksam lesen

5. Das heißt, man kann den Studien überhaupt nicht <u>trauen</u>.

a) ☐ glauben

b) ☐ widersprechen

b Ergänzen Sie die fehlenden Verben in der richtigen Form.
Arbeiten Sie zu zweit. Vergleichen Sie Ihre Lösungen mit anderen Kursteilnehmern.

- vorbeugen
- weitergeben
- helfen
- unterstützen
- ~~verlängern~~
- senken
- erkennen
- leiden
- basieren
- aufzeigen
- unterscheiden
- führen
- schmecken
- genießen
- erhöhen
- durchführen
- auswirken
- vergessen
- erleiden
- plagen

Diversen Studien zur gesundheitlichen Wirkung von Kaffee zufolge *verlängert* regelmäßiger Kaffeekonsum das Leben, ... (1) das Krebsrisiko um 18 Prozent und vermindert die Möglichkeit, einen Herzinfarkt zu .... (2). Doch können Lebensmittel tatsächlich Krankheiten .... (3)? Diese Frage ist nicht so einfach zu beantworten.

Generell kann man sagen: Die richtige Ernährung kann uns .... (4), gesund zu bleiben, oder die Genesung in Krankheitsfällen .... (5). Das weiß man schon seit der Antike, denn der berühmte Arzt Hippokrates hat bereits vor über 2 000 Jahren die Rolle der Nahrungsmittel beim Heilungsprozess .... (6). Und auch heute trinken viele Kranke eine Hühnersuppe, wenn sie eine Grippe oder Erkältung .... (7), oder sie essen Zwieback, wenn sie unter Magenschmerzen .... (8). Die Anwendung solcher Hausmittel wird von Generation zu Generation .... (9) und .... (10) auf positiven Erfahrungen.

Die heutigen Anforderungen an Nahrungsmittel sind hoch. Essen soll nicht nur gut .... (11), es soll sich auch positiv auf die Gesundheit und das Wohlbefinden .... (12), z. B. Krankheitssymptome lindern, die Konzentration steigern oder die Leistungsfähigkeit .... (13).

Es gibt unzählige Untersuchungen und Studien zu gesundheitsfördernden Wirkungen von Lebensmitteln, doch viele Forschungsergebnisse sind mit Vorsicht zu .... (14). Das liegt unter anderem daran, dass Untersuchungen unter Laborbedingungen .... (15) werden, die sich stark von unserem täglichen Leben .... (16). Auch bestimmte Forschungsmethoden der Wissenschaftler .... (17) nicht immer zu eindeutigen Ergebnissen. Gesundheitswissenschaftler der Universität Stanford konnten in einer Studie sich widersprechende Aussagen zum Thema Lebensmittel und Krebsrisiko .... (18).

Obwohl einige Ernährungsempfehlungen wie der tägliche Verzehr von Obst und Gemüse sinnvoll sind, sollte man beim Thema Ernährung nicht .... (19), dass Essen auch schmecken muss und normalerweise mit Genuss und Entspannung verbunden ist.

c Bilden Sie aus den Verben Nomen.

▶	gesundheitsfördernd wirken	→	eine *gesundheitsfördernde Wirkung*
1.	regelmäßig Kaffee konsumieren	→	regelmäßiger ....
2.	sich richtig ernähren	→	die richtige ....
3.	Krankheiten vorbeugen	→	die .... von Krankheiten
4.	die Genesung unterstützen	→	die .... der Genesung
5.	Hausmittel anwenden	→	die .... von Hausmitteln
6.	positive Erfahrungen weitergeben	→	die .... positiver Erfahrungen
7.	Krankheitssymptome lindern	→	die .... der Krankheitssymptome
8.	die Konzentration steigern	→	die .... der Konzentration
9.	die Leistungsfähigkeit erhöhen	→	die .... der Leistungsfähigkeit
10.	etwas unzählige Male untersuchen	→	unzählige ....
11.	schnell heilen	→	eine schnelle ....
12.	etwas täglich verzehren	→	der tägliche ....
13.	etwas als positiv erfahren	→	positive ....

4 **Gesicherte Erkenntnisse**

a Wie heißen die Lösungswörter? Ergänzen Sie in dem Rätsel die fehlenden Nomen mit großen Buchstaben.

1. M A N G ☐ E R S C H E I N U N G E N
2. G ☐ E
3. ☐ B
4. G E T R ☐ P R O D ☐ E N
5. V O L L K ☐ V A R I A N T E
6. K O H L E N H Y
7. K A R T ☐ N
8. F L
9. O B E R G ☐ Z E
10. V I
11. R A T ☐ E
12. E M ☐ U N G
13. G E ☐ Ä
14. Z
15. G E
16. S Ä T T I ☐ S E M P F I N D E N

Lösung (zwei Wörter): ....

Bei den vielen widersprüchlichen Ernährungsempfehlungen wissen Konsumenten oft gar nicht mehr, was wirklich gesund ist. Die Deutsche Gesellschaft für Ernährung e. V. hat ihre Empfehlungen für eine gesunde Ernährung überarbeitet, dabei wurden auch alte Ratschläge gestrichen.

- Ganz oben auf der Liste der Ernährungstipps steht die Lebensmittelvielfalt. Abwechslungsreiche Ernährung mit vielen pflanzlichen Lebensmitteln vermindert das Risiko von ①.

- Jeder sollte mindestens drei Portionen ② und zwei Portionen ③ am Tag verzehren.
- Bei ④ ist die ⑤ ist die beste Wahl.
- Der ursprüngliche Hinweis, reichlich ⑥ in Form von Brot, Nudeln und ⑦ zu essen, wurde gestrichen.
- Für den Verzehr von ⑧ gilt die Empfehlung einer ⑨ von 300 bis 600 Gramm pro Woche.
- Zum Kochen sollte man pflanzliche Öle verwenden, da diese wichtige Omega-3-Fettsäuren und ⑩ E liefern.
- Die ⑪, so wenig Fett wie möglich zu sich zu nehmen und cholesterinarme Lebensmittel zu wählen, wurden zurückgezogen.
- Die ⑫, ⑬ und Lebensmittel mit zu viel ⑭ und Salz zu meiden, gilt nach wie vor.
- Wichtig ist es auch, das Essen zu genießen und sich mal eine Pause zu gönnen. Langsames, bewusstes Essen fördert den ⑮ und das ⑯.

b Diskutieren Sie in Gruppen und berichten Sie anschließend.

- An welche Empfehlung sollte man sich halten, an welche nicht?
- Welche Empfehlungen würden Sie ergänzen?

5 Strukturen: Modalangaben

a Lesen Sie die Sätze aus dem Radiointerview und unterstreichen Sie die Verben.
Lesen und ergänzen Sie danach die Hinweise.

1. Diese Unterschiede können zum Beispiel **dadurch** entstehen, **dass** die im Labor getesteten Mengen von Nährstoffen im Rahmen unserer täglichen Essgewohnheiten gar nicht aufgenommen werden.

2. Das konnten Gesundheitswissenschaftler der Stanford University belegen, **indem** sie in einem Studienvergleich ein Wirrwarr an Ergebnissen aufgelistet haben.

▸ Die Frage nach der Art und Weise kann man mit der zweiteiligen Subjunktion .... beantworten, wobei .... im Hauptsatz steht und .... den nachfolgenden .... einleitet.

▸ Eine zweite Möglichkeit zur Beschreibung der Art und Weise ist der .... mit *indem*.

b Nominalform
Lesen Sie die Sätze und unterstreichen Sie die Präpositionalgruppen. Lesen Sie danach den Hinweis.

1. Mit/Mithilfe dieser Methode kann man auch Zusammenhänge zwischen dem Verzehr von Schokolade und hoher Musikalität herstellen.

2. Neben den bereits aufgezählten positiven Effekten kann man angeblich durch regelmäßigen Kaffeekonsum das Risiko einschränken, an Parkinson, Alzheimer-Demenz und Depressionen zu erkranken.

▸ Präpositionalgruppen mit den Präpositionen *mit* (+ Dativ), *mithilfe* (+ Genitiv) oder *durch* (+ Akkusativ) können ebenfalls die Art und Weise eines Vorgangs angeben.

▸ *Übersicht Seite 182*

c Formulieren Sie Sätze mit den in Klammern angegebenen Wörtern.

▶ Man kann sich gesund ernähren. Man hält ein paar Regeln ein. *(indem)*

Man kann sich gesund ernähren, indem man ein paar Regeln einhält.

1. Man kann etwas für die Umwelt tun. Man verzichtet beim Einkaufen auf Plastikbeutel. *(indem)*

....
....

2. Wissenschaftler haben mehrere Ernährungsstudien miteinander verglichen. Sie haben widersprüchliche Empfehlungen entdeckt. *(durch ▪ der Vergleich mehrerer Ernährungsstudien)*

....
....
....
....

3. Man kann bessere Ergebnisse erzielen. Man arbeitet ergebnisoffen. *(dadurch ... dass)*

....
....

4. Einige Forscher verwendeten eine ergebnisorientierte Untersuchungsmethode. Sie kamen zu dem erwarteten Resultat. *(mithilfe ▪ eine ergebnisorientierte Untersuchungsmethode)*

....
....
....
....

5. Man macht eine Diät. Man nimmt nicht dauerhaft ab. *(mit ▪ eine Diät)*

....
....

6 Ernährung heute

a Sie lesen in einem Forum zum Thema Ernährung die Meinungen einiger Personen. Welche der Aussagen 1 bis 7 treffen auf die Personen A, B, C oder D zu? Mehrfachnennungen sind möglich.

1. Wem steht nicht viel Geld für den Lebensmitteleinkauf zur Verfügung? ....
2. Für wen ist Ernährung eine Gewissensentscheidung? ....
3. Wer isst gern Süßigkeiten und Eis? ....
4. Wer ernährt sich vegan? ....
5. Wer kocht jeden Tag? ....
6. Wer achtet auf seine Figur? ....
7. Für wen ist Biofleisch wichtig? ....

A Vincent

Ich bin Student und wohne in einem Zimmer im Studentenwohnheim. Wir haben eine Gemeinschaftsküche und einen Gemeinschaftskühlschrank. Die Küche ist nicht immer sehr sauber, aber ich koche ab und zu darin, meistens Pasta-Gerichte, die sind einfach und schnell zuzubereiten.

Bei meinen Einkäufen achte ich darauf, dass die Lebensmittel günstig sind. Ich kaufe auch regelmäßig Obst, weil ich weiß, dass Obst gesund ist. Allerdings mag ich auch Süßigkeiten und Eis. Weil ich in der Handballmannschaft der Uni spiele und viel trainiere, brauche ich viele Kohlenhydrate.

Zum Frühstück esse ich normalerweise Müsli und mittags gehe ich in die Mensa. Abends esse ich dann meine selbst gekochte Pasta oder Brot.

B Alexandra

Ich mache gerade ein Praktikum bei einer Finanzbehörde. Ich achte sehr auf meine Ernährung, weil mein Immunsystem nicht das beste ist und ich nicht so oft krank werden möchte. Aus diesem Grund esse ich sehr viel Obst. Ich frühstücke meist gar nichts, aber trinke jeden Morgen einen Zitronensaft. Ich habe gelesen, dass das meine Abwehrkräfte stärkt. Gegen 12.00 Uhr esse ich Bananen und Trauben und einen selbst gemachten Salat, den ich mir von zu Hause mitbringe.

Abends koche ich, jeden Tag. Ich verzichte aber auf Fleisch und esse vegetarisch. Wenn ich Geld hätte, würde ich nur im Bioladen einkaufen, aber dazu müsste ich erst einen bezahlten Job finden. Ich versuche außerdem, Süßigkeiten und Fastfood zu vermeiden. Ich möchte gern so schlank bleiben wie ich bin, denn ich treibe keinen Sport.

C Antonia

Ich bin Krankenpflegerin und Essen hat bei mir einen ganz besonderen Stellenwert. Ich ernähre mich vegan, das heißt, ich verzichte auf sämtliche Tierprodukte, das sind neben Fleisch auch Eier, Milch und Käse. Meine Ernährungsgrundlage bilden Obst, Gemüse, Getreide und Nüsse.

Ich habe neulich irgendwo gelesen, dass es in Deutschland schon rund eine Million Veganer gibt, und wir werden immer mehr. Ich habe mich vor einigen Jahren dafür entschieden, um meine Hautprobleme zu lösen, inzwischen ist es für mich aber eine Gewissensentscheidung. Dass wir immer mehr werden, merkt übrigens auch die Lebensmittelindustrie. Ich kann jetzt im Supermarkt immer mehr vegane Produkte in guter Bioqualität im Angebot finden.

Natürlich bereite ich mein Essen selbst zu, denn in der Krankenhauskantine finde ich oft nichts, was ich essen kann. Manchmal gehe ich mit Freundinnen in ein veganes Restaurant, das es seit Kurzem bei uns um die Ecke gibt. Einige sind dann total überrascht, wie gut vegane Gerichte schmecken können.

D Martin

Meine Frau und ich arbeiten an der Universität als Assistenten. Während meine Frau in der Angestellten-Mensa zu Mittag ist, esse ich mittags nur Brot oder kaufe mir irgendwo einen Snack. Ich esse nicht gern mit Kollegen zusammen, weil man da immer über irgendetwas reden muss. Ich habe in meiner Mittagspause lieber meine Ruhe.

Nachmittags trinken meine Frau und ich meist einen Kaffee zusammen und essen ein Stück Kuchen. Darauf kann ich wirklich nicht verzichten, obwohl ich ein paar Kilo abnehmen müsste. Mir schmeckt der Kuchen von unserem Bäcker einfach zu gut.

Abends kochen wir manchmal zusammen oder essen ein Käsebrot. Wir gehen am Wochenende gemeinsam in den Supermarkt einkaufen, wo es leider keine Frischetheke mehr gibt. Deshalb kaufen wir oft abgepacktes Fleisch und abgepackten Käse. Beim Fleisch finde ich es wichtig, dass es aus biologischer Tierhaltung stammt.

b Schreiben Sie einen kurzen Text über Ihre eigene Ernährung. Nutzen Sie die Wendungen.

▪ viel/wenig/überhaupt kein(e) … essen/trinken ▪ (nicht so) gut kochen können ▪ auf etwas verzichten ▪ viel/wenig Geschmack haben ▪ auf etwas achten ▪ aus biologischem Anbau/biologischer Tierhal- ▪ sich (vegan/vegetarisch) ernähren tung stammen ▪ Meine Ernährungsgrundlage bilden … ▪ sich etwas nach Hause bestellen ▪ (nicht so) schmecken ▪ (zu Hause/in der Kantine/im Restaurant) essen ▪ gerne (auf dem Markt) einkaufen	

7 Ernährungstrends

Formulieren Sie Sätze wie im Beispiel. Achten Sie auf die fehlenden Präpositionen und den richtigen Kasus. Überprüfen Sie danach Ihre Lösungen mit dem Hörtext.

 ▶ *der jährliche Ernährungsreport* ▪ *darüber* ▪ *informieren,*
▪ *was* ▪ *in Bezug* [auf] → *die Ernährung* ▪ [in] →
Deutschland ▪ *sich ändern* ▪ *und* ▪ *was* ▪ *bleiben*
Der jährliche Ernährungsreport informiert darüber,
was sich in Bezug auf die Ernährung in Deutsch-
land ändert und was bleibt.

1. *die meisten Deutschen* ▪ *ihre Lieblingsspeisen*
   ▪ *treu sein*

2. *traditionelle Fleischgerichte wie Braten, Schnitzel und*
   Gulasch ▪ *ganz vorne* ▪ *liegen,* ▪ [...............] → *Platz*
   zwei ▪ *Teigwaren wie Spaghetti oder Spätzle* ▪ *folgen*

3. *auch Milchprodukte und Obst und Gemüse* ▪ [..............]
   → *viele* ▪ [...............] → *der Speiseplan* ▪ *stehen*

4. *obwohl* ▪ *viele Menschen* ▪ [...............] → *Deutschland*
   ▪ *gerne Fleischgerichte* ▪ *essen,* ▪ *insgesamt* ▪ *ein*
   Rückgang des Fleischkonsums ▪ *zu verzeichnen sein*

5. *nur noch 28 Prozent der Befragten* ▪ *täglich* ▪ *Fleisch*
   ▪ *verzehren,* ▪ *das* ▪ *sechs Prozent weniger als* ▪ *noch*
   [...............] → *zwei Jahre* ▪ *sein*

6. [...............] *die regelmäßigen Fleischesser* ▪ *der Anteil*
   der Männer ▪ *deutlich* ▪ [...............] → *der Anteil der*
   Frauen ▪ *liegen*

7. *die meisten Umfrageteilnehmer,* ▪ *die* ▪ *ganz fleischlos*
   ▪ *sich ernähren,* ▪ *man* ▪ [...............] → *die 15- bis*
   29-Jährigen ▪ *finden*

8. [...............] → *diese Altersgruppe* ▪ *elf Prozent*
   ▪ *vegetarisch* ▪ *leben*

9. *allerdings* ▪ *die jungen Leute* ▪ *auch* ▪ *die größte*
   Gruppe der Menschen ▪ *bilden,* ▪ *die* ▪ *Fertiggerichte*
   ▪ [...............] → *Hause* ▪ *sich liefern lassen*

10. [...............] → *ältere Befragte, vor allem Berufstätige,*
    ▪ *der Trend* ▪ [...............] → *Fertiggerichte* →
    [...............] → *der Supermarkt* ▪ *oder* ▪ *zum schnellen*
    Snack zwischendurch ▪ *gehen*

11. *immer weniger Menschen* ▪ *die Zeit* ▪ *finden,*
    ▪ [...............] → *Hause* ▪ *selbst* ▪ *kochen*

8 Vortrag: Ernährung

Halten Sie einen Vortrag zum Thema Ernährung. Gehen Sie dabei auf folgende Punkte ein:

- Ernährungsgewohnheiten in Ihrem Heimatland oder dem Land, in dem Sie wohnen
- Ihre eigenen Vorlieben beim Essen
- Trends und Essverhalten in Ihrem beruflichen oder persönlichen Umfeld
- selber kochen kontra Fertiggerichte aufwärmen

Machen Sie sich zunächst einige Stichpunkte. Nehmen Sie sich dafür zehn Minuten Zeit. Halten Sie dann Ihren Vortrag, der etwa vier Minuten dauern sollte.

9 Interview: Verwendung von Lebensmitteln

Interviewen Sie zwei Kursteilnehmer. Berichten Sie anschließend über die Ergebnisse.

① Haben Sie manchmal Lebensmittel übrig, z. B. weil die Verpackung zu groß war oder Sie zu viel gekocht haben? Was machen Sie mit den Resten?

② Wie voll ist Ihr Kühlschrank? Was befindet sich normalerweise in Ihrem Kühlschrank?

③ Was machen Sie mit Lebensmitteln, deren Verfallsdatum überschritten ist?

10 Fakten und Zahlen: Lebensmittel im Müll von Privathaushalten

a Beschreiben Sie die Grafik.

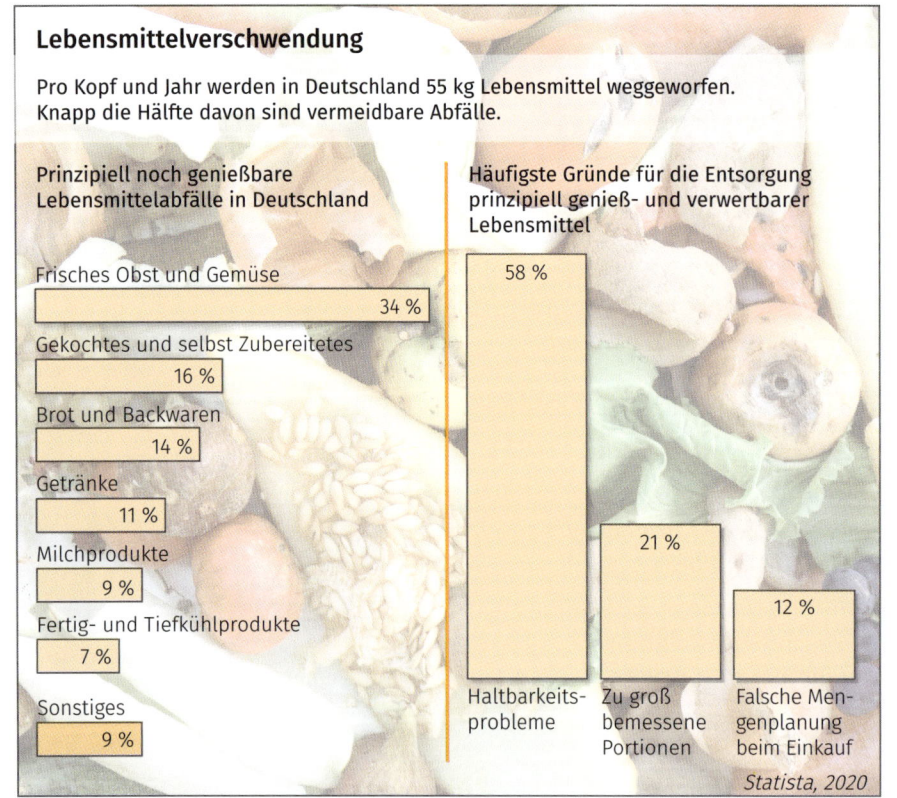

Lebensmittelverschwendung

Pro Kopf und Jahr werden in Deutschland 55 kg Lebensmittel weggeworfen. Knapp die Hälfte davon sind vermeidbare Abfälle.

Prinzipiell noch genießbare Lebensmittelabfälle in Deutschland

- Frisches Obst und Gemüse — 34 %
- Gekochtes und selbst Zubereitetes — 16 %
- Brot und Backwaren — 14 %
- Getränke — 11 %
- Milchprodukte — 9 %
- Fertig- und Tiefkühlprodukte — 7 %
- Sonstiges — 9 %

Häufigste Gründe für die Entsorgung prinzipiell genieß- und verwertbarer Lebensmittel

- Haltbarkeitsprobleme — 58 %
- Zu groß bemessene Portionen — 21 %
- Falsche Mengenplanung beim Einkauf — 12 %

Statista, 2020

Redemittel

- Thema der Grafik ist ...
- Die Grafik zeigt/ benennt ...
- Aus der Grafik lässt sich ableiten ...
- Mich überrascht besonders ...
- ... habe ich (nicht) erwartet.
- Für mich ergibt sich daraus die Schlussfolgerung, dass ...

b Ergänzen Sie die fehlenden Adjektive in der richtigen Form.

- groß
- falsch
- frisch
- ~~veröffentlicht~~
- verdorben
- zubereitet
- überschritten
- unappetitlich

Pro Kopf und Jahr werfen die Deutschen 55 Kilogramm Lebensmittel weg – knapp die Hälfte davon ist prinzipiell noch verwertbar. Das geht aus dem kürzlich *veröffentlichten* Ernährungsreport des Bundesministeriums für Ernährung und Landwirtschaft hervor.

Den .... (1) Anteil machen dabei nicht mehr ganz .... (2) Obst und Gemüse aus, gefolgt von gekochten oder selbst .... (3) Mahlzeiten und Brot- und Backwaren, wie die Grafik von Statista zeigt.

Die häufigsten Gründe für die Entsorgung der Lebensmittel sind Haltbarkeitsprobleme, also .... (4), schlecht gewordene oder optisch .... (5) und nicht mehr schmackhafte Lebensmittel. Zweithäufigster Grund sind zu groß bemessene Portionen, gefolgt von einer .... (6) Mengenplanung beim Einkauf. Erst danach folgen mit sechs Prozent Produkte mit einem .... (7) Mindesthaltbarkeitsdatum.

c Bilden Sie aus den Adjektiven Verben und formulieren Sie jeweils einen Satz.

▶ nicht mehr verwertbares Obst — *Das Obst kann nicht mehr verwertet werden. / Man kann das Obst nicht mehr verwerten.*

1. nicht mehr genießbares Brot ....
2. der kürzlich veröffentlichte Bericht ....
3. selbst gekochtes Essen ....
4. selbst zubereitete Mahlzeiten ....
5. zu groß bemessene Portionen ....
6. das überschrittene Mindesthaltbarkeitsdatum ....

11 **Das Urteil eines Amtsgerichts in Bayern**

a Lesen Sie die folgende Mitteilung in einer Zeitung.

■ **Lebensmittel aus dem Müll**

Das Amtsgericht in der bayerischen Stadt Fürstenfeldbruck verkündete vor einiger Zeit ein überraschendes Urteil gegen zwei Studentinnen, die des gemeinsam begangenen Diebstahls beschuldigt wurden. Die jungen Frauen hatten den verschlossenen Müllcontainer eines Lebensmittelmarktes
5 mit einem Sechskantschlüssel geöffnet und weggeworfene Waren im Wert von rund 100 Euro herausgenommen. Das sogenannte Containern, also das Entwenden verwertbarer Lebensmittel aus Müllcontainern, war nach Auffassung des Gerichts Diebstahl nach § 242 Strafgesetzbuch (StGB). Diese Meinung vertreten viele Juristen bis heute, obwohl allein in Privathaushal-
10 ten jedes Jahr geschätzte 4,4 Millionen Tonnen und in Supermärkten circa 18 Millionen Tonnen Lebensmittel im Müll landen.

In der juristischen Praxis wird jedoch in vielen Fällen gegen die Zahlung einer Geldstrafe von einer Anklage abgesehen. Wenn die beiden Frauen im Vorfeld eine Geldstrafe von 1 200 Euro akzeptiert oder gemeinnützige
15 Arbeit geleistet hätten, wäre das Verfahren vermutlich eingestellt worden. Doch das wollten die beiden Studentinnen nicht, denn ihrer Meinung nach sei dies kein Diebstahl, da niemandem ein Schaden entstanden sei. Die Staatanwaltschaft erhob daraufhin Anklage und anstelle eines Freispruchs kam es zu einem Schuldspruch, der eine Verwarnung und eine
20 Verurteilung zu einer Geldstrafe von jeweils 225 Euro unter Vorbehalt beinhaltete. Demnach brauchen die Studentinnen nicht zu zahlen, wenn sie binnen einer zweijährigen Bewährungszeit straffrei bleiben. Zudem müssen die beiden Frauen acht Stunden Sozialarbeit leisten.

b Was ist passiert? Geben Sie den Inhalt der Mitteilung mit eigenen Worten wieder.

c Juristischer Wortschatz
Ergänzen Sie die fehlenden Silben bzw. Wörter. Suchen Sie eventuell die Wörter im Text.

1. das Amts.....................
2. der Dieb.....................
3. das Strafgesetz.....................
4. die Geld.....................
5. die Ankl.....................
6. die Staatsanwalt.....................
7. der ....-/.....................spruch
8. die Verur.....................
9. die Bewährungs.....................

d Urteile in einem Strafprozess
Was bedeuten diese Urteile? Ordnen Sie die richtige Lösung zu.

Die/Der Angeklagte wird …

1. zu einer Freiheitsstrafe von zwei Jahren verurteilt.* ☐	☐ a)	Sie/Er gilt offiziell als unschuldig. Es gibt keinerlei Strafmaßnahmen.
2. freigesprochen. ☐	☐ b)	Sie/Er gilt als schuldig und muss ins Gefängnis (in die Justizvollzugsanstalt).
3. zu einer Bewährungsstrafe von zwei Jahren verurteilt. ☐	☐ c)	Die Schuld wurde festgestellt. Die strafbare Handlung wird mit der Zahlung eines bestimmten Betrages geahndet.
4. zu einer Geldstrafe verurteilt. ☐	☐ d)	Sie/Er gilt als schuldig, muss aber nicht ins Gefängnis. Während einer bestimmten Zeit müssen Auflagen/Forderungen des Gerichts erfüllt werden.

*Hinweis: Eine Freiheitsstrafe bis zu zwei Jahren kann bei positiver Prognose in eine Bewährungsstrafe umgewandelt werden.

e Diskussion: Containern
Sammeln Sie Argumente für oder gegen eine Verurteilung der Studentinnen. Bilden Sie zwei Gruppen. Eine Gruppe besteht aus Vertreterinnen/Vertretern der Staatsanwaltschaft, die andere Gruppe vertritt die Studentinnen. Spielen Sie die Debatte zwischen den beiden Gruppen.

▪ gerecht/ungerecht/angemessen/ unangemessen sein ▪ Laut Strafgesetzbuch ist …/Im Strafgesetzbuch steht, dass … ▪ Meiner Auffassung/Meinung nach ist (*Containern/die unerlaubte Mitnahme von Lebensmitteln/das Aufbrechen eines Containers*) eine/ keine strafbare Handlung/Straftat.	▪ Die Absichten der Studentinnen sind (*ehrenvoll/ verständlich*). ▪ Man sollte berücksichtigen, dass … ▪ Die Gesetze gelten für alle. ▪ Ich befürworte (*eine Verurteilung zu …*)/plädiere für (*einen Freispruch*).

f Schreiben Sie in einem Onlineforum einen Beitrag zu dem Sachverhalt.
Denken Sie an eine Einleitung und einen Schluss. Nehmen Sie sich 45 Minuten Zeit und schreiben Sie 150 bis 200 Wörter.

- Geben Sie kurz den Inhalt der Nachricht in 11a wieder.
- Formulieren Sie Ihre persönliche Meinung zu dem Urteil.
- Nennen Sie Möglichkeiten, wie man mit weggeworfenen Lebensmitteln umgehen kann.

12 **Gruppenarbeit: Maßnahmen gegen das Wegwerfen von Lebensmitteln**

Das Ministerium für Ernährung und Landwirtschaft hat eine Arbeitsgruppe gebildet, die konkrete Vorschläge zur Reduzierung von Lebensmittelabfällen erarbeiten soll.

Diskutieren Sie in kleinen Gruppen und präsentieren Sie anschließend Ihre Ideen im Kurs.

Redemittel *(siehe auch Kapitel 3, Seite 74 und Kapitel 6, Seite 140)*

Für die Diskussion	**Für die Präsentation**
▪ Mein Vorschlag ist sehr einfach: …/Ich schlage vor, …/Was haltet ihr davon? ▪ Das Wichtigste ist für mich, … ▪ Das sehe ich ganz genauso./Ich würde andere Prioritäten setzen. ▪ Wir sollten daran denken, …/Wir müssen uns mehr um … kümmern.	▪ Wir haben darüber gesprochen/diskutiert … ▪ Einig/Uneinig waren wir uns bei dem Thema … ▪ Wir konnten uns auf einige Maßnahmen einigen. ▪ Eine sinnvolle/effektive/sofort wirkende Maßnahme wäre, wenn … ▪ Man könnte auch darüber nachdenken …

---

13 **Strukturen: Rektion der Verben: Direkter Kasus**

a Lesen Sie die Sätze und nennen Sie den Kasus der unterstrichenen Ergänzungen.

1. <u>Die Staatsanwaltschaft</u> erhob <u>Anklage</u>. → Nominativ/......................

2. <u>Ein Lebensmittelmarkt</u> beschuldigte <u>zwei Studentinnen</u> des Diebstahls. → ..../..................../....................

3. <u>Ihre Unschuldserklärung</u> half <u>den Studentinnen</u> nicht. → ..../....................

4. <u>Die Presse</u> nannte <u>die jungen Frauen</u> <u>vorbildliche Umweltaktivistinnen</u>. → ..../..................../....................

5. <u>Experten</u> geben <u>den Menschen</u> <u>viele Ratschläge</u> zur besseren Lebensmittelverwertung. → ..../..................../....................

b Lesen Sie die Hinweise und ergänzen Sie die Nummer der Beispielsätze aus a).

① Verben brauchen Ergänzungen, um einen sinnvollen Satz bilden zu können.
Wie viele Ergänzungen obligatorisch sind und in welchem Kasus sie stehen, das hängt vom Verb ab.

② Die meisten Verben haben eine Ergänzung im Akkusativ.
Satz ....

③ Einige Verben habe eine Ergänzung im Dativ. Die Dativergänzung ist oft eine Person.
Satz ....

④ Manche Verben bilden Sätze mit einer Ergänzung im Dativ (meist eine Person) und einer Ergänzung im Akkusativ (meist eine Sache).
Satz ....

⑤ Einige wenige Verben bilden Sätze mit zwei Akkusativergänzungen. Zu ihnen gehören: *nennen, kosten* und *lehren.*
Satz ....

⑥ Es gibt auch Verben, die Sätze mit einer Ergänzung im Akkusativ und einer Ergänzung im Genitiv bilden, oft im Kontext der Beschreibung krimineller Delikte.
Weitere Beispiele sind: *jemanden (des Einbruchs) verdächtigen, bezichtigen, beschuldigen, überführen, anklagen.*
Satz ....

▸ *Übersicht Seite 182*

c Bilden Sie aus den Wörtern Sätze im Präsens. Achten Sie auf den richtigen Kasus der Ergänzungen und die Hinweise zum Konjunktiv.

▶ *die Deutschen ▪ jährlich ▪ viele Millionen Tonnen Lebensmittel ▪ wegwerfen*
Die Deutschen werfen jährlich viele Millionen Tonnen Lebensmittel weg.

1. *das ▪ fast ein Drittel des aktuellen Nahrungsmittelverbrauchs ▪ entsprechen*
2. *Supermärkte ▪ einige Hilfsorganisationen ▪ die Lebensmittel ▪ schenken*
3. *wer ▪ in Deutschland ▪ weggeworfenes Essen aus verschlossenen Mülltonnen ▪ mitnehmen, ▪ der Diebstahl ▪ angeklagt werden können*
4. *man ▪ die Industrie und die Verbraucher ▪ der richtige Umgang mit Essbarem ▪ lehren müssen*
5. *Experten ▪ die Konsumenten ▪ ein gut geplanter Einkauf ▪ empfehlen*
6. *man ▪ nur ▪ die Lebensmittel ▪ einkaufen sollen (Konjunktiv II), ▪ die ▪ man ▪ verbrauchen*
7. *die Versprechungen der Lebensmittelindustrie ▪ man ▪ misstrauen sollen (Konjunktiv II)*

14 Kulinarische Spezialitäten

a Lesen Sie die Postkarte aus Österreich und ergänzen Sie die in Klammern angegebenen Wörter im richtigen Kasus.

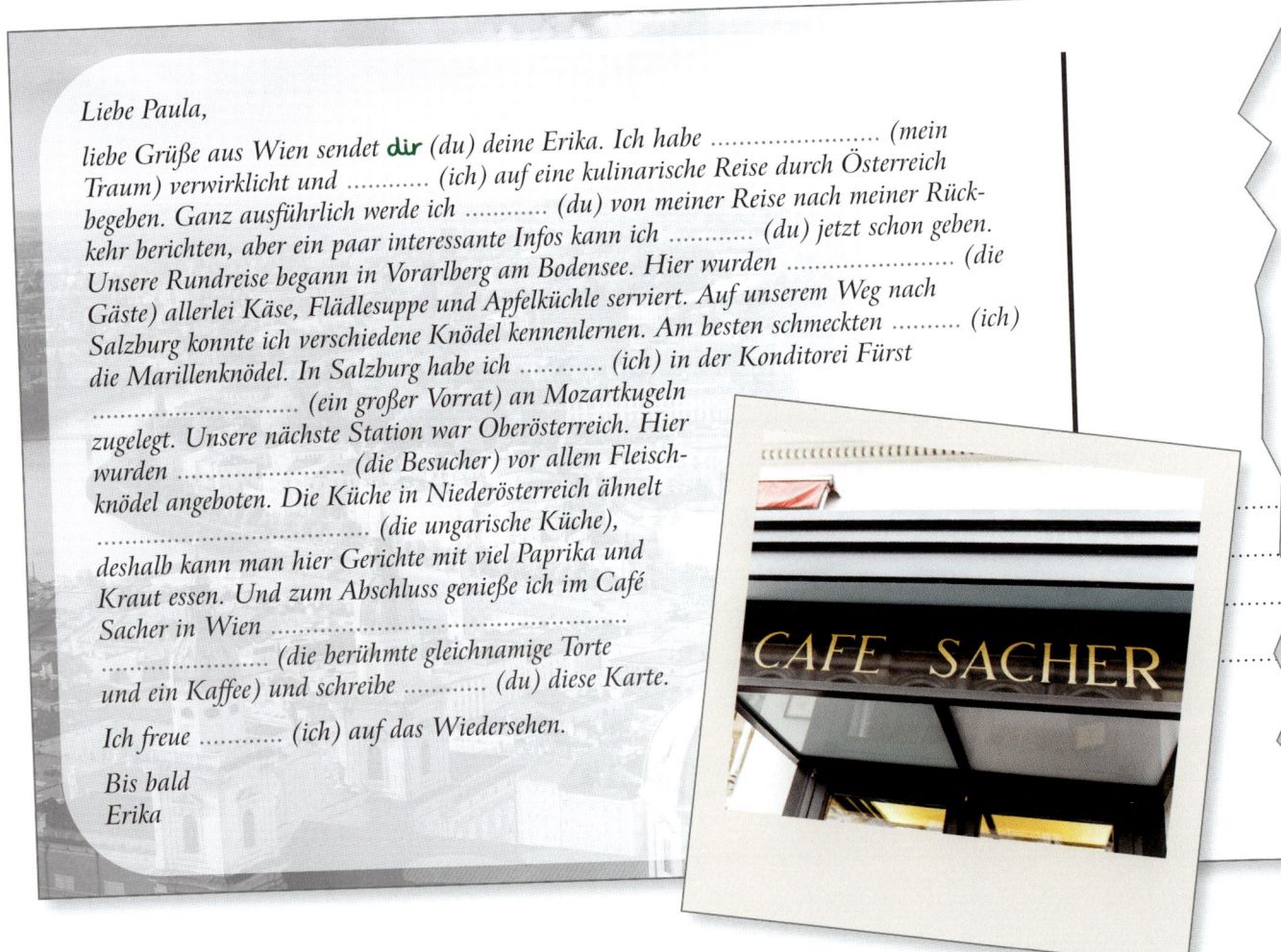

Liebe Paula,

liebe Grüße aus Wien sendet dir (du) deine Erika. Ich habe .... (mein Traum) verwirklicht und .... (ich) auf eine kulinarische Reise durch Österreich begeben. Ganz ausführlich werde ich .... (du) von meiner Reise nach meiner Rückkehr berichten, aber ein paar interessante Infos kann ich .... (du) jetzt schon geben. Unsere Rundreise begann in Vorarlberg am Bodensee. Hier wurden .... (die Gäste) allerlei Käse, Flädlesuppe und Apfelküchle serviert. Auf unserem Weg nach Salzburg konnte ich verschiedene Knödel kennenlernen. Am besten schmeckten .... (ich) die Marillenknödel. In Salzburg habe ich .... (ich) in der Konditorei Fürst .... (ein großer Vorrat) an Mozartkugeln zugelegt. Unsere nächste Station war Oberösterreich. Hier wurden .... (die Besucher) vor allem Fleischknödel angeboten. Die Küche in Niederösterreich ähnelt .... (die ungarische Küche), deshalb kann man hier Gerichte mit viel Paprika und Kraut essen. Und zum Abschluss genieße ich im Café Sacher in Wien .... (die berühmte gleichnamige Torte und ein Kaffee) und schreibe .... (du) diese Karte.

Ich freue .... (ich) auf das Wiedersehen.

Bis bald
Erika

b Schreiben Sie eine Postkarte an eine Freundin/einen Freund. Berichten Sie von einer besonderen gastronomischen Einrichtung in Ihrem Heimatland und von einigen kulinarischen Spezialitäten.

c Stellen Sie ein besonderes Gericht (Ihr Lieblingsgericht oder ein typisches Gericht aus Ihrem Heimatland) und seine Zubereitung vor.

15 Klassenspaziergang: Exotisches Essen

Fragen Sie möglichst viele Kursteilnehmer und berichten Sie anschließend.

> Wenn Sie an Auslandsreisen denken: In welchem Land hat Ihnen das Essen besonders gut geschmeckt? Warum?

> Gehen Sie gern in Restaurants mit ausländischer Küche? Wenn ja, in welche?

> Haben Sie schon einmal ein Gericht, was Ihnen besonders gut geschmeckt hat, nachgekocht? Fanden Sie das schwierig?

> Haben Sie in einem Land schon einmal etwas für Sie Seltsames/Ungewohntes gegessen?

> Haben Sie schon einmal Insekten gegessen?

16 Insekten im Anflug

a Lesen Sie den Text. Ergänzen Sie die fehlenden Präpositionalgruppen. Achten Sie auf eventuelle Großschreibung.

- auf der Speisekarte
- nach Schätzungen
- auf die Idee
- von 70 Prozent
- auf der Welt
- mit Erfolg
- um 83 Millionen Menschen
- zu gewohnten Lebensmitteln
- an tierischen Eiweißen
- nach Alternativen
- mit dem neuen Nahrungsmittel

Obwohl in vielen Gegenden Nahrungsmittel im Müll landen, können nicht alle Menschen .... (1) ausreichend ernährt werden. Und die Lage wird nicht besser: Die Weltbevölkerung wächst jedes Jahr .... (2). .... (3) der Vereinten Nationen werden 2050 auf der Erde 9,8 Milliarden Menschen leben. Das bedeutet einen Mehrbedarf an Nahrung .... (4). Der damit verbundene zusätzliche Bedarf .... (5) ist mit der aktuellen Fleischproduktion nicht mehr zu decken. Es wird also Zeit, sich .... (6) umzusehen. Eine davon sind nach Meinung von Ernährungsforschern Insekten. Etwa 1 900 Insektenarten, darunter Käfer, Raupen, Bienen, Wespen, Ameisen, Heuschrecken und Grillen können gegessen werden und stehen bereits in einigen Ländern .... (7). In Europa gilt der Verzehr von Insekten noch als exotisch. Das aber könnte sich ändern, denn mit der Novel-Food-Verordnung Nr. 2015/2283 der Europäischen Union sind Insekten als Lebensmittel erlaubt. Viele Unternehmen sehen darin eine große Chance, wie die Firma „Bugfoundation" aus Osnabrück, die Burger auf Basis von Wurmlarven bereits .... (8) in Belgien, den Niederlanden und Deutschland verkauft. Die Burger haben ein nussiges Aroma und bieten viel Eiweiß, ungesättigte Fettsäuren, Vitamine und Mineralien. .... (9) kamen die Firmengründer während eines Thailandurlaubs, bei dem sie zum ersten Mal Insekten gegessen haben. Allerdings wird es noch eine Weile dauern, bevor sich die Europäer .... (10) anfreunden. Bisher können sich in Deutschland nur sieben Prozent Insekten als Alternative .... (11) vorstellen.

b Hören Sie den Text und überprüfen Sie Ihre Lösungen.

 Geben Sie danach den Inhalt des Textes mündlich oder schriftlich wieder.

c Bilden Sie aus den Vorgaben Sätze im Passiv. Achten Sie auch auf fehlende Präpositionen, den richtigen Kasus und die Zeitangaben in Klammern.

▶ *in vielen Gegenden ▪ Lebensmittel ▪ [in] → der Müll ▪ werfen (Präsens)*
In vielen Gegenden werden Lebensmittel in den Müll geworfen.

1. *nicht alle Menschen ▪ ausreichend ▪ ernähren ▪ können (Präsens)*
2. *[..............] → Experten ▪ ein Mehrbedarf [................] → Nahrungsmittel ▪ feststellen (Präteritum)*
3. *der Bedarf [................] → Fleisch und Getreide ▪ nicht mehr ▪ decken ▪ können (Präsens)*
4. *[...............] einige Länder ▪ seit Langem ▪ Insekten ▪ essen (Präsens)*
5. *auch [...............] → Europa ▪ Insekten [...............] → Nahrungsmittel ▪ zulassen (Präteritum)*
6. *[.............] → einige europäische Länder ▪ sie ▪ bereits ▪ [.............] → Supermarkt ▪ verkaufen (Präsens)*
7. *Insekten als Mahlzeit ▪ [...............] → die Mehrheit der Europäer ▪ noch ▪ akzeptieren ▪ müssen (Präsens)*

17 Strukturen: Die Wortstellung im Mittelfeld

a Kasusergänzungen
Lesen Sie die Sätze und unterstreichen Sie die Verbergänzungen (mit oder ohne Präposition).
Lesen Sie danach die Hinweise und ergänzen Sie die Nummer der Beispielsätze.

1. Ich habe dir den Zeitungsartikel gestern gegeben.
2. Eva hat ihn dir heute noch einmal gemailt.
3. Ich danke dir für das leckere Essen.
4. Ich möchte dich an deine guten Vorsätze erinnern.

▸ Normalerweise ist die Reihenfolge der Kasus-ergänzungen: Dativ vor Akkusativ. *(Satz ....)*
▸ Gibt es zwei Pronomen, steht der Akkusativ vor dem Dativ. *(Satz ....)*
▸ Dativ- oder Akkusativergänzungen stehen vor präpositionalen Ergänzungen.
(Satz .... + Satz ....)

b Adverbiale Angaben
Lesen Sie die Sätze und unterstreichen Sie die adverbialen Angaben. Lesen Sie danach die Hinweise.

1. Ich habe die Kollegin letzte Woche mit ihrem neuen Freund im Restaurant „Roma" gesehen.
2. Einer Untersuchung zufolge haben viele Menschen im letzten Jahr aus gesundheitli-chen Gründen ihren Fleischkonsum redu-ziert.
3. Petra möchte ihren Freunden am Wochen-ende unbedingt ihre neue Küche zeigen.
4. Herr Klein hat die Chefin vorhin in der Kan-tine an die Teamsitzung erinnert.

▸ Die Reihenfolge der adverbialen Angaben ist im Deutschen variabel, neue oder wichtige Aussagen stehen im hinteren Teil des Satzes.
▸ Allerdings gibt es eine häufig genutzte einfache Regel für die Stellung der Angaben im Satz:
1. **te**mporal *(wann?)* 2. **ka**usal *(warum?)*
3. **mo**dal und instrumental *(wie? mit wem? womit?)* 4. **lo**kal *(wo? wohin?)*.
Kleine Eselsbrücke: „**te – ka – mo – lo**"
(Sätze 1 bis 2)
▸ Quellenangaben stehen oft auf Position 1. *(Satz 2)*
▸ Adverbiale Angaben stehen meist zwischen zwei Ergänzungen. *(Sätze 2, 3 und 4)*

c Bilden Sie Sätze in der „normalen" Reihenfolge der Satzglieder. Achten Sie auch auf den Kasus.

▶ *im Müll ▪ oft ▪ heute ▪ landen ▪ Nahrungsmittel*
Nahrungsmittel landen heute oft im Müll.

1. *nach Meinung vieler Wissenschaftler ▪ rund zehn Milliarden Menschen ▪ leben ▪ werden ▪ auf der Erde ▪ im Jahr 2050*
2. *kann ▪ nach Aussagen von Ernährungsexperten ▪ mithilfe von Insekten ▪ einen Teil der Ernährungs-probleme ▪ lösen ▪ man ▪ zukünftig*
3. *zugenommen ▪ mithilfe einiger Start-up-Unternehmen ▪ der Verzehr von Insekten ▪ in den letzten Jahren ▪ in Europa ▪ hat*
4. *die Firmengründer ▪ auf diese Geschäftsidee ▪ während eines Thailandurlaubs ▪ kamen*
5. *den Menschen ▪ Insekten ▪ viel Eiweiß, wichtige Vitamine und Mineralien ▪ bieten ▪ in ärmeren Ländern*

Übungen zur Vertiefung und zum Selbststudium

Ü1 〉 **Lebensmittel und ihre gesundheitsfördernde Wirkung**
  a In diesen Sätzen ist einiges schiefgegangen.
  Korrigieren Sie die Fehler, indem Sie die unterstrichenen Wörter durch Antonyme ersetzen.

▶ Können Lebensmittel tatsächlich Krankheiten vorbeugen
oder das Leben <u>verkürzen</u>? → Korrektur: verlängern

1. Einigen Studien zufolge <u>steigert</u> man bei regelmäßigem
   Kaffeekonsum das Krebsrisiko um 18 Prozent. → Korrektur: ....

2. Auch die Möglichkeit, einen Herzinfarkt zu erleiden, kann
   man durch einige Tassen Kaffee am Tag <u>erhöhen</u>. → Korrektur: ....

3. Dass diese Aussagen stimmen, ist <u>sicher</u>. → Korrektur: ....

4. Richtig ist, dass Ernährung helfen kann, <u>krank</u> zu bleiben. → Korrektur: ....

5. Sie kann auch im Krankheitsfall zu einer <u>Verstärkung</u>
   der Krankheitssymptome führen. → Korrektur: ....

6. Eine <u>einseitige</u> Ernährung wirkt sich definitiv positiv
   auf die Gesundheit und das Wohlbefinden aus. → Korrektur: ....

7. Auch die Anwendung von Hausmitteln ist <u>sinnlos</u>. → Korrektur: ....

8. Sie wird von Generation zu Generation <u>geheim gehalten</u>
   und basiert auf positiven Erfahrungen. → Korrektur: ....

9. Essen sollte aber auch schmecken und mit Genuss
   und <u>Stress</u> verbunden sein. → Korrektur: ....

b Forschungsergebnisse
Formen Sie die Sätze in Passivsätze um. Achten Sie auf eventuell notwendige Modalverben.

▶ Lässt sich mit dem Verzehr bestimmter Lebensmittel tatsächlich das Leben verlängern?
  Kann mit dem Verzehr bestimmter Lebensmittel tatsächlich das Leben verlängert werden?

1. Zur Beantwortung dieser und anderer Fragen führen Wissenschaftler viele Studien durch.

2. Doch viele Forschungsergebnisse sind mit Vorsicht zu genießen.

3. Man führt Untersuchungen unter zum Teil unrealistischen Laborbedingungen durch.

4. Man arbeitet im Labor zum Beispiel mit den falschen
   Mengen an Nährstoffen.

5. Resultate von Tierversuchen lassen sich nicht eins zu eins
   auf den Menschen übertragen.

6. Forschungsergebnisse lassen sich mit bestimmten
   Methoden beeinflussen.

7. Man untersucht Daten nur nach Auffälligkeiten oder
   signifikanten Zusammenhängen.

8. Mit dem sogenannten P-Hacking lassen sich auch
   unsinnige Zusammenhänge herstellen.

9. Ein gewünschtes oder erhofftes Resultat ist relativ
   einfach zu erzeugen.

10. Einige positive Effekte bestimmter Lebensmittel lassen
    sich aber zweifelsfrei nachweisen.

Ü2 > **Wie bewahrt man Lebensmittel am besten auf?**
Bilden Sie Modalsätze. Verwenden Sie die Angaben in Klammern.

▶ Leicht verderbliche Lebensmittel können frisch gehalten werden. Man lagert sie bei Temperaturen zwischen 0 °C und 14 °C. *(indem)*
Leicht verderbliche Lebensmittel können frisch gehalten werden, indem man sie bei Temperaturen zwischen 0 °C und 14 °C lagert.

1. Der Abbau wichtiger Inhaltsstoffe wird verzögert. Man bewahrt Lebensmittel bei einer Lagertemperatur nahe dem Gefrierpunkt auf. *(dadurch … dass)*

2. Sie nehmen eine Kühltasche mit. Die gekaufte Ware bleibt nach dem Einkauf frisch. *(mithilfe)*

3. Man kann Lebensmittel vor Austrocknung und vor Geschmacksveränderungen schützen. Man legt sie in ihrer Verpackung in den Kühlschrank. *(indem)*

4. Die Vermehrung von Mikroorganismen kann verhindert werden. Man achtet bei der Lagerung auf die Temperatur. *(dadurch … dass)*

5. Aroma, Nährstoffe und Qualität können gut erhalten bleiben. Man putzt, wäscht und zerkleinert Obst und Gemüse vor dem Einfrieren. *(indem)*

6. Man friert die Lebensmittel portionsweise ein. Man kann Verschwendung vorbeugen. *(durch)*

7. Man benutzt einen Brotkasten aus Holz oder einen Brotsack aus Stoff. Brot bleibt lange frisch. *(mithilfe)*

Ü3 > **Restaurantbewertungen im Internet**
Was passt? Markieren Sie das richtige Wort.

- abgeben/vergeben
- hätte/hatte
- genossen/bekommen

①
Leila
★★★★★
Schade, dass man keine sechs Punkte .... kann, denn das Restaurant „Wiesenhaus" .... sie verdient. Wir haben wieder einmal ein vorzügliches Schlemmermenü in gemütlichem Ambiente und mit einem hervorragenden Service ....

- dieses/diesem
- ein weiteres/ ein nächstes
- erst/schon
- gewürzt/versalzen

②
Thomas
★☆☆☆☆
Wir waren schon einmal in .... Restaurant und sind .... Mal enttäuscht. Das Essen war so lala und der Service eine Katastrophe. Die Getränke kamen .... nach 15 Minuten, da wollten wir eigentlich schon wieder gehen. Die Hauptspeise war lauwarm, das Gemüse .... Keine Empfehlung!

- an/am
- zum/für
- gekocht/serviert
- zart/weich

③
Mara
★★★★★
Ich war .... einem heißen Sommertag .... Mittagessen mit Kunden hier. In dem schattigen Garten des Restaurants wurde uns ein ausgezeichnetes Mittagessen .... Das Steak war perfekt gegart und sehr .... Die Bedienung war freundlich und schnell.

- von/aus
- über/in
- nach/zum
- zu/nach
- antraten/machten

④
Ingo
★★★★★
Eine Reise um die Welt – so lautete das Schlemmermenü im April. Wir konnten uns .... Norwegen .... Frankreich und Nordamerika bis .... Asien durchkosten. Wir waren rundum zufrieden und glücklich, sodass wir erst nach fünf Stunden den Weg .... Hause .... Es war wirklich ein Genuss!

Ü4 **Vincent und Alexandra**

Formulieren Sie Sätze mit den Satzgliedern in der „normalen" Reihenfolge.
Das unterstrichene Satzglied steht auf Position 1.

▶ *im Studentenwohnheim ▪ seit zwei Jahren ▪ wohnt ▪ <u>Vincent</u> ▪ in einem Zimmer*
Vincent wohnt seit zwei Jahren in einem Zimmer im Studentenwohnheim.

1. *gemeinsam mit seinen Kommilitonen ▪ <u>dort</u> ▪ Pasta-Gerichte ▪ er ▪ kocht*
....

2. *auf den Preis ▪ <u>er</u> ▪ achtet ▪ im Supermarkt ▪ vor allem ▪ bei seinen Einkäufen*
....

3. *spielt ▪ in der Universitätsmannschaft ▪ Handball ▪ <u>Vincent</u> ▪ jeden Sonntag*
....

4. *zurzeit ▪ <u>Alexandra</u> ▪ als Praktikantin ▪ bei einer Finanzbehörde ▪ arbeitet*
....

5. *isst ▪ <u>zum Mittagessen</u> ▪ sie ▪ einen selbst zubereiteten Salat ▪ im Büro*
....

6. *auf Fleisch und Fastfood ▪ aus gesundheitlichen Gründen ▪ <u>Alexandra</u> ▪ verzichtet*
....

Ü5 **Verben und ihre Ergänzungen: Bernd das Brot**

a Ergänzen Sie die Verben in der richtigen Form.

> ▪ gehören ▪ zählen
> ▪ ähneln ▪ verwenden
> ▪ werben ▪ angehören
> ▪ ~~sein~~ ▪ haben
> ▪ handeln ▪ zeichnen
> ▪ entwerfen ▪ geben
> ▪ bewundern ▪ sammeln

„Bernd das Brot" **ist** eine beliebte Figur des deutschen Kinderkanals KiKA. Es .... (1) sich um ein sprechendes Kastenweißbrot mit sehr kurzen Armen. Das Besondere an der Figur ist, dass Bernd einen fatalistischen und depressiven Charakter .... (2). Zu seinen Lieblingsbeschäftigungen .... (3) beispielsweise das Anstarren der Wand in seinem Zimmer oder die Erweiterung seiner Videosammlung der langweiligsten Eisenbahnstrecken der Welt. Zu seiner Lieblingslektüre .... (4) die Zeitschrift „Die Wüste und du". Sehr häufig .... (5) er den Ausdruck „Mist!". Nach eigenen Aussagen .... (6) Bernd der Gattung des „Homo Brotus Depressivus" (depressiver Brot-Mensch) .... (6).
Die Figur von Bernd dem Brot .... (7) Tommy Krappweis auf einer Serviette, als er die ersten Ideen für ein neues Maskottchen des Kinderkanals .... (8). Dabei .... (9) er in einer Pizzeria ein Weißbrot und .... (10) dem Brot das Aussehen seines Freundes Norman Cöster. Am Ende .... (11) das Brot dem Freund nicht nur in seinen Gesichtszügen, sondern auch in seinen Charaktereigenschaften.
Seit Herbst 2007 kann man direkt neben dem Erfurter Rathaus eine zwei Meter hohe Plastikfigur von Bernd dem Brot .... (12). Bernd .... (13) für den Kinderkanal.

b Markieren Sie die Ergänzungen der Verben im Text. Notieren Sie den Kasus und eventuell die Präposition.

▶ sein + *Nominativ*

1. sich handeln **um** + ...
2. werben .... + ...
3. zählen .... + ...
4. gehören .... + ...
5. haben + ...
6. verwenden + ...

7. bewundern + ...
8. entwerfen + ...
9. zeichnen + ...
10. sammeln + ...
11. angehören + ...
12. geben + ...
13. ähneln + ...

Ü6 > **Containern bleibt eine Straftat**

a Bilden Sie aus den Vorgaben Sätze in der angegebenen Zeitform. Achten Sie bei den Verbergänzungen und den Angaben auf den richtigen Kasus und eventuell fehlende Präpositionen.

> ▶ *der Hamburger Justizsenator ▪ [vor]* → *das diesjährige Treffen der Justizminister ▪ der Antrag ▪ stellen (Präteritum), ▪ das sogenannte Containern ▪ legalisieren*
> *Der Hamburger Justizsenator stellte vor dem diesjährigen Treffen der Justizminister den Antrag, das sogenannte Containern zu legalisieren.*

1. *bis jetzt ▪ das Entwenden abgelaufener, aber noch genießbarer Lebensmittel ▪ [................] → Mülltonnen ▪ [................] → Diebstahl ▪ gelten (Präsens)*

2. *wenn ▪ also ▪ jemand ▪ [................] → Containern ▪ sich erwischen lassen, er ▪ der Diebstahl ▪ beschuldigt werden können (Präsens)*

3. *die Justizminister der anderen Bundesländer ▪ der Antrag ▪ [................] → die Konferenz ▪ diskutieren und mehrheitlich ablehnen (Perfekt)*

4. *statt einer Legalisierung des Containerns ▪ die Minister ▪ eine engagierte Bekämpfung der Lebensmittelverschwendung ▪ fordern (Präsens)*

5. *die Minister ▪ auch ▪ [................] → hygienische und gesundheitliche Gründe ▪ [................] → das Einsammeln von weggeworfenen Lebensmittelresten ▪ warnen (Präteritum)*

6. *verfallene Lebensmittel ▪ nach Meinung der Politiker ▪ zwar ▪ die Menschen ▪ [................] → finanzielle Nöte ▪ helfen, ▪ aber ▪ sie ▪ auch ▪ krank machen können (Präsens)*

7. *man ▪ [................] → andere Länder ▪ sich orientieren sollen (Konjunktiv II) ▪ und ▪ [................] → ein Gesetz ▪ [................] → das Wegwerfen von Lebensmitteln ▪ vorgehen (Präsens)*

8. *[................] → Frankreich zum Beispiel ▪ große Supermärkte ▪ [................] → 2016 ▪ per Gesetz ▪ eine Hilfsorganisation ▪ [................] → unverkaufte Lebensmittel ▪ unterstützen müssen (Präsens)*

9. *die Justizministerkonferenz ▪ die Bundesregierung ▪ darum bitten (Präteritum), ▪ alternative Abgabeformen ▪ [................] → sozial Bedürftige ▪ entwickeln*

b Wiederholen Sie die Wendungen. Ergänzen Sie die passenden Verben.

▪ ~~stellen~~	1. einen Antrag *stellen* / ....
▪ helfen	2. eine engagierte Bekämpfung ....
▪ entwickeln	3. sich an anderen Ländern ....
▪ ablehnen	4. als Diebstahl ....
▪ fordern	5. alternative Formen ....
▪ vorgehen	6. Hilfsorganisationen ....
▪ gelten	7. Menschen in finanziellen Nöten ....
▪ orientieren	8. jemanden des Diebstahls ....
▪ unterstützen	9. gegen das Wegwerfen von Lebensmitteln ....
▪ beschuldigen	

Ü7 > **Forumsbeitrag**

Sie haben den Text „Insekten im Anflug" (Aufgabe 16a) in einer Onlinezeitschrift gelesen und möchten darauf reagieren. Schreiben Sie einen Forumsbeitrag (mindestens 150 Wörter). Gehen Sie dabei kurz auf folgende Punkte ein:

- die Ernährungssituation weltweit und in Ihrem Heimatland
- die im Text beschriebenen Lösungen
- Ihre eigene Meinung

Kleiner Abschlusstest

Was können Sie schon? Testen Sie sich selbst.

T1 ⟩ **Gesunde Ernährung**
.... /9

Ergänzen Sie die passenden Verben. Manchmal gibt es mehrere Lösungen.

▶ Alexander *ernährt* sich sehr gesund.

1. Er .... täglich viel Gemüse und Obst.

2. Zum Kochen .... er nur die besten Produkte.

3. Die Fleischprodukte .... aus biologischer Tierhaltung.

4. Er .... auf den Fett- und Zuckergehalt der Lebensmittel.

5. Alexander .... ganz bewusst auf Alkohol.

6. Beim Essen .... er sich ab und zu eine Pause.

7. Mit seiner ausgewogenen Ernährung möchte Alexander gern sein Leben ....

8. Er will außerdem mithilfe bestimmter Lebensmittel Krankheiten .... und seine Leistungsfähigkeit ....

T2 ⟩ **Wie kann man das Problem lösen?**
.... /6

Formulieren Sie Modalsätze. Nutzen Sie die Vorgabe in Klammern.

▶ *Politiker ▪ gegen Lebensmittelverschwendung ▪ vorgehen wollen, sie ▪ neue Gesetze beschließen (indem)*
Politiker wollen gegen Lebensmittelverschwendung vorgehen, indem sie neue Gesetze beschließen.

1. *Supermärkte ▪ zu einem besseren Umgang mit abgelaufenen Lebensmitteln ▪ gezwungen werden sollen, sie ▪ die aussortierte Ware ▪ an soziale Organisationen ▪ abgeben müssen (indem)*
....
....

2. *man ▪ die Verschwendung ▪ auch ▪ reduzieren können, Containern ▪ straffrei ▪ werden (dadurch ... dass)*
....

3. *alle Bürger ▪ einen Beitrag ▪ leisten können, sie ▪ bewusst ▪ einkaufen (durch, Einkaufen)*
....

T3 ⟩ **Geburtstagsgrüße**
.... /5

Ergänzen Sie die Wörter im richtigen Kasus.

| (1) d̶u̶ |
| (2) du |
| (3) ein Freund |
| (4) er |
| (5) er |
| (6) der wilde Harry |
| (7) du |
| (8) ich |
| (9) ich |
| (10) du |
| (11) du |

Alles Gute!

Lieber Jens,

ich gratuliere *dir* (1) ganz herzlich zum Geburtstag und wünsche .... (2) alles, alles Gute. Zurzeit bin ich in München und besuche .... (3), Harald. Ich weiß nicht, ob du .... (4) noch kennst. Er hat früher in der Jugendmannschaft Handball gespielt und wir haben .... (5) .... (6) genannt. Kannst du .... (7) noch erinnern? Harald hat .... (8) jedenfalls empfohlen, im Café TH mal einen Zwetschgendatschi zu probieren. Das ist ein ganz toller Pflaumenkuchen, der .... (9) wirklich fantastisch geschmeckt hat. Deshalb fahre ich heute noch einmal in das Café und bringe .... (10) ein Stück mit, als kleines Geburtstagsgeschenk. Ich sehe .... (11) ja morgen.

Bis dann
Dein Sören

Übersichten zu den Strukturen

 Verben mit direktem Kasus

Verben mit Akkusativ: Ich trinke morgens <u>eine Tasse Kaffee</u>.	**Auswahl: jemanden** befragen ▪ beglückwünschen (zu) ▪ beneiden (um) ▪ besuchen ▪ bitten (um) ▪ lieben ▪ loben (für) ▪ kennen ▪ sehen ▪ treffen ▪ unterbrechen ▪ untersuchen ▪ verurteilen (zu) ▪ verstehen **etwas** essen ▪ trinken ▪ sagen ▪ bestätigen
Verben mit Dativ: Die Erklärung half <u>den Studentinnen</u> nicht.	**Auswahl: jemandem** ähneln ▪ antworten (auf) ▪ begegnen ▪ beistehen ▪ danken (für) ▪ drohen (mit) ▪ gefallen ▪ glauben ▪ gratulieren (zu) ▪ helfen ▪ missfallen ▪ misstrauen ▪ nachgeben ▪ nützen ▪ schaden ▪ vertrauen ▪ widersprechen ▪ zuhören ▪ zureden ▪ zustimmen
Verben mit Dativ und Akkusativ: Experten geben <u>den Menschen</u> <u>viele Ratschläge</u>.	**Auswahl: jemandem etwas** anvertrauen ▪ bewilligen ▪ borgen ▪ bringen ▪ empfehlen ▪ entziehen ▪ erzählen ▪ geben ▪ leihen ▪ mitteilen ▪ schenken ▪ schicken ▪ senden ▪ verbieten ▪ verdanken ▪ verschweigen ▪ versprechen ▪ verweigern ▪ verzeihen ▪ wünschen ▪ zeigen
Verben mit zwei Akkusativen: Die Presse nannte <u>die jungen Frauen</u> <u>vorbildliche Aktivistinnen</u>.	**wichtige Verben dieser Gruppe:** **jemanden etwas** kosten ▪ lehren ▪ nennen
Verben mit Akkusativ und Genitiv: Die Verkäuferin beschuldigte <u>die Studentinnen</u> <u>des Diebstahls</u>.	**wichtige Verben dieser Gruppe:** **jemanden einer Straftat** beschuldigen ▪ bezichtigen ▪ verdächtigen ▪ überführen ▪ anklagen

 Die Wortstellung im Mittelfeld

Kasusergänzungen

Position 1	Position 2	Mittelfeld	Satzende	Reihenfolge
Ich	habe	**dir den Zeitungsartikel** gestern	gegeben.	*N–D–A*
Eva	hat	**ihn dir** heute noch einmal	gemailt.	*N–A–D*
Wir	danken	**dir für das leckere Essen.**		*N–D–präp. Ergänzung*
Ich	möchte	**dich an deine guten Vorsätze**	erinnern.	*N–A–präp. Ergänzung*

Angaben

Position 1	Position 2	Mittelfeld	Satzende	Reihenfolge
Birgit	ist	**im Mai zur Entspannung mit ihrem Freund an die Ostsee**	gefahren.	*temporal – kausal – modal – lokal*

> **Modalangaben: Sätze und Präpositionen**

Nebensätze mit der Subjunktion *indem*	Das konnten Gesundheitswissenschaftler der Stanford University belegen, **indem** sie in einem Studienvergleich ein Wirrwarr an Ergebnissen aufgelistet haben.
Nebensätze mit der zweiteiligen Subjunktion *dadurch … dass*	Diese Unterschiede können zum Beispiel **dadurch** entstehen, **dass** die im Labor getesteten Mengen von Nährstoffen im Rahmen unserer täglichen Essgewohnheiten gar nicht aufgenommen werden.
Nomengruppen mit den Präpositionen *mit* (+ Dativ), *mithilfe* (+ Genitiv) und *durch* (+ Akkusativ)	**Beim** Spazierengehen kann man sehr gut lernen. **Mit/Mithilfe** dieser Methode kann man Zusammenhänge herstellen. Neben den bereits aufgezählten positiven Effekten kann man angeblich **durch** regelmäßigen Kaffeekonsum bestimmte Krankheitsrisiken einschränken.

Wichtige Wörter und Wendungen

> **Wiederholen Sie die Wörter und Wendungen.**
> Zweisprachige Redemittellisten finden Sie unter
> *www.schubert-verlag.de/wortschatz*

Die gesundheitliche Wirkung von Lebensmitteln

- Ergebnisse in diversen Zeitschriften nachlesen können
- das Leben verlängern
- das Krebsrisiko um 18 Prozent senken
- das Risiko vermindern, einen Herzinfarkt zu erleiden
- Krankheiten vorbeugen
- die Genesung in Krankheitsfällen unterstützen
- Krankheitssymptome lindern
- beim Entspannen helfen
- die Konzentration steigern
- die Leistungsfähigkeit erhöhen
- das Risiko einschränken, an einer Depression zu erkranken
- die Rolle der Nahrungsmittel beim Heilungsprozess erkennen
- von einer Erkältung geplagt werden
- unter Magenschmerzen leiden
- etwas von Generation zu Generation weitergegeben
- auf positiven Erfahrungen basieren
- sich positiv auf die Gesundheit und das Wohlbefinden auswirken
- Artikeln in Zeitschriften (keinen) Glauben schenken
- viele Forschungsergebnisse mit Vorsicht genießen/ Studien (nicht) trauen
- Untersuchungen unter Laborbedingungen durchführen
- sich stark vom täglichen Leben unterscheiden
- Nährstoffe aufnehmen
- sich nicht eins zu eins auf den Menschen übertragen lassen
- Daten (nicht) gezielt auf ein bestimmtes Thema untersuchen
- nach Auffälligkeiten oder signifikanten Zusammenhängen suchen
- ein gewünschtes oder erhofftes Resultat erzeugen
- ein Wirrwarr an Studienergebnissen auflisten
- allgemeine Empfehlungen zum Verzehr von Lebensmitteln formulieren
- Empfehlungen von einem einzigen Studienergebnis ableiten
- für viele Nahrungsmittel eine positive Wirkung zweifelsfrei nachweisen
- auf einigen Gebieten intensiv forschen
- mit Genuss und Entspannung verbunden sein

Ernährung

- Empfehlungen überarbeiten
- Ratschläge streichen
- täglich *(Gemüse und Obst)* verzehren
- die beste Wahl sein
- *(pflanzliche Öle)* verwenden
- *(Omega-3-Fettsäuren)* liefern
- *(wenig Fett)* zu sich nehmen
- *(cholesterinarme)* Lebensmittel wählen
- zu viel *(Zucker und Salz)* meiden
- sich *(fleischlos)* ernähren
- viel/wenig/überhaupt kein *(Fleisch/Bier)* essen/ trinken
- auf *(Kohlenhydrate)* verzichten
- auf *(Ausgewogenheit)* achten
- sich *(vegan/vegetarisch)* ernähren
- die Ernährungsgrundlage sein/bilden
- gerne *(auf dem Markt)* einkaufen
- (nicht so) gut kochen können
- (nicht so) schmecken
- viel/wenig Geschmack haben
- aus biologischem Anbau/biologischer Tierhaltung stammen
- sich Essen nach Hause bestellen
- das Essen genießen
- sich eine Pause gönnen
- den Genuss und das Sättigungsempfinden fördern
- (sich) einen Traum verwirklichen
- sich auf eine kulinarische Reise begeben
- sich einen großen Vorrat an *(Mozartkugeln)* zulegen
- der *(ungarischen)* Küche ähneln

Weggeworfene Lebensmittel

- Nahrungsmittel wegwerfen/entsorgen/verschwenden
- (un)genießbare/verdorbene/(un)appetitliche/ noch verwertbare Lebensmittel in die Mülltonne werfen
- im Müll landen
- Portionen zu groß bemessen
- das Mindesthaltbarkeitsdatum überschreiten
- einen Müllcontainer gewaltsam öffnen

Juristischer Wortschatz:

- des gemeinsam begangenen Diebstahls beschuldigt werden
- nach Auffassung vieler Juristen ein Diebstahl nach § 242 Strafgesetzbuch (StGB) sein
- Anklage erheben
- ein Urteil verkünden
- schuldig gesprochen werden
- jemanden zu einer Geldstrafe/Bewährungsstrafe/ Freiheitsstrafe verurteilen
- eine Strafe akzeptieren
- straffrei bleiben
- gemeinnützige Arbeit leisten
- von einer Anklage absehen/das Verfahren einstellen
- jemanden freisprechen

Insekten als Nahrungsmittel

- Nicht alle Menschen auf der Welt können ausreichend ernährt werden.
- Ein Mehrbedarf an Nahrung entsteht/besteht.
- den zusätzlichen Bedarf an tierischen Eiweißen mit der aktuellen Fleischproduktion (nicht) decken können
- sich nach Alternativen umsehen/eine Alternative sein
- in einigen Ländern auf der Speisekarte stehen
- als exotisch gelten
- Insekten als Lebensmittel erlauben/zulassen
- eine große Chance sehen
- auf eine Idee kommen
- sich mit einem neuen Nahrungsmittel anfreunden
- sich Insekten als Alternative zu gewohnten Lebensmitteln vorstellen können

Diskutieren und Ergebnisse zusammenfassen

- Ich schlage vor, (das Containern zu legalisieren)./ Mein Vorschlag ist sehr einfach: (Wir legalisieren das Containern).
- Was haltet ihr davon?
- Das Wichtigste ist für mich, (das Wegwerfen von Lebensmitteln zu bekämpfen).
- Das sehe ich genauso.
- Ich würde andere Prioritäten setzen.
- Wir sollten daran denken, (die Bedürftigen zu unterstützen). Wir müssen uns auch/mehr um (die Bedürftigen) kümmern.
- Wir haben darüber gesprochen/diskutiert, (wie wir Lebensmittelverschwendung verhindern können).
- Einig/Uneinig waren wir uns bei dem Thema (Bekämpfung des Überangebots).
- Wir konnten uns auf einige Maßnahmen einigen.
- Eine sinnvolle/effektive/sofort wirkende Maßnahme wäre, wenn (Supermärkte hohe Strafen zahlen müssten). Man könnte auch darüber nachdenken, (hohe Strafen für Supermärkte einzuführen).

Eine Grafik beschreiben

- Thema der Grafik ist (die Lebensmittelverschwendung).
- Die Grafik zeigt/benennt (die Verteilung der Lebensmittelabfälle und die Gründe für ihre Entsorgung).
- Aus der Grafik lässt sich ableiten, (was man verbessern kann).
- Mich überrascht besonders, (dass die Menschen beim Einkaufen so schlecht planen).
- Das habe ich (nicht) erwartet.
- Für mich ergibt sich daraus die Schlussfolgerung, dass (wir besser planen müssen).

Aus der Welt der Wirtschaft

- ▶ Über Ideen für eine eigene Firma diskutieren
- ▶ Hör- und Lesetexte zu den Themen Kurzbeschrei-bungen von Start-ups, Überleben in der Start-up-Welt, Regeln für berufliches Netzwerken und Computer in Bewerbungsverfahren verstehen und wiedergeben
- ▶ Über Start-up-Unternehmen und verschiedene Marketingstrategien sprechen
- ▶ Berufliche E-Mails schreiben
- ▶ Über Regeln für berufliches Netzwerken und Smalltalk berichten
- ▶ Sich über Bewerbungsgespräche austauschen
- ▶ Smalltalk und Bewerbungsgespräche führen
- ▶ Über Computer als Auswahlhelfer bei Bewerbungen diskutieren
- ▶ Mit Redepartikeln die mündliche Kommunikation unterstützen
- ▶ Vorgänge beschreiben
- ▶ Mittel, Ursachen und Folgen mithilfe von Präpositio-nen formulieren

1 Gruppenarbeit: Ideen für eine neue Firma

Stellen Sie sich vor, Sie könnten eine eigene Firma gründen. Entwickeln Sie in kleinen Gruppen ein Konzept und präsentieren Sie anschließend Ihre Ideen.

Welche Idee würden
Sie verwirklichen?

Was würden Sie gern anbieten?

Auf welche Faktoren müssten
Sie bei der Gründung eines
Start-ups achten?

Anmerkung: Wenn Sie bereits eine eigene (kleine) Firma oder Ideen für eine eigene Firma haben, können Sie diese präsentieren.

2 Erfolgreiche Start-ups aus Deutschland, Österreich und der Schweiz

a Die folgenden Start-up-Firmen haben etwas Neues entwickelt. Überlegen Sie in Dreiergruppen, was hinter den Namen der Firmen/Apps stecken könnte. Wählen Sie drei Erfindungen/Firmen aus und formulieren Sie einige Sätze. Vergleichen Sie im Anschluss Ihre Vermutungen mit anderen Gruppen.

Flyability
- Drohnen, die etwas Besonderes können

N26-Bank

Bike Citizens
- eine App für Fahrradfahrer

Tractive
- GPS-Tracker für Hunde

Bestmile
- Managementsystem von autonomen Fahrzeugen

Kolibri Games

b Lesen Sie die Kurzbeschreibungen. Arbeiten Sie zu dritt. Jede/Jeder liest zwei Texte. Geben Sie den Inhalt anschließend in Ihrer Dreiergruppe wieder. Vergleichen Sie den Textinhalt mit Ihren Vermutungen in a).

① **Flyability aus der Schweiz**

Flyability ist ein Start-up aus dem Kanton Waadt, das sich auf den Bau von Drohnen spezialisiert hat. Das Besondere an den Drohnen ist, dass sie dank einer Schutzhülle durch schwer zugängliche und enge Räume fliegen können, ohne diese dabei zu beschädigen. Die als Spin-off der ETH Lausanne entwickelte Technologie kann an Orten genutzt werden, wo ein Einsatz von unbemannten Fluggeräten bisher zu gefährlich oder schlicht unmöglich war, zum Beispiel in Industrieanlagen oder Kraftwerken. Mit der Verwendung von Drohnen lassen sich außerdem die hohen Kosten für eine Inspektion reduzieren.

② **Bestmile aus der Schweiz**

Das 2014 in Lausanne gegründete Start-up Bestmile bietet einen sogenannten Cloudservice für das Management von autonomen Fahrzeugen an. Mithilfe einer neuartigen Software werden selbstfahrende Fahrzeuge kontrolliert und gesteuert, ähnlich wie bei einem Kontrollturm. Die Fahrzeuge können in Realzeit verfolgt werden. Wartezeiten und Fahrwege lassen sich auf diese Weise optimieren, technische Ausfälle frühzeitig erkennen. Die Technologie von Bestmile steckt bereits in den autonom fahrenden Postautos in Sion und wird auch in einigen französischen Städten verwendet.

③ **Tractive aus Österreich**

Die Firma Tractive entwickelte einen GPS-Tracker für Hunde, der es den Hundehaltern ermöglicht, das Haustier jederzeit und überall exakt zu orten. Der genaue Standort des Hundes kann direkt über eine kostenlose Smartphone-App oder über einen Webbrowser abgerufen werden. Danach kamen die Tierspezialisten aus Österreich mit einem GPS-Sender für Katzen auf den Markt. Nun können auch Katzenliebhaber ihre Haustiere rund um die Uhr überwachen. Kunden und Investoren sind begeistert. Die mittlerweile 70 Mitarbeiter in Pasching arbeiten am Ausbau des weltweiten Vertriebsnetzes und an weiteren Innovationen.

④ **Bike Citizens aus Österreich**

Wer regelmäßig Fahrrad fährt und dabei auf ein Navigationsgerät vertraut, hat sicher schon von Bike Citizens gehört, denn das Grazer Unternehmen hat eine App entwickelt, die Radfahrer wie ein Auto-Navi durch inzwischen mehr als 200 Städte in Europa lotst. Auf dem Handy wird die Route grafisch dargestellt, eine Stimme gibt klare Anweisungen. Neben der Navigation zu bestimmten Adressen und wichtigen Punkten wie Theatern, Bahnhöfen und Freizeiteinrichtungen bietet die App auch für jede Stadt Sightseeingtouren an. Im vergangenen Jahr hat die Europäische Raumfahrtagentur (ESA) in die Idee des Grazer Start-ups investiert.

⑤ **Kolibri Games aus Deutschland**

Das Berliner Mobilegames-Studio, das ursprünglich unter dem Namen Fluffy Fairy Games gegründet wurde, ist – wie der Name schon sagt – ein Unternehmen, das Spiele entwickelt. Ganz ohne die finanzielle Hilfe von Investoren schaffte das Start-up 2016 den großen Sprung in den Google Play Store. Mit nur zwei Spielen – „Idle Miner Tycoon" und „Idle Factory Tycoon" – erwirtschaftet das junge Unternehmen rund drei Millionen Euro Umsatz pro Monat, die Hälfte bleibt als Gewinn übrig. Beide Spiele sind grundsätzlich kostenlos spielbar und wurden weit über 50 Millionen Mal heruntergeladen.

⑥ **N26 aus Deutschland**

Die 2013 gegründete Smartphone-Bank passt sich dem heutigen Lebensstil perfekt an: Girokonto, Kreditkarte und Co. – alles steht durch die App auf dem Smartphone zur Verfügung, wie bei einer normalen Bank, nur ganz ohne Filialen. Das Berliner Unternehmen ist unter anderem Partnerbank von Apple Pay und hat bereits über eine Million Kunden.

c Sie haben viel Geld im Lotto gewonnen und möchten gern in eins der beschriebenen Start-ups investieren. Entscheiden Sie sich für ein Unternehmen und begründen Sie Ihre Wahl. Arbeiten Sie zu dritt.

▪ Ich würde gerne in … investieren/mein Geld in … stecken. ▪ Mir scheint … die beste Wahl zu sein.	▪ Ich halte … für sehr zukunftsfähig/sehr innovativ/gewinnbringend. ▪ … wird sich vermutlich (nicht) lange auf dem Markt halten/langfristig (nicht) durchsetzen.

d Ergänzen Sie zu den Nomen passende Adjektive. Achten Sie auf die Endungen.

▪ kostenlos
▪ selbstfahrend
▪ weltweit
▪ heutig
▪ ~~schwer zugänglich~~
▪ finanziell
▪ unbemannt
▪ jung
▪ hoch
▪ genau

▶ *schwer zugängliche* Räume
1. .... Fluggeräte
2. die .... Smartphone-App
3. die .... Kosten
4. .... Autos
5. der .... Standort
6. das .... Vertriebsnetz
7. .... Hilfe
8. das .... Unternehmen
9. der .... Lebensstil

3 Strukturen: Die Betonung des Vorgangs

Bilden Sie aus den Vorgaben einen Passivsatz oder einen Satz mit einer Passiversatzform. Achten Sie auf die Hinweise in Klammern.

▶ *die Technologie ▪ von der ETH Lausanne ▪ entwickeln (Passiv Präteritum)*

Die Technologie wurde von der ETH Lausanne entwickelt.

1. *die unbemannten Fluggeräte ▪ an verschiedenen Orten ▪ sich ▪ nutzen ▪ lassen*
2. *die Kosten für eine Inspektion ▪ mit dem Drohneneinsatz ▪ reduzieren ▪ können (Passiv Präsens)*
3. *mithilfe einer neuartigen Software ▪ selbstfahrende Fahrzeuge ▪ jederzeit ▪ kontrollierbar und steuerbar ▪ sein*
4. *die Fahrzeuge ▪ in Echtzeit ▪ verfolgen ▪ können (Passiv Präsens)*
5. *Wartezeiten und Fahrwege ▪ optimieren ▪ und ▪ technische Ausfälle ▪ frühzeitig ▪ sich ▪ erkennen ▪ lassen*
6. *die Technologie von Bestmile ▪ bereits ▪ in einigen französischen Städten ▪ verwenden (Passiv Perfekt)*
7. *mit dem GPS-Sender der Firma Tractive ▪ Hunde ▪ von ihren Haltern ▪ überall ▪ orten ▪ sein*
8. *der genaue Standort des Hundes ▪ direkt ▪ über eine kostenlose Smartphone-App ▪ sich ▪ abrufen ▪ lassen*
9. *das Berliner Unternehmen Kolibri Games ▪ ursprünglich ▪ unter dem Namen Fluffy Fairy ▪ gründen (Passiv Perfekt)*
10. *die Spiele „Idle Miner Tycoon" und „Idle Factory Tycoon" ▪ grundsätzlich kostenlos ▪ spielbar ▪ sein*
11. *sie ▪ weit über 50 Millionen Mal ▪ herunterladen (Passiv Präteritum)*
12. *alle Bankgeschäfte ▪ durch die Entwicklung der App ▪ über das Smartphone ▪ abwickeln ▪ können (Passiv Präsens)*

4 Strukturen: Das Agens im Passivsatz

a Lesen Sie die Beispielsätze und danach den Hinweis.

1. Die Technologie wurde **von der ETH Lausanne** entwickelt.
2. Die Tiere können **von den Hundehaltern** überall geortet werden.
3. Alle Bankgeschäfte können **durch die Entwicklung** der App über das Smartphone abgewickelt werden.
4. Der Computer ist **durch einen Virus** stark beschädigt worden.

▸ Man kann das Subjekt eines Aktivsatzes in den Passivsatz übernehmen, wenn man es besonders betonen möchte.
Dabei stehen Personen, Institutionen und Gegenstände in der Regel mit *von* + Dativ. *(Satz 1 und 2)*
Bei Vorgängen oder Überbringern/Überträgern verwenden wir *durch* + Akkusativ. *(Satz 3 und 4)*

b Ergänzen Sie die Angaben in Klammern mit *von* oder *durch*.

▶ Die neue Drohne wird auch *von der Polizei* verwendet. *(die Polizei)*

① Das Smartphone kann .... mit einer Schadsoftware infiziert werden. *(das Herunterladen der App)*

② Auch Kosten können .... reduziert werden. *(der Drohneneinsatz)*

③ Mit dem GPS-Sender werden die Tiere .... überwacht. *(ihre Besitzer)*

④ Die Firma wurde 2016 .... gegründet. *(zwei Brüder)*

⑤ Das Projekt wurde mit 100 000 Euro .... unterstützt. *(die Universität)*

5 Strukturen: Umformung von Aktivsätzen in Passivsätze

a Lesen Sie die Beispielsätze und die Hinweise.

Aktiv	Passiv	Hinweise
Die ETH Lausanne entwickelte die Technologie.	**Die Technologie** wurde (von der ETH Lausanne) entwickelt.	Die Akkusativergänzung des Aktivsatzes wird zum Subjekt (Nominativ) im Passivsatz.
Die Gründer konnten schnell einen Investor finden.	**Ein Investor** konnte schnell gefunden werden.	
Die Mitarbeiter haben lange über die richtige Marketing-strategie diskutiert.	**Es** wurde lange über die richtige Marketingstrategie diskutiert. **Über die richtige Marketing-strategie** wurde lange diskutiert.	Wenn es im Passivsatz kein Subjekt gibt, steht **es** oder ein anderes Satzglied an Position I.

b Berlin Space Technologies
Formen Sie die Aktivsätze in Passivsätze um. Das Subjekt des Aktivsatzes wird nicht übernommen.

▶ Drei Studienfreunde gründeten 2009 die Firma Berlin Space Technologies (BST).
Die Firma Berlin Space Technologies (BST) wurde 2009 gegründet.

1. Die Ingenieure entwickelten einen kleinen Satelliten zur Beobachtung der Erde aus dem Weltall.

   ....

   ....

2. Für die Entwicklung des Mini-Satelliten benötigten die Gründer viel Zeit und Geld.

   ....

   ....

3. Im Jahr 2017 konnte die Firma BST den ersten Satelliten im Auftrag der Universität Singapur ins All schießen.

   ....

   ....

4. In den waschmaschinengroßen Satelliten hat man ganz normale Konsumentenprodukte wie Teile eines Fotoapparats eingebaut.

   ....

   ....

5. Dadurch konnte man die Herstellungskosten eines Satelliten von 50 Millionen auf 5 Millionen Euro reduzieren.

   ....

   ....

6. Auch die Qualität der gelieferten Bilder konnte die Firma verbessern.

   ....

   ....

6 Überleben in der Start-up-Welt

a Sie hören jetzt ein Interview zum Thema Start-ups. Sind die folgenden Aussagen richtig oder falsch? Kreuzen Sie an.

		richtig	falsch
1.	Die Medien zeichnen ein realistisches Bild vom Alltag der Start-ups.	☐	☐
2.	Alternative Büroeinrichtungen tragen viel zum Erfolg von Start-ups bei.	☐	☐
3.	90 Prozent aller Start-ups gehen in den ersten drei Jahren pleite.	☐	☐
4.	Die angebotenen Produkte oder Dienstleistungen sollten einen Mehrwert für die Kunden haben.	☐	☐
5.	Marktanalysen bringen gar nichts.	☐	☐
6.	Eine wichtige Voraussetzung für den Erfolg sind qualifizierte Mitarbeiter und eine gute Zusammenarbeit.	☐	☐
7.	Hierarchien verhindern oft gute Arbeitsergebnisse.	☐	☐
8.	Viele Start-ups bekommen ein finanzielles Problem, wenn Erfolge nach einer gewissen Zeit ausbleiben.	☐	☐

b Hören Sie den Text noch einmal und fassen Sie die wichtigsten Informationen mündlich oder schriftlich zusammen. Was hat Sie an den Informationen über Start-ups überrascht, was haben Sie erwartet? Begründen Sie kurz Ihre Meinung.

c Ergänzen Sie die fehlenden Nomen. Arbeiten Sie zu zweit.

- Team
- Zielgruppe
- Büroeinrichtung
- Überleben
- ~~Bild~~
- Arbeitswelt
- Gründung
- Scheitern
- Nachfrage
- Zusatznutzen
- Lösung
- Fragen
- Absatzmarkt

Viele Leute haben ein positives Bild von Start-ups. Sie denken nicht nur an eine kreative .... (1), an Mitbestimmung und Verantwortung für das ganze .... (2), sondern auch an eine alternative .... (3) mit Bällebad und Schlafkabine. Doch auch in der Start-up-Szene geht es letztendlich nur ums .... (4) und um den Gewinn. Mehreren Studien zufolge wird nur eins von zehn Start-ups erfolgreich, die restlichen neun müssen in den ersten drei Jahren nach ihrer .... (5) wieder aufgeben.

Die Gründe dafür sind vielfältig und es ist meistens nicht nur ein Faktor, der das Projekt zum .... (6) führt. Rund 40 Prozent der Start-ups gehen an einem nicht vorhandenen Markt kaputt. Das heißt, die Initiatoren haben am Markt vorbeigeplant, zum Beispiel, wenn das Produkt oder die Dienstleistung für die .... (7) keine Relevanz hat.

Wer vorher eine Marktanalyse macht, muss die Ergebnisse auch richtig interpretieren bzw. erst mal die richtigen .... (8) stellen. Wenn Umfrageteilnehmer eine Idee gut finden, bedeutet das noch lange nicht, dass eine .... (9) besteht und die Befragten das Produkt auch tatsächlich kaufen. Man muss eine .... (10) für ein Problem oder einen direkten Nutzen oder .... (11) anbieten, um einen .... (12) zu finden.

- Kopf
- Erfolg
- Aufgaben
- Hierarchien
- Entwicklungszeiten
- Fehlern
- Fachkräfte

Ein zweites Problem sind gut ausgebildete .... (13) und ein gut funktionierendes Zusammenspiel aller Mitarbeiter. Das bedeutet aber, dass die .... (14) und Verantwortlichkeiten verteilt werden müssen. Die Idee, unter Mitbestimmung aller Teammitglieder und ohne .... (15) zu arbeiten, trägt in vielen Fällen nicht zum .... (16) eines Unternehmens bei.

Problem Nummer drei ist die Anschlussfinanzierung. Vor allem wenn man lange .... (17) hat oder das Geschäft langsamer anläuft als erwartet, ist das Startkapital schnell verbraucht und es kommt kein neues Geld nach.

Man kann aber aus den .... (18) von anderen lernen. Das heißt, wenn man eine gute Idee hat, sollte man einen kühlen .... (19) bewahren, sich ein bisschen Zeit nehmen und die Punkte Marktanalyse, Teamarbeit, Fachkräfte und Finanzen sehr gut planen und durchdenken.

d Ratschläge an eine Freundin/einen Freund
Eine Freundin/Ein Freund von Ihnen hat eine tolle Idee und möchte ein Start-up-Unternehmen gründen. Schreiben Sie ihr/ihm eine E-Mail und berichten Sie über den Artikel, den Sie gelesen haben. Geben Sie Ihrer Freundin/Ihrem Freund einen oder mehrere Ratschläge und bieten Sie Ihre Hilfe an.

7 Strukturen: Verschiedene Präpositionen

a Lesen Sie die Beispielsätze und unterstreichen Sie die Präpositionalgruppen. Geben Sie die Präposition und den Kasus an. Lesen Sie danach die Hinweise.

Präpositionen für Instrumentalangaben

Angaben eines Mittels/Instruments
▸ *siehe auch Kapitel 8*

1. Mithilfe einer neuartigen Software können selbstfahrende Fahrzeuge kontrolliert und gesteuert werden.
   → *mithilfe + Genitiv*

2. Durch verschiedene Steuerungsmöglichkeiten lässt sich das Gerät leicht manövrieren.
   → ....

3. Mittels eines neuen Navigationsgeräts finden Radfahrer in 200 europäischen Städten schnell ihr Ziel.
   → ....

4. Mit diesem Gerät können Sie Ihren Hund jederzeit überwachen.
   → ....

5. Ich erkläre Ihnen den Vorgang am besten anhand eines Beispiels.
   → ....

Präpositionen für Kausal- und Konsekutivangaben

Angaben eines Grundes/einer Ursache oder einer Folge
▸ *siehe auch Kapitel 2 und 3*

1. Dank des neuen Schutzmantels können die Drohnen durch schwer zugängliche Räume fliegen.
   → ....

   Dank dem schnellen Internet ist jetzt Kommunikation mit den entferntesten Orten möglich.
   → ....

2. Start-ups geraten oft mangels ausreichender Nachfrage in Schwierigkeiten.
   → ....

3. Wegen unzureichender finanzieller Mittel mussten die Firmengründer aufgeben.
   → ....

   Wegen dir muss ich heute länger im Büro bleiben.
   → ....

4. Die Firma konnte ihr Produkt aufgrund fehlender Fachkräfte nicht weiterentwickeln.
   → ....

5. Angesichts der vielen Insolvenzen sollten Start-up-Gründer den Markt vorher besser analysieren.
   → ....

6. Aus Angst vor dem Scheitern gründen viele Erfinder kein eigenes Unternehmen.
   → ....

7. Die Chefin strahlte vor Freude über den Erfolg.
   → ....

8. Infolge sinkender Umsatzzahlen musste das Unternehmen aufgeben.
   → ....

Die Präposition *mittels*

Die Präposition **mittels** wird fast ausschließlich schriftsprachlich verwendet.

Präpositionen

▸ Der Präposition **dank** kann das Nomen im Genitiv oder im Dativ folgen.

▸ Die Präposition **wegen** wird normalerweise mit dem Genitiv gebraucht. Allerdings verwendet man umgangssprachlich und bei Personalpronomen oft den Dativ: **wegen dir**. Die Alternative zu **wegen dir** ist **deinetwegen**.

▸ Bei der kausalen Verwendung von **aus** und **vor** steht das Nomen oft ohne Artikel.

▸ *Übersicht Seite 206*

b Ergänzen Sie die Sätze wie im Beispiel.

▶ aufgrund: *Aufgrund eines Programmierfehlers* funktioniert das Gerät nicht störungsfrei. *(ein Programmierfehler)*

1. dank: .... konnte der Fehler schnell behoben werden. *(die hervorragende Arbeit der IT-Ingenieure)*

2. angesichts: .... steckt in dem Unternehmen großes Potenzial. *(die vielen Spiele-Downloads)*

3. infolge: .... wurde das Produkt vom Markt genommen. *(massive Beschwerden)*

4. mithilfe: .... können Sie alle Bankgeschäfte vom Sofa aus erledigen. *(eine neue App)*

5. anhand: Die These lässt sich .... einfach beweisen. *(wissenschaftliche Daten)*

6. wegen: .... konnte die Sitzung erst 30 Minuten später beginnen. *(ich)*

7. mittels: Die Kundenwünsche wurden .... festgestellt. *(ein Fragebogen)*

8. durch: .... konnte das Produkt weiter verbessert werden. *(die Analyse der Ergebnisse)*

8 Marketing für ein neues Produkt

a Ihre Firma hat ein neues Getränk entwickelt. Es handelt sich um ein Erfrischungsgetränk aus einem Extrakt aus grünem Tee, Zitrusfrüchten und Minze mit wenig Zucker. Geben Sie Ihrem Getränk einen Namen. Wählen Sie danach eine passende Marketingstrategie aus. Besprechen Sie Vor- und Nachteile der einzelnen Möglichkeiten. Einigen Sie sich auf eine Marketingstrategie. Präsentieren Sie am Ende Ihren Produktnamen und Ihre Marketinglösung und begründen Sie Ihre Auswahl. Folgende Möglichkeiten stehen zur Auswahl:

① **Display-Marketing**
Sie lassen Werbung auf bestimmten Websites einblenden. Dabei kann es sich um Bilder, Animationen oder Videos handeln.

② **Suchmaschinen-Marketing**
Sie platzieren Anzeigen auf den Ergebnisseiten von Suchmaschinen und berichten über Ihr Produkt mit informativen Inhalten.

③ **Direktmarketing von Großkunden mit Testmöglichkeit**
Sie nehmen mit potenziellen Großkunden wie Firmen oder Veranstaltern von Konferenzen direkt Kontakt auf und versenden zehn Flaschen zum Testen.

④ **Social-Media-Marketing**
Sie schalten Werbeanzeigen und betreiben Ihre Kundenkommunikation über Facebook, Twitter, Instagram und Co.

⑤ **E-Mail-Marketing**
Sie versenden im Rahmen von E-Mails Newsletter oder Informationen über Angebote und Rabattmaßnahmen an einen großen Empfängerkreis.

⑥ **Influencer-Marketing**
Sie suchen Influencer (Meinungsmacher) mit großer Reichweite, die als eine Art Testperson das Produkt bewerben und positive Botschaften über das Produkt verbreiten. Achtung: Die Werbung über Influencer erfordert eine transparente Kennzeichnung.

⑦ **Affiliate-Marketing**
Sie finden Partner, die auf ihren eigenen Websites oder in ihren Social-Media-Posts Links zu Ihrem Produkt platzieren. Für jedes über diesen Link verkaufte Produkt erhalten die Partner eine Provision. Auch dieses Marketing muss transparent gekennzeichnet werden.

⑧ **Werbespot fürs Fernsehen**
Sie produzieren einen Werbefilm, den Sie sowohl im Fernsehen als auch online zeigen.

⑨ **Werbeplakat**
Sie lassen ein Werbeplakat gestalten, das auf verschiedenen Werbeflächen in Städten gezeigt wird.

b Was passt zusammen? Ordnen Sie zu.

> ▶ Anzeigen oder Links auf Websites ☐   ☐ a) versenden
1. Kontakt mit Großkunden ☐   ☐ b) erhalten
2. Werbung transparent ☐   ☐ c) platzieren
3. E-Mails ☐   ☐ d) aufnehmen
4. positive Botschaften ☐   ☐ e) verbreiten
5. einen Werbefilm ☐   ☐ f) kennzeichnen
6. ein Plakat gestalten ☐   ☐ g) lassen
7. eine Provision ☐   ☐ h) betreiben
8. Kundenkommunikation über die ☐   ☐ i) produzieren
   sozialen Medien

c Berichten Sie.

(1) Welche Werbung sehen/lesen/hören Sie als Kunde gern/am meisten?

(2) Haben Sie eine Lieblingswerbung?

(3) Welche Werbung stört Sie?

9   Berufliche E-Mails

a Eine E-Mail an die Abteilungsleiterin

Sie arbeiten in einem Start-up-Unternehmen und die Auftragslage ist so gut, dass viele Mitarbeiter im Vertrieb eingesetzt werden müssen, um die Produkte rechtzeitig zu liefern. Zu Ihrer eigentlichen Arbeit, der Entwicklung neuer Produkte, kommen Sie gar nicht mehr. Am Freitag sollen Sie den Entwurf eines neuen Produkts präsentieren.

- Schreiben Sie eine Nachricht an die Abteilungsleiterin Frau Schreiber.
- Überlegen Sie sich eine passende Reihenfolge der inhaltlichen Punkte.
- Achten Sie neben der Korrektheit auch auf abwechslungsreiche und sinnvolle sprachliche Übergänge und Verknüpfungen.
- Schreiben Sie mindestens 100 Wörter.

- Unterbreiten Sie Vorschläge.
- Bitten Sie um Verschiebung des Termins.
- Schildern Sie die Situation.
- Zeigen Sie Verständnis für die Situation des Arbeitgebers.

b Sie haben Waren bestellt und bekommen. Die beiliegende Rechnung war allerdings fehlerhaft. Der Endbetrag war viel zu hoch.

- Schreiben Sie eine E-Mail an die Rechnungsabteilung der Firma.
- Beschreiben Sie die Situation und formulieren Sie eine Bitte.

10 **Regeln für erfolgreiches berufliches Netzwerken**

a Zu einem erfolgreichen Berufsleben gehört auch ein gutes Netzwerk.
Lesen Sie hier einige Tipps der Unternehmerin und Moderatorin Tijen Onaran und ordnen Sie die jeweils passende Überschrift zu. (Einige Überschriften passen nicht.)
Arbeiten Sie zu zweit. Jede/Jeder liest fünf Regeln. Stellen Sie danach Ihrer Partnerin/Ihrem Partner die Regel kurz vor.

- A Ein Geben und Nehmen
- B Bei Kontakten gilt: Klasse statt Masse
- C Stell dich immer positiv und erfolgreich dar
- D Ein Netzwerk ist umso besser, je vielschichtiger es ist
- E Wofür stehst du?
- F Netzwerken ist ein Marathon
- G Keine falschen Versprechungen
- H Sammle keine Visitenkarten
- I Positionen sind Schall und Rauch
- J Je mehr Kontakte, desto besser
- K Besuche Veranstaltungen allein
- L Netzwerke so, dass du nicht merkst, dass du netzwerkst
- M Gib deinem Gegenüber immer recht
- N Weise Angebote für Projekte nie zurück

(1) ....
....
Auch wenn es so gemütlich ist, mit Kollegen zum Event zu gehen – du hast viel mehr davon, wenn du deine Komfortzone verlässt. Du wirst garantiert mehr neue Menschen kennenlernen und mehr mitnehmen als aus den immer gleichen Gesprächen mit den Leuten, die du ohnehin schon gut kennst.

(2) ....
Netzwerken soll dich nicht nur beruflich weiterbringen, sondern vor allem auch Spaß machen, keine lästige Pflicht sein, sondern ein selbstverständlicher Anteil deines täglichen Lebens werden. Lade zum Beispiel auf eine Party nicht nur deine Freunde ein, sondern auch Personen aus dem beruflichen Umfeld, die du besonders schätzt.

(3) ....
Sieben gute Kontakte reichen aus. Was nützen dir 1 000 Kontakte auf XING und LinkedIn, die dich nicht kennen. Wichtig ist, dass deine Kontakte wissen, wofür du stehst und was du anzubieten hast. Hast du sieben gute Kontakte, die auch reagieren, wenn du sie anschreibst, und die dir weiterhelfen können, ist viel erreicht.

(4) ....
Wir neigen dazu, uns mit Menschen zu verbinden, die Ähnliches machen wie wir selbst. Doch wirklich weiter kommst du am besten, wenn dein Netzwerk inhomogen ist. Wenn du zum Beispiel Menschen kennst, die beruflich in einer anderen Branche tätig sind und andere Fähigkeiten haben als du, ist das ein Vorteil. Natürlich muss es einen Verlinkungspunkt geben, der eure Vernetzung für beide Seiten nützlich macht.

(5) ....
....
Selbstbewusstsein heißt auch, zu wissen, was man nicht kann, wer man nicht ist. Was willst du erreichen, was interessiert dich, was passt zu dir? Und was nicht? Wo willst du hin? Je klarer du diese Fragen für dich geklärt hast, umso authentischer kannst du auftreten.

(6) ....

Wichtiger als die Positionen deiner Kontakte sollte für dich sein, was diese inhaltlich machen und ob das für dich von Interesse ist. Die Hierarchiestufe sagt wenig darüber aus, wie nützlich dir ein beruflicher Kontakt in Zukunft sein kann. Deshalb ist es auch so wichtig, deine eigenen Profile in den Netzwerken mit lebendigen Inhalten zu füllen, also neben dem trockenen Lebenslauf deine Interessen, Erfahrungen und Kenntnisse zu präsentieren.

(7) ....
....

Erst auf lange Sicht zeigt sich, wie gut dein Netzwerk funktioniert, zum Beispiel in weniger rosigen Zeiten. Dabei ist es wichtig, dass du deine Kontakte auch ohne speziellen Anlass pflegst. Wenn du dich immer mal wieder meldest, zeigst du echtes Interesse, bringst dich in Erinnerung und stärkst deine Verbindungen nachhaltig.

(8) ....

Ein gut funktionierendes Netzwerk bietet dir Tipps und Unterstützung, wenn du sie brauchst. Die Frage, was du selbst zu bieten hast, das heißt, welche Talente, Kontakte, Erfahrungen du weitergeben oder vermitteln kannst, wenn sie gefragt sind, ist aber ebenso wichtig.

(9) ....
....

Glaubwürdigkeit und Verlässlichkeit sind auf lange Sicht lohnender als ein unverbindliches „Das müssen wir unbedingt mal machen", was dann im Sande verläuft. Frage dich, welche Projekte willst du wirklich angehen? Und hast du die zeitlichen Kapazitäten dazu? Kannst Du an dieser Stelle wirklich weiterhelfen? Wenn das nicht der Fall ist, dann ist allen mit einem freundlichen, aber klaren Nein besser gedient als mit einem unverbindlichen Ja.

(10) ....

Du brauchst sie nicht mehr. Tippe den neuen Kontakt direkt in deine Netzwerkliste, dein Smartphone hast du sowieso dabei. So geht nichts unter und du hast sofort ein Gesicht zu deinem Kontakt, was der Erinnerung auf die Sprünge hilft.

b Diskutieren Sie in kleineren Gruppen.

- Haben Sie Erfahrungen im Bereich berufliches Netzwerken? Berichten Sie darüber.
- Welche Tipps finden Sie besonders wichtig?
- Beschreiben Sie eine Situation, in der Sie eine der oben genannten Strategien verwendet haben. (Sie dürfen auch eine Situation erfinden.)

11 Textarbeit

a Was bedeuten diese Wörter und Wendungen? Sagen Sie es mit anderen Worten. Nehmen Sie notwendige Umformungen vor.

> - beginnen - Qualität - Quantität - ergebnislos bleiben - mehr geholfen sein - Angst überwinden
> - zu sachlich - vergessen werden können - unterstützen

1. Bei Kontakten gilt: <u>Klasse</u> statt <u>Masse</u>.
   ....

2. Allen <u>ist</u> mit einem klaren Nein <u>besser gedient</u> als mit einem unverbindlichen Ja.
   ....
   ....

3. Das <u>verläuft im Sande</u>.
   ....

4. Fülle deinen <u>trockenen</u> Lebenslauf mit lebendigen Inhalten.
   ....
   ....

5. Du hast viel mehr davon, wenn du deine <u>Komfortzone verlässt</u>.
   ....
   ....

6. So <u>geht</u> nichts <u>unter</u>.
   ....

7. Es <u>hilft</u> deiner Erinnerung <u>auf die Sprünge</u>.
   ....

8. Welche Projekte willst du wirklich <u>angehen</u>?
   ....

b Ergänzen Sie die passenden Verben im Imperativ.

> - erweitern - ablehnen - überlegen - ~~verlassen~~ - einladen - tippen - melden - beschränken - füllen
> - pflegen - zeigen - machen - vergessen - fragen - weitergeben

▶ *Verlass(e)* deine Komfortzone.

1. .... nicht nur deine Freunde, sondern auch Kollegen auf deine Partys ....

2. .... dein Netzwerk auf wirklich gute Kontakte.

3. .... Kontakte, die dich gar nicht kennen.

4. .... dein Netzwerk mit Kontakten, die in einer anderen Branche tätig sind und andere Fähigkeiten haben als du.

5. .... dir genau, was du erreichen willst, was dich interessiert und was zu dir passt.

6. .... deine eigenen Profile in den Netzwerken mit lebendigen Inhalten.

7. .... deine Kontakte auch ohne speziellen Anlass.

8. .... dich immer mal wieder und .... damit echtes Interesse.

9. .... Erfahrungen an andere ...., wenn sie gefragt sind.

10. .... keine falschen Versprechungen.

11. .... dich selbst, ob du Projekte wirklich angehen willst.

12. .... Angebote lieber mit einem klaren Nein ...., wenn du keine Kapazitäten dafür hast.

13. .... den neuen Kontakt direkt in deine Netzwerkliste, damit nichts untergeht.

12 Smalltalk

a Eine gute Gelegenheit, neue Kontakte zu knüpfen und vorhandene Kontakte aufzufrischen, ist der Smalltalk, zum Beispiel bei einem zwanglosen Treffen oder während der Pause im Rahmen einer Veranstaltung. Was verbinden Sie mit dem Thema Smalltalk? Erstellen Sie in kleinen Gruppen ein Assoziogramm.

Smalltalk

b Lesen Sie die Tipps für erfolgreichen Smalltalk. Welche Tipps halten Sie für sinnvoll, welche nicht? Welche fehlen? Arbeiten Sie zu zweit.

Tipps für den Smalltalk

① Ein Smalltalk ist kein Bewerbungs- oder Verkaufsgespräch, sondern leichtes Plaudern zum Kennenlernen oder Auffrischen von Kontakten.

② Geben Sie Ihrem Gegenüber Raum und Zeit zum Reden, nehmen Sie sich selbst zurück.

③ Hören Sie aktiv und aufmerksam zu.

④ Zeigen Sie im Gespräch Interesse durch Nachfragen und reagieren Sie positiv.

⑤ Halten Sie Blickkontakt und sehen Sie sich während des Gesprächs nicht nach anderen um.

⑥ Ort und Anlass des Treffens sind gute Einstiegsthemen.

⑦ Stellen Sie offene Fragen und finden Sie Gemeinsamkeiten (z. B. zu den Themen Hobbys, Reisen, Essen und Trinken, Kunst und Kultur).

⑧ Meiden Sie polarisierende Themen und zu persönliche Themen (z. B. Religion, Politik, Geld, Krankheit).

⑨ Spielen Sie keine Rolle, sondern verhalten Sie sich authentisch.

⑩ Treten Sie nicht besserwisserisch auf.

⑪ Sprechen Sie in einer normalen Lautstärke, nicht zu laut und nicht zu leise.

⑫ Bewegen Sie sich ruhig und vermeiden Sie Hektik.

⑬ Sprechen Sie mit verschiedenen Leuten und stellen Sie sich bei Fremden kurz mit Vor- und Nachnamen sowie einem Satz zu Ihrer Tätigkeit vor.

13 **Strukturen: Redepartikeln**

a Lesen Sie die Beispielsätze und die Hinweise.

Fragesätze

1. Wie fanden Sie **denn** den Vortrag?
   Haben Sie unsere Firma **eigentlich**
   schon mal besucht?
2. Was war das **denn** für eine Bemerkung?
3. Der Vortrag war **doch** prima, oder?

▸ In diesen Sätzen stehen sogenannte Redepartikeln, die dem Satz einen bestimmten emotionalen Ausdruck geben:
- Mit *denn* und *eigentlich* kann man Interesse ausdrücken.
- *Denn* kann aber auch für den Ausdruck von Verwunderung verwendet werden.
- *Doch* steht in Fragesätzen für die Erwartung einer positiven Reaktion.

Aussage- oder Ausrufesätze

1. Das ist **ja/aber** interessant!
   Das ist **doch** ein sehr gutes Resultat!
2. Setzen Sie sich **doch**.
   Probieren Sie das **doch mal** aus.
3. Das haben wir **doch** schon besprochen!
4. Verwenden Sie diese Software **ja/bloß**
   nicht! Sie ist noch sehr fehlerhaft.
5. Sie können die neue Variante **ruhig** einsetzen, sie ist viel besser als die alte.

▸ *Ja, aber* und *doch* können Überraschung/Erstaunen ausdrücken.
▸ *Doch* bzw. *doch mal* kann auch eine Bitte etwas freundlicher machen oder Ärger ausdrücken.
▸ Mit *ja* oder *bloß* kann man eine Warnung formulieren und mit *ruhig* eine Ermunterung.
▸ *Übersicht Seite 206*

b Klassenspaziergang
   Sie nehmen an einer Konferenz teil und sind abends zu einem Empfang eingeladen. Sprechen Sie mit möglichst vielen Teilnehmerinnen und Teilnehmern.
   Verwenden Sie während des Gesprächs einige der in a) genannten Rede-partikeln. Berichten Sie danach kurz über Ihre Gespräche. Entscheiden Sie anschließend, mit wem Sie in geschäftlichem Kontakt bleiben möchten und warum. Begründen Sie Ihre Meinung.

c Ergänzen Sie in dem Dialog die fehlenden Redepartikeln: *eigentlich, doch, ja, denn, aber.*
   Hören Sie im Anschluss das Gespräch und überprüfen Sie Ihre Lösungen.

Herr Weber: Hallo Frau Fischer, das ist *ja* schön, dass Sie auch an der Konferenz teilnehmen.

Frau Fischer: Guten Tag, Herr Weber, schön Sie zu sehen. Wie geht es Ihnen ....? Ich habe gehört, Sie arbeiten jetzt im Team von Hans Meyer. Die Information ist .... richtig, oder?

Herr Weber: Ja, seit September. Und ich bin sehr zufrieden. Sind Sie .... immer noch an der Universität Bielefeld?

Frau Fischer: Nein, ich habe eine Stelle in einem Start-up-Unternehmen angenommen, bei BST.

Herr Weber: Das ist .... interessant! Sie liegen mit Ihren kleinen Satelliten .... voll im Trend, stimmt's?

Frau Fischer: Ja, wir sind gut im Geschäft. Ich stelle heute Nachmittag ein neues Projekt vor. Kommen Sie .... zu meiner Präsentation. Ich würde mich freuen. Woran arbeiten Sie .... gerade?

Herr Weber: Wir sind mit der Lösung eines Problems beschäftigt, das die ausgedienten Satelliten verur-sachen: die Beseitigung von Weltraumschrott.

Frau Fischer: Das ist .... wirklich ein Zufall. Genau mit diesem Thema wollen wir uns im nächsten Jahr auch beschäftigen. Vielleicht können wir irgendwie zusammenarbeiten?

Herr Weber: Das ist auf jeden Fall eine Idee, über die wir nachdenken sollten. Vielleicht können wir nach Ihrer Präsentation darüber reden?

Frau Fischer: Das machen wir. Wir sehen uns dann.

14 Bewerbungsgespräche

a Berichten Sie.

- Hatten Sie schon ein Bewerbungsgespräch? Oder mehrere? Wenn ja, wie haben Sie sich vorbereitet? Worauf haben Sie besonders geachtet?
- Haben Sie schon einmal ein Bewerbungsgespräch geleitet? Wenn ja, wie haben Sie sich vorbereitet? Worauf haben Sie besonders geachtet?

b Gruppendiskussion

Formulieren Sie Ihre „Goldenen Regeln" für ein Bewerbungsgespräch.
Diskutieren Sie in Gruppen und präsentieren Sie anschließend Ihre Ergebnisse.

Einige Ideen:

so viel wie möglich über die Firma und die Stelle recherchieren

die richtige Kleidung auswählen

authentisch sein/ sich nicht verstellen

Fragen konkret beantworten, nicht mit allgemeinen Floskeln

ehrlich sein

sich auf häufig gestellte Fragen, z. B. nach Stärken und Schwächen, vorbereiten

schon beim Betreten der Firma (z. B. beim Empfang) zu allen Mitarbeitern höflich und freundlich sein

selbstbewusst auftreten

selbst Fragen stellen zur Arbeit, z. B. zur Einarbeitung, aber nicht zum Gehalt

c Führen Sie in kleinen Gruppen Bewerbungsgespräche. Eine/Einer ist die/der Kandidat/in, die anderen spielen die Bewerbungskommission.

- Nutzen Sie als Grundlage entweder eine fiktive Stelle in einem der Start-ups auf Seite 186 oder erfinden Sie eine andere Stelle.
- Notieren Sie sich zuerst die konkrete Stelle und einige Anforderungen. Sie haben fünf Minuten Zeit, sich Stichpunkte zu machen. Spielen Sie danach das Gespräch.

15 Bewerbungsgespräch mit einem Computer

a Lesen Sie zuerst nur den Titel des Zeitungsartikels in b) und diskutieren Sie.
Wie könnte ein Computer bei der Auswahl von Bewerbungen helfen? Denken Sie dabei an Diskriminierung, Objektivität, Persönlichkeitsprofil, Text- und Stilanalyse usw.

b Lesen Sie den Text.

■ Computer als Auswahlhelfer bei Bewerbungen

Der Einsatz von Computern bei schriftlichen Bewerbungen ist nicht neu. Vor allem große Unternehmen und Behörden arbeiten schon seit Längerem mit einer Software, die schriftlich
5 eingereichte Bewerbungsunterlagen, oft in Form von Onlinefragebögen, analysiert. Die Dokumente werden dabei elektronisch durchsucht und nach bestimmten Kriterien beurteilt. Ein weiterer Schritt ist nun, dass immer mehr Firmen den Ein-
10 satz von Computern in Bewerbungsgesprächen testen, das heißt, der Bewerbungskandidat führt ein Telefongespräch mit einem Computer und die Maschine analysiert die Eignung des Kandidaten anhand der Antworten und der Stimme. Dabei
15 spielen Kriterien wie Wortwahl, Satzbau, Stimmlage oder die Lautstärke beim Sprechen eine Rolle. Der Computer kann aus dem Gespräch mithilfe festgelegter Algorithmen ein Persönlichkeitsprofil erstellen, in dem Selbstsicherheit, Motivation
20 oder Belastbarkeit des Kandidaten im Mittelpunkt stehen. Einige Firmen haben schon Erfahrungen

mit automatisierten Vorstellungsgesprächen per Computer gemacht. Allerdings handelt es sich immer um die erste Runde der Bewerbungs-
25 gespräche, die nur zur Vorauswahl dient. Wer diese Runde gut übersteht, wird zu einem persönlichen Gespräch eingeladen, bei dem die Entscheidung über die Vergabe von Jobs dann von Menschen getroffen wird.

---

c Geben Sie die wichtigsten Aussagen des Textes wieder.

d Führen Sie eine Pro-und-Kontra-Diskussion. Arbeiten Sie in kleinen Gruppen. Ein Teil der Gruppe argumentiert dafür, ein anderer Teil dagegen. Verteilen Sie zuerst die Rollen. Lesen Sie danach die angeführten Argumente und ergänzen Sie eigene Ideen zum Thema.
Nutzen Sie die Redemittel zur Diskussion in Kapitel 3, Seite 74 und Kapitel 6, Seite 140.

Pro	Kontra
▪ Ein Computer lässt sich nicht von der Hautfarbe, dem Geschlecht oder der Herkunft der Bewerber beeinflussen, er ist gerechter als Menschen.	▪ Die Computersysteme suchen nach bestimmten Schlüsselwörtern, das heißt, die Bewerber sagen genau das, was in der Stellenausschreibung steht.
▪ Es ist ein standardisiertes Auswahlverfahren.	▪ Es ist oberflächlich, man lernt die Kandidaten nicht richtig kennen.
▪ Es zählen nur Daten und Fakten.	▪ Gute Kandidaten bekommen aufgrund einer negativen Sprachanalyse nicht die Möglichkeit eines Gesprächs.
▪ Der Computer garantiert Objektivität.	
▪ Das Aussehen der Bewerber (die Frisur, die Nase, die Kleidung oder die Figur) spielt keine Rolle.	▪ Es geht nicht mehr um die Bewerber mit ihren individuellen Kenntnissen und Fähigkeiten.
▪ Die Bewerber sparen Zeit, sie müssen nicht wegen eines ersten Kennlerngesprächs ins Unternehmen kommen.	▪ Soziale Kompetenzen werden nicht berücksichtigt.

Übungen zur Vertiefung und zum Selbststudium

Ü1 > **Erfolgreiches Marketing**

Formen Sie die Aktivsätze in Passivsätze um. Wenn Sie das Subjekt des Hauptsatzes für wichtig halten, können Sie es mit *von* oder *durch* in den Passivsatz einfügen.

▶ Wie kann ich neue Kunden erreichen?
Wie können neue Kunden erreicht werden?

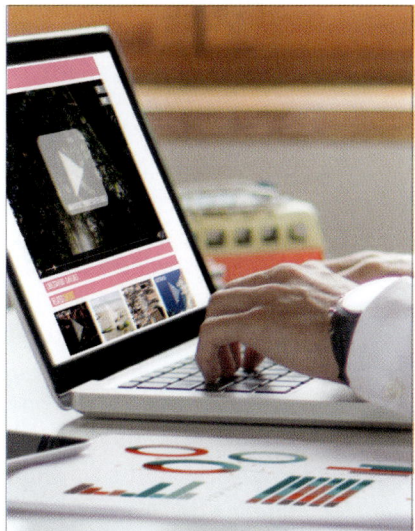

1. Wie kann ich Bestandskunden zu mehr Käufen motivieren?
....

2. Marketingexperten diskutieren diese Fragen jedes Jahr im Januar.
....

3. Neue Strategien erweitern die Marketingmöglichkeiten und erschweren gleichzeitig die richtige Wahl.
....
....

4. Man kann mithilfe der neuen Medien viele neue Wege gehen, um das Interesse der Kunden auf die eigenen Produkte zu lenken.
....
....

5. Eine Option, die man nutzen kann, sind Videos in den sozialen Netzwerken.
....

6. Die Aufmerksamkeitsspanne liegt heute bei etwa acht Sekunden. Diese kurze Aufmerksamkeit kann man mit kurzen filmischen Sequenzen gewinnen.
....
....

7. Firmen können die Videos zum Beispiel auf Instagram oder YouTube platzieren.
....

8. Wie Sie die Produktvideos produzieren, ist Ihre Entscheidung.
....

9. Die Onlinehändler erstellen im Moment nur wenige Videos für YouTube – das ist ein Vorteil für Sie und Ihr Produkt.
....
....

10. Wenn Sie Ihre Produktbotschaften vor dem Hochladen optimieren und mit den notwendigen Suchbegriffen beschreiben, können sie bei der Suche schnell auf den ersten Plätzen landen.
....
....

11. Neben Videos greifen Firmen immer häufiger auf die Form des Influencer-Marketings zurück.
....
....

12. Beim Influencer-Marketing nutzen die Unternehmen die Bekanntheit einer Person, um das Interesse an einem Produkt zu steigern.
....
....

Ü2 > **Grüne Technologie für den Klimaschutz**

Bilden Sie Sätze im Passiv. Achten Sie auf die fehlenden Präpositionen, den richtigen Kasus und die in Klammern angegebene Zeitform.

▶ *[in]* → *die kommenden Jahre ▪ [von] → einige Firmen ▪ Verfahren zur Nutzung erneuerbarer Energien ▪ weiterentwickeln (Präsens)*

In den kommenden Jahren werden von einigen Firmen Verfahren zur Nutzung erneuerbarer Energien weiterentwickelt.

1. *[............] → Internationale Energieagentur (IEA) ▪ bis 2040 ▪ weltweit ▪ ein Viertel des Verbrauchs ▪ [............] → die Gewinnung erneuerbarer Energien ▪ decken (Präsens)*

2. *bisher ▪ als Alternativen zu Benzin und Diesel ▪ Bioethanol [............] → Zuckerrohr und stärkehaltiges Getreide sowie Biodiesel [............] → Raps- oder Sojaöl ▪ produzieren (Präteritum)*

3. *dabei ▪ aber ▪ [............] → viele Teile der Welt ▪ Naturlandschaften ▪ zerstören (Präteritum), um dort Ölsaaten in Monokulturen anzupflanzen.*

4. *inzwischen gibt es Alternativen: Cellulose-Ethanol und Biomasse-Kraftstoff ▪ [............] → Rohstoffe wie Chinaschilf, Stroh oder Holz und [............] → organische Abfallprodukte ▪ machen*

5. *[............] → Aussagen der Internationalen Energieagentur ▪ [............] → Abfälle der Land- und Forstwirtschaft ▪ 125 Milliarden Liter Diesel pro Jahr ▪ herstellen können (Präsens)*

6. *damit ▪ der Transportsektor ▪ zu rund 4 Prozent ▪ [............] → Kraftstoff ▪ versorgen können (Präsens)*

7. *In einigen Jahrzehnten wird auch die Bedeutung der Algen, die 30 bis 60 Prozent Öl enthalten, steigen, denn ▪ sie ▪ [............] → Süß- und Salzwasser ▪ züchten können (Präsens)*

8. *[............] → die Hilfe der Algen ▪ gleich mehrere Probleme ▪ lösen können (Präsens)*

9. *[............] → Algen ▪ Biodiesel, Ethanol, Biogas und Hydrogen ▪ CO$_2$-neutral ▪ gewinnen können*

Ü3 > **Start-up-Unternehmen**

Wiederholen Sie die Satzverbindungen. Ergänzen Sie die passenden Subjunktionen, Konjunktionen oder Adverbien. Drei Satzverbindungen sind zweiteilig.

Beim Thema Start-up denken viele **nicht nur** an eine kreative Arbeitswelt, an Mitbestimmung und Verantwortung für das ganze Team, an Flexibilität, ...(1) an eine alternative Büroeinrichtung mit Bällebad und Schlafkabine für den Powernap. Dieses positive Bild von Start-ups ist entstanden, ... (2) es unter anderem durch Medien immer wieder so verbreitet wird. Es wäre vermutlich sehr ernüchternd, ... (3) man über die Realität berichten würde. .... (4) die Start-up-Szene ein lockeres und kreatives Image hat, geht es letztendlich nur ums Überleben und den Gewinn. .... (5) eins von zehn Start-ups Erfolge feiern kann, müssen die restlichen neun in den ersten drei Jahren nach ihrer Gründung wieder aufgeben.

Die Gründe für das Scheitern sind vielfältig. .... (6) beispielsweise keine Nachfrage besteht, kann man auch nichts verkaufen. In den meisten Fällen haben die Start-up-Gründer das Problem selbst verursacht, ... (7) sie haben am Markt vorbeigeplant. So etwas kann passieren, ... (8) das Produkt oder die Dienstleistung für die Zielgruppe keine Relevanz hat. Manche Firmengründer machen vorher Marktanalysen. Aber solche Analysen sind nur sinnvoll, ... (9) die Ergebnisse auch richtig interpretiert werden. Man kann zum Beispiel das Kaufinteresse .... (10) wecken, ... (10) man einen direkten Nutzen oder Zusatznutzen für den Verbraucher anbietet.

Außerdem ist ein Start-up-Unternehmen keine Ein-Mann- oder Ein-Frau-Show, ... (11) ist die richtige Auswahl der Mitarbeiter von großer Bedeutung. Man braucht qualifizierte und gut ausgebildete Fachkräfte, ... (12) man erfolgreich arbeiten kann. Es ist .... (13) wichtig, dass alle ihre Ideen einbringen, ... (13) die wichtigsten Entscheidungen sollten nur von den Verantwortlichen getroffen werden.

Ü4 ❯ **Persönlichkeitstests in Bewerbungsverfahren**
Bilden Sie aus den Vorgaben Sätze.

▶ *Statt nur auf den Lebenslauf zu schauen,* arbeiten Personalabteilungen häufig mit Persönlichkeitstest. *(nur auf den Lebenslauf ▪ schauen ▪ statt)*

1. Solche Test werden durchgeführt, ...
....
(die Bewerber ▪ besser einschätzen können ▪ um)

2. Früher wurden Persönlichkeitstests vor allem dann eingesetzt, ...
.... *(es ▪ um die Suche nach Führungskräften ▪ gehen ▪ wenn)*

3. Oft wurde dann jemand für einen Chefposten ausgewählt, ...
.... *(er ▪ einen dominanten Charakter ▪ haben ▪ weil)*

4. Die früheren Tests basierten auf Erfahrungs-werten, ...
..................................: Sind die Tests noch zeitgemäß? *(man ▪ heute ▪ eigentlich ▪ die Frage ▪ stellen müssen ▪ weshalb)*

5. ....
.........................., hat der Einsatz von derartigen Befragungen bei Auswahlverfahren in Deutsch-land zugenommen. *(bei vielen Tests ▪ der Bezug zur modernen Arbeitswelt ▪ fehlen ▪ obwohl)*

6. Personaler nutzen die Testergebnisse, ...
....
....
(sie ▪ im Bewerbungsgespräch ▪ auf Schwächen der Kandidaten eingehen können ▪ damit)

7. Für große Konzerne werden ständig neue, computergesteuerte Verfahren entwickelt,
....
.... *(die Bewerbungsprozesse ▪ auch zeitlich ▪ optimieren ▪ um)*

8. Die Computer durchschauen in den meisten Fällen die wirkliche Motivation der Bewerber nicht, ...
....
(viele Unternehmen ▪ an der Idee des Persön-lichkeitstests ▪ festhalten ▪ trotzdem)

Ü5 ❯ **Redepartikeln**
a Ratschläge zum richtigen Netzwerken. Ergänzen Sie die Sätze mit den passenden Redepartikeln: *doch (mal), ruhig, bloß, eigentlich, denn.* Manchmal gibt es mehrere Lösungen.

▶ Wenn du neue Kontakte knüpfen möchtest, dann geh *doch mal* alleine zu einer Veranstaltung.

1. Rede bitte nicht immer nur mit den gleichen Leuten, das ist .... langweilig!

2. Wenn dir ein Projekt angeboten wird, musst du dich immer selbst fragen: Will ich das Projekt .... wirklich angehen? Habe ich .... genug Zeit dafür?

3. Die Visitenkarte kannst du .... wegwer-fen. Tipp die neuen Kontaktdaten lieber gleich in dein Smartphone.

4. Verlass dich .... nicht darauf, dass dich eine große Anzahl an oberflächlichen Kontak-ten weiterbringt.

5. Auf eine Party kannst du .... auch mal Personen einladen, die du beruflich kennst.

6. Lass dich .... nicht immer von Positionen und Titeln beeindrucken. Inhalte und gemein-same Aktivitäten sind viel wichtiger.

b Ergänzen Sie die Redepartikeln *eigentlich, denn, doch.*

1. Wo sind .... die zwei neuen Kollegen?

2. Hast du .... Sabine schon irgendwo gesehen?

3. Was hältst du .... von Inges Vorschlag?

4. Wie war .... die Besprechung?

5. Peter hat eine Präsentation kurzfristig abge-sagt. Das geht .... nicht, oder was meinst du?

6. Hast du .... deinen Bericht schon abgeschickt?

Ü6 ❯ **Verschiedene Präpositionen**

Ergänzen Sie die Präpositionen in den Beispielsätzen. Achten Sie auf den Kasus.

① **infolge**

a) *Infolge wirtschaftlicher Reorganisation* ist die Zahl staatlicher Unternehmen deutlich gesunken. *(wirtschaftliche Reorganisation)*

b) Zahlreiche Straßen in Südhessen waren .... gesperrt. *(der schwere Sturm)*

③ **mithilfe**

a) Konflikte können Sie am besten .... beilegen. *(professionelle Unterstützung)*

b) Wenn Ihre Präsentation besonders viele Daten enthält, können Sie diese Informationen .... ansprechender gestalten. *(ein neues Tool)*

⑤ **dank**

a) .... wurde das Projekt ein Erfolg. *(der Einsatz der Mitarbeiter)*

b) Wir haben .... zwei bedeutende Firmen als Kunden gewonnen. *(eine neue Marketingkampagne)*

⑦ **angesichts**

a) .... können wir entspannt auf das neue Jahr schauen. *(ein wirtschaftlich erfolgreiches Jahr)*

b) .... der Behörden wurden die Bürger aktiv und organisierten die Nachbarschaftshilfe selbst. *(die Ineffektivität)*

⑨ **außerhalb**

a) Auch .... sind die Mitarbeiter per E-Mail erreichbar. *(die offiziellen Geschäftszeiten)*

b) Heutzutage ist es einfach, vollständige Profile von Social-Media-Nutzern .... anzusehen. *(das eigene Netzwerk)*

② **mangels**

a) .... wurde die Angeklagte freigesprochen. *(eindeutige Beweise)*

b) Die Veranstaltung wurde .... abgesagt. *(ausreichendes Interesse)*

④ **durch**

a) .... wurden ganz neue Formen des Marketings möglich. *(die neuen Medien)*

b) Wir sichern die Qualität unserer Geräte .... *(ein anspruchsvolles Testverfahren)*

⑥ **aufgrund**

a) .... starten wir einen weiteren Sprachkurs. *(die hohe Nachfrage)*

b) In unserer Gegend steigt .... die Waldbrandgefahr. *(die anhaltende Trockenheit)*

⑧ **innerhalb**

a) Das Start-up muss .... einen Absatzmarkt finden. *(die ersten drei Jahre)*

b) Die Firma ist .... umgezogen. *(die Stadt)*

⑩ **laut**

a) .... überleben langfristig nur 10 Prozent der neu gegründeten Firmen. *(eine Untersuchung der TU München)*

b) .... wollen einige Länder Einwegplastik verbieten. *(ein Medienbericht)*

Kleiner Abschlusstest

Was können Sie schon? Testen Sie sich selbst.

T1 > **Flyability**

.........../6

Formen Sie die Sätze in Passivsätze um.

▶ Ein Team der ETH Lausanne gründete im Jahr 2014 das Start-up-Unternehmen.
Das Start-up-Unternehmen wurde im Jahr 2014 von einem Team der ETH Lausanne gegründet.

1. Die IT-Spezialisten entwickelten eine kleine, wendige Drohne.
   ....

2. Man kann die Drohne an verschiedenen Orten nutzen.
   ....

3. Große Industriefirmen verwenden die Drohnen zur Inspektion ihrer Anlagen.
   ....

4. Sie lässt sich auch in Kraftwerken einsetzen.
   ....

5. Dadurch lassen sich Kosten reduzieren.
   ....

6. Eine Jury in der Schweiz wählte das Unternehmen zum besten Start-up des Jahres.
   ....

T2 > **Tipps für berufliches Netzwerken**

........../8

Ergänzen Sie die Ratschläge mit den passenden Verben.

Um beruflich erfolgreich Kontakte aufzubauen, sollte man …

1. Veranstaltungen alleine ....
2. die eigene Komfortzone ....
3. sein Netzwerk auf wirklich gute Kontakte ....
4. sich bei seinen Kontakten regelmäßig ....
5. echtes Interesse an Personen und Inhalten ....
6. keine falschen Versprechungen ....
7. sich genau .... , was man erreichen will.
8. nicht passende Angebote mit einem klaren Nein ....

T3 > **Start-ups**

........../6

Ergänzen Sie die Nomengruppe im richtigen Kasus.

1. Durch .... von Klischees über Start-ups haben viele Menschen ein falsches Bild. *(die mediale Verbreitung)*

2. Aufgrund .... überleben viele Firmen die ersten drei Jahre nicht. *(fehlende Nachfrage)*

3. Man kann mithilfe .... in einer Marktanalyse die Chancen einer Firma gut beurteilen. *(die richtigen Fragen)*

4. Mangels .... müssen einige Firmen aufgeben. *(ausreichende finanzielle Mittel)*

5. Angesichts .... müssen Firmen einen echten Nutzen für die Käufer bieten. *(starke Konkurrenz)*

6. Dank .... wurde die Firma sehr erfolgreich. *(neue, kreative Ideen)*

Übersichten zu den Strukturen

 Verschiedene Präpositionen

Instrumentalangaben (Modalangaben)

anhand	+ Genitiv	Ich erkläre Ihnen den Vorgang **anhand** eines Beispiels.
durch	+ Akkusativ	**Durch** achtsames Handeln können Fehler vermieden werden.
mit	+ Dativ	**Mit** diesem Gerät können Sie Ihren Hund jederzeit überwachen.
mithilfe	+ Genitiv	Das Fahrzeug wird **mithilfe** einer neuen Software gesteuert.
mittels	+ Genitiv	**Mittels** eines neuen Navigationsgeräts finden Radfahrer in 200 europäischen Städten schnell ihr Ziel.

Kausal- und Konsekutivangaben

angesichts	+ Genitiv	**Angesichts** vieler Insolvenzen sind Marktanalysen unerlässlich.
aufgrund	+ Genitiv	**Aufgrund** fehlender Fachkräfte stagniert die Produktentwicklung.
aus	+ Dativ	**Aus** Angst vor dem Scheitern gründen viele Erfinder kein eigenes Unternehmen.
dank	+ Genitiv + Dativ	**Dank** der neuen Marketingkampagne sind die Absatzzahlen gestiegen. **Dank** neuem Design wurde das Produkt ein Riesenerfolg.
infolge	+ Genitiv	**Infolge** sinkender Umsatzzahlen musste das Unternehmen aufgeben.
mangels	+ Genitiv	Start-ups geraten oft **mangels** ausreichender Nachfrage in Schwierigkeiten.
vor	+ Dativ	Die Chefin strahlte **vor** Freude über den Erfolg.
wegen	+ Genitiv + Dativ	**Wegen** unzureichender finanzieller Mittel mussten die Firmengründer aufgeben. **Wegen** dir muss ich heute länger im Büro bleiben.

 Redepartikeln

Fragesätze

Interesse	denn eigentlich	Wie war **denn** deine Prüfung? Haben Sie die neuen Produktfarben **eigentlich** schon gesehen?
Verwunderung	denn	Was ist **denn** hier los?
Erwartung einer positiven Reaktion	doch	Das Ergebnis ist **doch** gut, oder?

Aussage- oder Aufforderungssätze

Überraschung	ja doch aber	Das ist **ja** toll! Das ist **doch** ein fantastisches Ergebnis! Das ist **aber** ein gutes Feedback!
Bitte/Rat	doch mal doch	Probieren Sie das **doch mal** aus! Setzen Sie sich **doch**.
Ärger	doch	Das ist **doch** schon lange bekannt!
Warnung	bloß ja	Mach das **bloß** nicht! Pass **ja** auf, wenn du mit dem neuen Programm arbeitest!
Ermunterung	ruhig	Bewerben Sie sich **ruhig**. Sie haben gute Chancen.

Wichtige Wörter und Wendungen

 Wiederholen Sie die Wörter und Wendungen.
Zweisprachige Redemittellisten finden Sie unter
www.schubert-verlag.de/wortschatz

Start-ups: Kurzbeschreibungen

- gegründet werden
- schon etwas von einer Firma gehört haben/eine Firma kennen
- sich auf *(den Bau von Drohnen)* spezialisieren
- als Spin-off einer Universität entstehen
- *(Spiele)* entwickeln
- in zahlreichen Anwendungsbereichen genutzt werden können
- einen Service bieten
- etwas mithilfe *(einer neuartigen Software)* kontrollieren und steuern können
- *(Abläufe)* optimieren
- Fehler frühzeitig erkennen
- von einer großen Firma verwendet/eingesetzt werden
- auf den Markt kommen
- Kunden und Investoren begeistern
- in eine Firma investieren
- am Ausbau eines weltweiten Vertriebsnetzes arbeiten
- den großen Sprung *(in den Play Store)* schaffen
- sich dem heutigen Lebensstil perfekt anpassen
- bereits viele Kunden haben

Überleben in der Start-up-Welt

- an eine kreative Arbeitswelt, an Mitbestimmung und Verantwortung, an Flexibilität, an eine alternative Büroeinrichtung denken
- ein bestimmtes Bild durch Medien unterstützen
- Das sind tolle Schlagzeilen!
- mit der Realität wenig zu tun haben
- ums Überleben und um den Gewinn gehen
- erfolgreich sein
- nach drei Jahren wieder aufgeben müssen
- ein Projekt zum Scheitern führen
- Produkte lassen sich nicht verkaufen.
- an Nachfrage mangeln/mangelnde Nachfrage/ Es besteht *(keine/große)* Nachfrage.
- am nicht vorhandenen Markt kaputtgehen
- am Markt vorbeiplanen
- für die Zielgruppe keine Relevanz haben
- eine Marktanalyse machen/richtig interpretieren
- einen Absatzmarkt finden
- die richtigen Fragen stellen
- Lösungen für ein Problem/einen *(Zusatz-)*Nutzen anbieten

- eine/keine Ein-Mann- oder Ein-Frau-Show sein
- in allen Bereichen qualifizierte und gut ausgebildete Fachkräfte brauchen/suchen/finden
- Aufgaben und Verantwortlichkeiten gut verteilen
- unter Mitbestimmung aller Teammitglieder und ohne Hierarchien arbeiten
- nicht zum Erfolg eines Unternehmens beitragen
- Mitarbeiter überfordern
- aufgrund von Liquiditätsproblemen scheitern
- das Startkapital schnell verbrauchen
- keine Anschlussfinanzierung bekommen
- aus Fehlern lernen
- einen kühlen Kopf bewahren
- Finanzen gut planen und durchdenken

Marketing

- Werbung auf bestimmten Seiten einblenden lassen
- Anzeigen platzieren/schalten
- über das Produkt mit informativen Inhalten berichten
- die Kundenkommunikation über soziale Medien betreiben
- Influencer mit großer Reichweite suchen
- positive Botschaften über ein Produkt verbreiten
- Werbefilme produzieren
- direkt mit Kunden Kontakt aufnehmen
- E-Mails mit Informationen über Angebote und Rabattmaßnahmen versenden
- eine Provision zahlen
- Marketing transparent kennzeichnen
- ein Werbeplakat gestalten lassen und auf verschiedenen Werbeflächen zeigen

Berufliches Netzwerken

- die eigene Komfortzone verlassen
- mehr Menschen kennenlernen
- aus den Gesprächen mit Leuten (nichts/etwas) mitnehmen
- jemanden beruflich weiterbringen
- selbstverständlicher Anteil des täglichen Lebens werden
- berufliche Kontakte besonders schätzen
- das Netzwerk auf gute Kontakte beschränken
- für etwas stehen
- etwas anbieten
- jemanden anschreiben
- jemandem weiterhelfen
- sich mit Menschen aus einer anderen Branche verbinden
- andere Fähigkeiten haben
- eine Vernetzung für beide Seiten nützlich machen
- Fragen klären
- authentisch auftreten
- die eigenen Interessen, Erfahrungen und Kenntnisse präsentieren
- sich erst auf lange Sicht zeigen
- Kontakte auch ohne speziellen Anlass pflegen
- sich immer mal wieder melden
- echtes Interesse zeigen
- sich in Erinnerung bringen
- Erfahrungen weitergeben, wenn sie gefragt sind
- im Sande verlaufen
- keine falschen Versprechungen machen
- sich genau überlegen, was man erreichen will
- Projekte angehen
- zeitliche Kapazitäten haben
- Angebote lieber mit einem klaren Nein ablehnen
- neue Kontakte direkt in die Netzwerkliste/das Smartphone tippen
- der Erinnerung auf die Sprünge helfen

Bewerbungsgespräch mit einem Computer

- den Einsatz von Computern in Bewerbungsgesprächen testen
- eingereichte Bewerbungsunterlagen nach bestimmten Kriterien beurteilen
- die Eignung der Kandidaten anhand der Antworten und der Stimme analysieren
- Kriterien wie Wortwahl, Satzbau, Stimmlage oder Lautstärke beim Sprechen spielen eine Rolle.
- mithilfe festgelegter Algorithmen ein Persönlichkeitsprofil erstellen
- zur Vorauswahl dienen
- die Entscheidung über die Vergabe von Jobs treffen
- sich nicht von der Hautfarbe, dem Geschlecht oder der Herkunft der Bewerber beeinflussen lassen
- Objektivität garantieren
- nach bestimmten Schlüsselwörtern suchen
- oberflächlich sein
- die Kandidaten (nicht) richtig kennenlernen

Wünsche, Träume und die Wirklichkeit

▸ Über Wünsche und Träume sprechen
▸ Eine kleine Geschichte über das Träumen schreiben
▸ Hör- und Lesetexte zu den Themen Träume verwirklichen, Tipps für das jüngere Ich, Influencer und Smarthome verstehen und wiedergeben
▸ Eine E-Mail mit Ratschlägen für eine Freundin/einen Freund verfassen
▸ Diskussionen über Traumberufe, Influencer und smarte Technik führen
▸ Forumsbeiträge zu den Themen Traumberufe und Smarthome schreiben
▸ Einen literarischen Text von Horst Evers lesen und verstehen
▸ Irreale Wünsche, Bedingungen und Vergleiche formulieren
▸ Zeitliche Abläufe mithilfe von Nebensätzen ausdrücken

1   Interview: Persönliche Wünsche und Träume

a Fragen Sie zwei Kursteilnehmer und notieren Sie die Antworten. Berichten Sie anschließend.

①
Von welchem Beruf haben Sie als Kind geträumt? Was machen Sie jetzt beruflich?

②
Würden Sie aus heutiger Sicht in Ihrem Leben etwas anders machen?

③
Welche realistischen Wünsche und Ziele haben Sie für die Zukunft?

④
Wenn Ihnen eine gute Fee einen Wunsch erfüllen könnte, welcher wäre das?

b Wählen Sie ein Zitat und schreiben Sie eine kleine Geschichte dazu.

①
Die Zukunft gehört denen, die an die Wahrhaftigkeit ihrer Träume glauben.

Eleanor Roosevelt,
amerikanische Diplomatin und Präsidentengattin

②
Mit jedem Wunsch, der in Erfüllung geht, hat man einen Traum weniger.

Sepp Schauer,
deutscher Schauspieler

③
Unsere Träume können wir erst dann verwirklichen, wenn wir uns entschließen, einmal daraus zu erwachen.

Josephine Baker,
amerikanisch-französische Tänzerin

④
Nenne dich nicht arm, weil deine Träume nicht in Erfüllung gegangen sind; wirklich arm ist nur der, der nie geträumt hat.

Marie von Ebner-Eschenbach,
mährisch-österreichische Schriftstellerin

⑤
Leben heißt träumen; weise sein heißt, angenehm träumen.

Friedrich Schiller,
deutscher Dichter

2 Wünsche und Träume verwirklichen

a Sie hören eine Umfrage zum Thema Wünsche fürs Leben und Tipps für das jüngere Ich.
Sie hören jeden Text einmal. Wählen Sie die richtige Lösung. Kreuzen Sie an: *richtig* oder *falsch* und *a, b* oder *c*.

36

Jan, 29

1. Jan arbeitet als Modedesigner.

   ☐ richtig   ☐ falsch

2. Er gibt seinem jüngeren Ich den Tipp,

   ☐ a) die Meinung von anderen ernst zu nehmen.

   ☐ b) sich in Ruhe seinen Weg zu suchen.

   ☐ c) von Anfang an zielstrebiger zu sein.

Julius, 38

3. Julius hatte als Kind keine konkreten Berufswünsche.

   ☐ richtig   ☐ falsch

4. Er

   ☐ a) findet Arbeit wichtiger als Kinder.

   ☐ b) möchte keine Familie.

   ☐ c) fühlt sich rundum wohl.

Annemarie, 31

5. Annemarie mag Kinder.

   ☐ richtig   ☐ falsch

6. Sie

   ☐ a) würde wieder den gleichen Beruf ergreifen.

   ☐ b) möchte in Zukunft Medizin studieren.

   ☐ c) ärgert sich darüber, dass sie sich nicht intensiver um einen Studienplatz bemüht hat.

Luise, 30

7. Luise hat im Vertrieb einer großen Firma Karriere gemacht.

   ☐ richtig   ☐ falsch

8. Sie

   ☐ a) geht beruflich ins Ausland.

   ☐ b) hatte sich früher ihr Leben mit 30 ganz anders vorgestellt.

   ☐ c) findet Geld und Anerkennung noch immer wichtig.

b Hören Sie die Texte ein zweites Mal. Welche Ratschläge geben die Interviewten ihrem jüngeren Ich?

Jan: ....
....

Julius: ....
....

Annemarie: ....
....

Luise: ....
....

c Welche Ratschläge aus b) halten Sie für sinnvoll? Welcher Ratschlag fehlt Ihrer Meinung nach?
Diskutieren Sie zu zweit oder zu dritt.

d Sagen Sie es anders. Arbeiten Sie zu zweit und vergleichen Sie Ihre Lösungen mit anderen Kursteilnehmern.

▶ sein Ziel <u>ohne Umwege</u> verfolgen   *direkt*

1. auf die Meinung anderer Leute <u>nicht viel geben</u> ....
2. <u>Dinge so nehmen, wie sie sind</u> ....
3. nach einer Ablehnung <u>aufgeben</u> ....
4. jemandem <u>reinreden</u> ....
5. <u>unaufhaltsam</u> Karriere machen ....
6. einen <u>verlässlichen</u> Partner finden ....

e Lesen Sie die Redemittelübersicht und ergänzen Sie die Wendungen.

> ▪ in Erfüllung gehen ▪ sich zu Herzen nehmen ▪ jemandem von den Augen ablesen ▪ in den Wind schlagen

Ratschläge kann man:
▪ geben ▪ erteilen ▪ formulieren ▪ annehmen ▪ befolgen ▪ ablehnen ▪ umsetzen
▪ ignorieren ▪ für (nicht) sinnvoll halten ▪ ....
▪ ....

Wünsche kann man:
▪ formulieren ▪ haben ▪ hegen ▪ träumen ▪ äußern ▪ realisieren ▪ erraten ▪ erfüllen
▪ ....

Wünsche können:
▪ ....

3 Strukturen: Temporalsätze

a Lesen Sie die Beispielsätze und unterstreichen Sie die temporalen Subjunktionen.

1. Nachdem ich ein paar Jahre in einem Café gearbeitet hatte, begann ich mit meinem jetzigen Studium.
2. Während ich Germanistik studierte, stieg mein Interesse an Mode.
3. Bevor ich mit dem Studium begann, hatte ich keine konkreten Berufswünsche.
4. Als ich mein Praktikum in London absolvierte, konnte ich mein Englisch stark verbessern.
5. Wenn ich heute in London bin, besuche ich meine ehemaligen Kolleginnen und Kollegen.
6. Bis ich mein Studium abschließe, möchte ich noch eine Fremdsprache lernen.
7. Solange ich diesen Job machen muss, bin ich nicht wirklich glücklich.
8. Seit/Seitdem ich mein Studium beendet habe, suche ich eine Stelle in meinem Fachbereich.
9. Immer wenn mir jemand seine Meinung zu meinen Ideen sagte, habe ich mich beeinflussen lassen.
10. Sobald mir der letzte Bericht vorliegt, beginne ich mit der Auswertung.

b Lesen Sie die Erklärung zu den Temporalsätzen. Suchen Sie den passenden Beispielsatz in a) und ergänzen Sie die Subjunktion. Arbeiten Sie zu zweit.

Gleichzeitigkeit

▪ einmalig in der
Vergangenheit
→ als
▪ Satz 4

▪ mehrmalig in der
Vergangenheit
einmalig in Gegenwart
und Zukunft
→ ....
▪ Satz ....
▪ Satz ....

▪ Betonung der Parallelität
→ ....
▪ Satz ....

▪ Betonung der Parallelität,
Angabe des Endes der
Aktivität
→ ....
▪ Satz ....

Zeitliches Nacheinander

▪ Die im Nebensatz beschriebene
Aktivität liegt zeitlich vor der
Aktion des Hauptsatzes. Die zeit-
liche Abfolge wird mit einem
Zeitformenwechsel der Verben
unterstrichen.
→ ....
▪ Satz ....

▪ Die im Nebensatz beschriebene
Aktivität liegt zeitlich nach der
Aktion des Hauptsatzes.
→ ....
▪ Satz ....

▪ Angabe eines Anfangspunktes
für die nachfolgende Aktivität
→ ....
▪ Satz ....

Zeitdauer

▪ Angabe eines Anfangspunktes
→ ....
→ ....
▪ Satz ....

▪ Angabe eines Endpunktes
→ ....
▪ Satz ....

▸ *Übersicht Seite 226*

c Verbinden Sie die Sätze mit temporalen Subjunktionen. Manchmal gibt es mehrere Möglichkeiten.

▷ Ich war ein Kind. Ich träumte davon, später Fußballprofi zu werden.
Als ich ein Kind war, träumte ich davon, später Fußballprofi zu werden.

1. Ich war auf dem Gymnasium. Ich habe in einer Jugendmannschaft gespielt.
2. Der Trainer lobte mich. Ich war immer ganz stolz.
3. Wir gewannen den zweiten Platz bei der Jugendmeisterschaft. Erst danach interessierte sich auch meine Mutter für Fußball.
4. Die Fußballweltmeisterschaft fand in Deutschland statt. Ich nahm mir Urlaub.
5. Ich habe mir mit 16 Jahren den Fuß gebrochen. Ich spiele nicht mehr regelmäßig.
6. Heute Abend sehe ich mir mit Freunden das Endspiel der Fußball-WM im Fernsehen an. Zuerst muss ich im Supermarkt Getränke und Snacks kaufen.
7. Der Anpfiff des Spiels erfolgt. Ich habe noch zwei Stunden Zeit.
8. Das Spiel ist vorbei. Ich diskutiere mit meinen Freunden über die Leistung jedes einzelnen Spielers.

4 Wissenschaftliche Untersuchung

a Lesen Sie den Text und ergänzen Sie die richtige Lösung.

■ Was Menschen ihrem jüngeren Ich raten würden

Hinterher ist man immer schlauer! Wissenschaftler haben nun die Ratschläge zusammengetragen, die Menschen ihrem Vergangenheits-Ich rückblickend .... (1) würden.

Wenn Sie in die Vergangenheit reisen .... (2) – welche Ratschläge
5 würden Sie Ihrem jüngeren Selbst aus Ihrer heutigen Perspektive mit auf den Weg geben? Diese spannende Frage haben zwei Forscher der Clemson University in South Carolina nun US-amerikanischen Probanden im Alter von mindestens 30 Jahren im Rahmen von zwei Online-Umfragen .... (3).

Dabei zeigte sich: Die Tipps, die Menschen ihrem Vergangenheits-Ich ge-
10 ben würden, scheinen .... (4) die gleichen fünf Themengebiete zu kreisen: Beziehungen, Ausbildung, Geld, Selbstwertgefühl und persönliche Ziele. So gaben viele Teilnehmer an, ihr jüngeres Selbst .... (5) einer unglücklichen Partnerschaft oder Ehe warnen zu wollen, ihm .... (6) einem bedachteren Umgang mit dem Ersparten zu raten oder es zu ermuti-
15 gen, weniger auf die Meinung anderer Menschen zu geben und einen besseren Bildungsweg einzuschlagen. Etwas mehr als die Hälfte der Befragten gaben an, sich diese Ratschläge im weiteren Verlauf ihres Lebens selbst zu .... (7) genommen zu haben. Diese Probanden waren zufriedener mit ihrem Leben und hatten stärker den Eindruck, genau zu dem Menschen
20 geworden zu sein, der sie schon immer sein .... (8).

Die Wissenschaftler glauben, dass es durchaus hilfreich sein könnte, sich von Zeit zu Zeit selbst zu fragen, welchen gut gemeinten Ratschlag man seinem jüngeren Ich wohl mit .... (9) Weg geben würde: Denn es könnte uns einen Hinweis .... (10) liefern, was uns vielleicht auch
25 in Zukunft noch glücklicher macht.

1. a) sagen
   b) erteilen
   c) empfehlen
2. a) könnten
   b) konnten
   c) können
3. a) gehabt
   b) gestellt
   c) formuliert
4. a) über
   b) um
   c) auf
5. a) vom
   b) über
   c) vor
6. a) zu
   b) für
   c) mit
7. a) Verstand
   b) Magen
   c) Herzen
8. a) wollten
   b) mussten
   c) konnten
9. a) auf dem
   b) auf den
   c) in den
10. a) darüber
    b) damit
    c) darauf

b Geben Sie die Untersuchungsergebnisse wieder.

> **Redemittel**
>
> ■ In dem Text geht es um … / Der Text berichtet über …
> ■ Ein Team / Wissenschaftler der Universität hat / haben untersucht, …
> ■ Den Untersuchungen zufolge … / Die Untersuchungen zeigten …
> ■ Es stellte sich / kam heraus, dass …
> ■ Die Wissenschaftler meinen … / empfehlen …

5   E-Mail an eine Freundin/einen Freund
Eine Freundin/Ein Freund ist zurzeit mit ihrem/seinem Leben nicht zufrieden (z. B. Beziehungsprobleme, Geldsorgen, niedriges Selbstbewusstsein) und möchte einen Rat von Ihnen. Schreiben Sie eine E-Mail. Schreiben Sie mindestens 100 Wörter.

- Zeigen Sie Verständnis und berichten Sie kurz über den Inhalt des Zeitungsartikels in 4a.
- Berichten Sie von Ihren eigenen Erfahrungen und geben Sie einige Tipps.

6   Strukturen: Hätte ich doch …!
Irreale Wünsche, Bedingungen, Vergleiche und verpasste Gelegenheiten
a Lesen Sie die Beispielsätze und unterstreichen Sie die Verben. Lesen Sie danach die Hinweise.

1. Annemarie würde gern Ärztin werden./ Wäre Annemarie doch Ärztin geworden!
2. Wenn Jan zielstrebiger gewesen wäre, hätte er gleich Modedesign studiert.
3. Er tut so, als wäre er Jurist/als ob er Jurist wäre.
4. Ich hätte beinahe/fast Journalistik studiert.

▸ *Übersicht Seite 226; Bildung des Konjunktivs II Seite 50*

▸ Neben der Formulierung von Bitten und Vorschlägen *(siehe Kapitel 2)* verwendet man den Konjunktiv II auch zum Ausdruck von irrealen Sachverhalten:
- für irreale Wünsche *(Satz 1)*
- bei irrealen Bedingungen *(Satz 2)* *(siehe auch Kapitel 6)*
- bei irrealen Vergleichen *(Satz 3)*
- oder bei verpassten Gelegenheiten *(Satz 4)*.

b Verpasste Gelegenheiten
Bilden Sie Sätze in der Vergangenheit mit *fast* oder *beinahe*. Beschreiben Sie die nicht eingetretene Folge.

▸▸ Ich wollte immer gern schreiben. *(Schriftstellerin werden)*
   Ich wäre beinahe Schriftstellerin geworden.
1. Senta war eine gute Schwimmerin. *(an den Olympischen Spielen teilnehmen)*
2. Andreas hat nur im Büro gesessen und sich nicht bewegt. *(Probleme mit seinem Herzen bekommen)*
3. Hans hat mal wieder die falsche Taste gedrückt. *(diesmal die Festplatte formatieren)*
4. Nico hat einen Artikel geschrieben. *(die Stadtzeitung: den Artikel veröffentlichen)*
5. Georg wollte immer Menschen helfen. *(Medizin studieren)*

c Was wäre, wenn …?
Bilden Sie irreale Bedingungssätze in der Vergangenheit.

▸▸ *ich ▪ disziplinierter ▪ sein, ich ▪ meinen ersten Roman ▪ schreiben können*
   Wenn ich disziplinierter gewesen wäre, hätte ich meinen ersten Roman schreiben können.
1. *Senta ▪ fleißiger ▪ trainieren, sie ▪ an den Olympischen Spielen ▪ teilnehmen können*
2. *Andreas ▪ sich mehr bewegen, er ▪ keine Probleme ▪ mit seiner Gesundheit ▪ haben*
3. *Hans ▪ am Computer ▪ konzentrierter arbeiten, ihm ▪ der IT-Mitarbeiter ▪ nicht ▪ wieder ▪ helfen müssen*
4. *Nico ▪ genauer recherchieren ▪ die Stadtzeitung ▪ seinen Artikel ▪ sicher ▪ publizieren*
5. *Georg ▪ bessere Schulnoten ▪ haben, er ▪ Medizin ▪ studieren können*

d Einige Leute benehmen sich sehr seltsam
Ergänzen Sie die Sätze mit irrealen Vergleichen.

▸▸ Linus tut so, *als würde er mich nicht sehen/als ob er mich nicht sehen würde.* *(mich nicht sehen)*
1. Beate benimmt sich, ... *(hier die Chefin sein)*
2. Stefan tat in der Besprechung so, ... *(sich für das Projekt interessieren)*
3. Bernd hat heute so viel Geld ausgegeben, ... *(im Lotto gewonnen haben)*
4. Eva gibt ihren Freundinnen Anlagetipps, ... *(sich mit Investitionen und Renditen gut auskennen)*

7 **Traumberufe**

a Beantworten Sie die Frage.

Welchen Beruf würden Sie am liebsten ausüben, wenn Ausbildung, Alter und Einkommen keine Rolle spielen würden?

b Das Karriereportal XING hat die Frage aus a) in einer Umfrage seinen Mitgliedern in Deutschland gestellt. Stellen Sie zu zweit Vermutungen an, welche Berufe die ersten fünf Plätze belegen. (Vier Berufe passen nicht.)

- Psychologe / Psychologin
- Archäologe / Archäologin
- Forscher / in
- Polizist / in
- Manager / in
- Lehrer / in
- Tierpfleger / in
- Schriftsteller / in
- Politiker / in

Traumberufe

Platz 1: ....
Platz 2: ....
Platz 3: ....
Platz 4: ....
Platz 5: ....

Platz 6: Arzt / Ärztin
Platz 7: Profisportler / in
Platz 8: Fotograf / in
Platz 9: Anwalt / Anwältin
Platz 10: Software-Entwickler / in

c Vergleichen Sie Ihre Vermutungen mit der Lösung. Hat Sie das Ergebnis überrascht? Warum (nicht)?

d Beschreiben Sie kurz die Aufgaben in den Berufen. Recherchieren Sie im Bedarfsfall im Internet. Arbeiten Sie zu zweit. Vergleichen Sie Ihre Beschreibungen mit anderen.

1. ....
2. ....
3. ....
4. ....
5. ....
6. ....
7. ....
8. ....
9. ....
10. ....

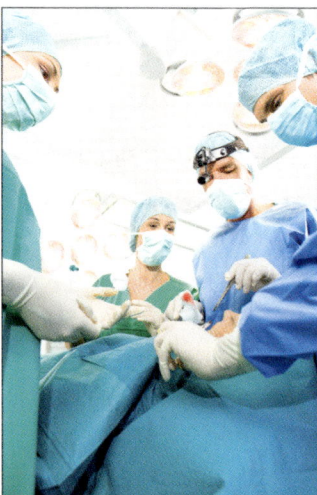

8 **Traumberufe in den Medien**

a Diskutieren Sie in kleinen Gruppen und berichten Sie anschließend.

① Glauben Sie, dass sich viele junge Menschen bei ihrer Berufswahl von Medien (Fernsehen oder Internet, z. B. Social Media) beeinflussen lassen? Wenn ja, welche Berufe betrifft das Ihrer Meinung nach?

② Welche Berufe sind in Ihrem Heimatland medial besonders präsent?

④ Würden Sie Verwandte, die einen bestimmten Beruf wegen eines Film-, Serien- oder Social-Media-Stars ergreifen wollen, in ihrem Wunsch unterstützen? Warum (nicht)?

③ Entsprechen die dargestellten Berufe dem tatsächlichen Berufsbild? Bei welchen Berufen gibt es Ihres Erachtens große Unterschiede zwischen Fiktion und Wirklichkeit?

⑤ Hatten Sie als Kind oder Jugendliche(r) ein mediales Vorbild?

b Träume aus dem Fernsehen
Lesen Sie und ergänzen Sie die Verben in der richtigen Form.

- tun
- träumen
- trinken
- ausschließen
- erscheinen
- feststellen
- ~~spielen~~
- unterstützen
- jagen
- bewerben
- wollen

Nach einer Studie der Universität Münster *spielen* Fernsehserien bei der Vermittlung von Berufsbildern bei Jugendlichen eine immer stärkere Rolle. Viele junge Leute .... (1) nach dem Vorbild ihrer Serienhelden Ärzte, Anwälte, Kommissare oder Designer werden. Das wird vor allem für Berufsberater zum Problem, die Schüler bei der Suche nach einem Ausbildungsplatz .... (2). Oft .... (3) gerade die Jugendlichen von einer Arbeit als Mediziner, deren schulische Leistungen ein akademisches Studium .... (4). Berufsberater konnten auch einen Zusammenhang zwischen dem Erfolg einer Serie und dem Interesse von Jugendlichen an einem bestimmten Beruf .... (5). Zum Beispiel gab es mit der Zunahme von Zoo- und Kochsendungen im Fernsehen eine zunehmende Anzahl junger Leute, die sich um Ausbildungsplätze als Tierpfleger/in oder Koch/Köchin .... (6) wollten. Als besonders problematisch hat sich erwiesen, dass die Darstellung der Berufe im Fernsehen wenig mit dem Joballtag zu .... (7) hat. Das hat zur Folge, dass viele junge Leute davon überzeugt sind, dass Gerichtsmediziner Verbrecher .... (8), Büroassistentinnen im Designerkostüm zur Arbeit .... (9) oder Mitarbeiter einer Werbeagentur hauptsächlich Kaffee .... (10).

c Reagieren Sie auf diesen Text mit einem Forumsbeitrag.
Schreiben Sie mindestens 150 Wörter.

- Geben Sie kurz den Inhalt des Textes wieder.
- Berichten Sie über Fernsehberufe in Ihrem Heimatland oder dem Land, in dem Sie wohnen.
- Unterbreiten Sie Vorschläge, wie man jungen Leuten ein realistisches Bild ihres Traumberufs vermitteln kann.

9 Beruf Influencer – Traum oder Albtraum?

a Lesen Sie den folgenden Text und geben Sie anschließend die Information mündlich wieder.

■ Das Wort „Influencer"

Es gibt heute kaum noch jemanden, der das Wort Influencer nicht kennt. Die Personenbezeichnung lässt sich auf das englische Wort „influence" (beeinflussen) zurückführen und wurde in England schon im 17. Jahrhundert
5 für Personen in hohen Positionen in Staat und Kirche verwendet, also für Menschen, die Einfluss haben. In Deutschland hat das Wort seit einiger Zeit nicht nur an Bedeutung gewonnen, es ist auch in den alltäglichen Sprachgebrauch übergegangen und zudem mit der weiblichen Form In-
10 fluencerin versehen worden. Es bezeichnet meist junge Menschen, die in sozialen Medien bestimmte Zielgruppen ansprechen und eine große Reichweite haben. Influencer können Blogger, YouTuber, Schauspieler oder andere Prominente sein, die ihre Follower an ihrem Leben teilhaben
15 lassen. Dabei vermitteln sie nicht nur ein Lebensgefühl oder bestimmte Ideale, sondern verdienen mit der Präsentation von Produkten, Marken oder Serviceleistungen auch Geld.

b Berichten Sie.

- Besuchen Sie manchmal/oft Seiten von Influencern? Wenn ja, welche Themen interessieren Sie?
- Welche Eigenschaften braucht man, um als Influencer/in zu arbeiten?

- Wie stellen Sie sich die Arbeit einer Influencerin/eines Influencers vor? Welche Vorteile und welche Nachteile hat sie?
- Wie viel Geld kann man Ihrer Meinung nach als Influencer verdienen?

c Gruppenarbeit
Formulieren Sie gemeinsam einen Text. Bilden Sie eine Gruppe (drei bis sechs Personen). Teilen Sie die Sätze auf. Jede/Jeder formuliert ihre/seine Sätze und achtet dabei auf eventuell fehlende Präpositionen, den richtigen Kasus und die Zeitangabe in Klammern. Zum Schluss lesen Sie sich in Ihrer Arbeitsgruppe gegenseitig Ihre Sätze vor.

▶ *die Bezeichnung Influencer ▪ durchaus berechtigt ▪ sein: ▪ eine Studie des Bundesverbandes Digitale Wirtschaft [zufolge] vor allem junge Menschen [zwischen] 14 und 29 [von] Social-Media-Stars ▪ sich beeinflussen lassen (Präsens)*
Die Bezeichnung Influencer ist durchaus berechtigt: Einer Studie des Bundesverbandes Digitale Wirtschaft zufolge lassen sich vor allem junge Menschen zwischen 14 und 29 von Social-Media-Stars beeinflussen.

1. *jeder sechste Onlinenutzer [.................] → dieses Alter ▪ bereits ▪ Produkte ▪ kaufen (Präteritum), ▪ die ▪ er ▪ vorher ▪ [.............] → Influencer (Pl.) ▪ sehen (Plusquamperfekt) ▪ Tendenz steigend*

2. *das ▪ der wichtigste Grund ▪ sein, ▪ weshalb ▪ Influencer ▪ [.................] → Marketing vieler Firmen ▪ eine immer größere Rolle ▪ spielen (Präsens)*

3. *wer ▪ [.................] → Social Media ▪ Geld ▪ verdienen wollen, ▪ sich selbst als Werbefigur ▪ vermarkten müssen (Präsens)*

4. *dabei ▪ oft ▪ die Grenzen [.................] → Privatleben und Werbebotschaft ▪ verschwimmen (Präsens)*

5. *Influencer ▪ sich der Gefahr bewusst sein ▪ müssen, dass ▪ Privates ▪ plötzlich ▪ öffentlich werden ▪ und ▪ diese Öffentlichkeit ▪ nicht selten [.................] → negative Kommentare ▪ sorgen (Präsens)*

6. *nicht jeder ▪ [.................] → Kritik oder persönliche Anfeindungen ▪ gut umgehen können (Präsens)*

7. *gleichzeitig ▪ [.................] → Influencer ▪ erwartet werden, ▪ dass ▪ sie ▪ gute Laune ▪ verbreiten ▪ und ▪ eine positive Lebenseinstellung ▪ vermitteln (Präsens)*

8. *Lächeln, Achtsamkeit und Dankbarkeit ▪ Pflicht ▪ sein, ▪ Negatives ▪ ausgeblendet werden (Präsens)*

9. *sowohl [.................] → potenzielle Werbepartner ▪ als auch [.................] → die Follower ▪ ein perfekt wirkendes Leben und ein positives Image der Influencerin/des Influencers ▪ sehr wichtig ▪ sein (Präsens)*

10. *die Anzahl der Anhänger ▪ ebenfalls ▪ von großer Bedeutung ▪ sein (Präsens)*

11. *viele Firmen ▪ eine mindestens fünfstellige Followerzahl ▪ erwarten, ▪ um ▪ ein Profil attraktiv ▪ finden ▪ und ▪ [.................] → die Influencerin/der Influencer ▪ werben (Präsens)*

12. *eine einträgliche Möglichkeit [.............] → Geldverdienen ▪ neben Instagram auch YouTube ▪ bieten (Präsens)*

13. *[...........] → die Videoplattform ▪ nach der Anzahl der Werbeeinblendungen ▪ abgerechnet werden (Präsens)*

14. *[.................] → 1 000 Videoabrufe ▪ man ▪ ein bis zwei Euro ▪ erhalten (Präsens)*

15. *wenn ▪ man ▪ [.................] → YouTube ▪ monatlich 1000 Euro ▪ verdienen wollen, ▪ die Videos ▪ eine halbe bis eine Million Mal ▪ abgerufen werden müssen (Präsens)*

16. *das ▪ den Druck ▪ [.................] → die Social-Media-Stars und den Konkurrenzkampf ▪ erhöhen (Präsens)*

17. *in Wirklichkeit ▪ die allerwenigsten Influencer ▪ [.................] → Deutschland ▪ [.................] → ihre Einkünfte ▪ leben können (Präsens)*

18. *und ▪ ein Blick hinter die wenigen erfolgreichen Accounts ▪ zeigen, ▪ dass ▪ es ▪ [.................] → ein Fulltime-Job mit Überstundengarantie und hohem Risikopotenzial ▪ sich handeln (Präsens)*

d Vergleichen Sie Ihren Text mit dem Hörtext.

 37

e Geben Sie die wichtigsten Aussagen des Textes mündlich wieder.

- Warum sind Influencer für Firmen interessant?
- Was müssen Influencer Followern und Werbepartnern bieten?
- Welche unangenehmen Seiten kann das Leben als Influencer haben?
- Wie sieht die finanzielle Seite des Berufs aus?

f Was passt? Ergänzen Sie die Verben.

▶ sich von Social-Media-Stars ☐	☐ a)	verbreiten
1. sich selbst als Werbefigur ☐	☐ b)	ausblenden
2. mit persönlichen Anfeindungen ☐	☐ c)	erhöhen
3. gute Laune ☐	☐ d)	beeinflussen lassen
4. eine positive Lebenseinstellung ☐	☐ e)	vermarkten
5. Negatives ☐	☐ f)	leben
6. fünfstellige Followerzahlen ☐	☐ g)	erwarten
7. den Druck auf die Influencer ☐	☐ h)	vermitteln
8. von den Werbeeinkünften ☐	☐ i)	gut umgehen können

10 Strukturen: Adjektive und ihre Ergänzungen

a Lesen Sie die Beispielsätze und die Hinweise.

1. Influencer müssen **sich der Gefahr bewusst sein**, dass Privates plötzlich öffentlich wird und sich so eine Plattform für negative Kommentare bietet.

2. Sowohl **für potenzielle Werbepartner** als auch **für die Follower sind** ein perfekt wirkendes Leben und ein positives Image des Influencers **sehr wichtig**.

3. Influencer **sind** finanziell **von Werbeaufträgen** aus der Wirtschaft **abhängig**. → Influencer **sind** finanziell **abhängig von Werbeaufträgen** aus der Wirtschaft.

▶ Man kann viele Adjektive, wenn sie prädikativ verwendet werden, durch weitere Satzglieder ergänzen. Meistens handelt es sich um Kombinationen von Adjektiven mit dem Verb *sein*.

▶ Die Ergänzung ist oft eine Präpositionalgruppe. *(Satz 2)*

▶ Manchmal werden Adjektive auch durch einen direkten Kasus ergänzt. *(Satz 1)*

▶ Wenn man die präpositionale Ergänzung besonders betonen möchte, kann sie bei manchen Adjektiven auch im Nachfeld stehen. *(Satz 3)*

▶ *Übersicht Seite 226*

b Welche Präposition passt? Bilden Sie Sätze wie im Beispiel. Achten Sie auf den richtigen Kasus.

1. **für**
   a) *ein gutes Image des Werbeträgers ▪ Firmen ▪ sehr wichtig sein*
   Ein gutes Image des Werbeträgers ist für Firmen sehr wichtig.
   b) *die Influencerin ▪ ihre Anhänger ▪ das positive Feedback ▪ sehr dankbar sein*

2. ....
   a) *die Firma ▪ eine Zusammenarbeit mit dem Influencer ▪ interessiert sein*
   b) *wir ▪ die Kampagne „Fairer Sport" ▪ beteiligt sein*

3. ....
   a) *Nico ▪ sein erstes Video ▪ stolz sein*
   b) *er ▪ die Reaktionen ▪ gespannt sein*

4. ....
   a) *Nico ▪ die negativen Kommentare ▪ enttäuscht sein*
   b) *doch ▪ viele User ▪ Nicos Video ▪ total begeistert sein*

5. ....
   a) *wann ▪ du ▪ die Konzeption der neuen Werbemaßnahme ▪ fertig sein?*
   b) *du ▪ die Veröffentlichung deines Kommentars ▪ einverstanden sein?*

c Die Sätze enthalten Adjektive, die eine Ergänzung mit einem direkten Kasus haben. Unterstreichen Sie das Adjektiv und die Ergänzung. Notieren Sie danach das Adjektiv mit dem entsprechenden Kasus.

▶ Ich bin <u>mir der Gefahr des Scheiterns</u> durchaus <u>bewusst</u>.   **bewusst**   sein   + *Dativ und Genitiv*

1. Kannst du mir mal behilflich sein?   .... sein ....

2. Ich bin dir nicht böse.   .... sein ....

3. Mir ist kalt.   .... sein ....

4. Das kann dir doch nicht gleichgültig sein!   .... sein ....

5. Deine Entscheidung ist mir nicht recht.   .... sein ....

6. Das Produkt ist jeden Cent wert.   .... sein ....

11 Gruppenarbeit: Technikträume
Welches technische Traumgerät hätten Sie gern?

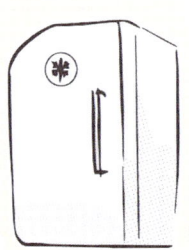

- Bilden Sie kleine Gruppen und entscheiden Sie sich zunächst für ein technisches Gerät (z. B. ein Haushaltsgerät, ein Multimedia- oder TV-Gerät, ein Verkehrsmittel).
- Berichten Sie dann, wie oft Sie den gewählten Gegenstand/das gewählte Gerät/Verkehrsmittel nutzen und was es zurzeit kann.
- Überlegen Sie sich danach, was der Gegenstand/das Gerät/das Verkehrsmittel alles machen/haben/leisten könnte, wenn es all Ihre Träume verwirklichen würde.

Präsentieren Sie Ihr Traumgerät im Plenum.

12 Große Erwartungen
Bereits in Kapitel 5 haben Sie eine Kurzgeschichte von Horst Evers gelesen. Hier finden Sie eine weitere Geschichte des Schriftstellers.

■ Zukunftssplitter[1]

Habe kürzlich einen Artikel gelesen, dem zufolge die Forschung in Südkorea mit aller Kraft eine weitere Entwicklungsstufe für intelligente Haushaltsgeräte anstrebt. Unter anderem geht es um Multimedia-Lampen, bei denen Hunderte verschiedener Lichtstimmungen und Lichtatmosphären einprogrammiert sind, und um Staubsauger mit Hochleistungs-Dolby-Surround-Lautsprechern, die das Gerät klingen lassen können wie einen Formel-1-Boliden[2], einen brüllenden Löwen, aber auch wie ein klassisches Streichquartett. Spektakulär könnten auch 3-D-Mikrowellen werden, bei denen es so aussieht, als würde Miraculix[3] persönlich in der Mikrowelle die Suppe aufwärmen.

Grundsätzlich sind dies aber wohl mehr Spielereien. Der neue gesellschaftsumwälzende Trend sind Haushaltsgeräte mit Social-Media-Kompetenz. So gibt es bereits Prototypen von Waschmaschinen, die selbstständig über Facebook erfragen können, was die Freunde bei der nächsten Party wahrscheinlich tragen werden, und dann in Eigenregie[4] die perfekt dazu passenden Sachen auf Termin waschen und trocknen. Selbstverständlich müssen diese Waschmaschinen mit Kleiderschrank und Wäschekorb vernetzt sein, wie natürlich auch mit der Waage, damit die Sachen bei der Party auch passen, ja perfekt sitzen. Es gibt die Möglichkeit, noch ein voll digitalisiertes Änderungsschneidereicenter in dieses Home-System zu integrieren, sodass man sich eigentlich gar keine Gedanken mehr machen muss. Theoretisch wäre es sogar vorstellbar, Waschmaschinen zu entwickeln, die dann auch noch selbst auf die Party gehen und dort anstelle ihrer Besitzer tanzen. Doch die konkrete Umsetzung dieser Idee ist wohl tatsächlich noch ferne Zukunftsmusik.

[1]Splitter: Fragment, Bruchstück   [3]Miraculix: Zeichenfigur (Druide) in den Comics von Asterix und Obelix
[2]Boliden: Rennwagen   [4]in Eigenregie: eigenständig, autonom

13 Textarbeit
a Beantworten Sie die Fragen.

- Haben Sie (fast) alles verstanden?
- Hat Ihnen der Text gefallen? Wenn ja, warum?

b Welche Fähigkeiten haben die folgenden Geräte?

① Multimedia-Lampen

② Staubsauger mit Hochleis-tungs-Dolby-Surround-Laut-sprechern

③ 3-D-Mikrowellen

④ Waschmaschinen mit Social-Media-Kompetenz

c Einige Wendungen aus dem Text: Was passt zusammen?

1. intelligente ☐   ☐ a) Zukunftsmusik
2. ein brüllender ☐   ☐ b) Umsetzung
3. ein klassisches ☐   ☐ c) Löwe
4. gesellschaftsumwälzende ☐   ☐ d) Streichquartett
5. konkrete ☐   ☐ e) Haushaltsgeräte
6. ferne ☐   ☐ f) Trends

14 Smarte Geräte

Besprechen Sie die Fragen zu zweit oder zu dritt und berichten Sie anschließend.

1. Interessieren Sie sich für Haushaltstechnik?
2. Welche drei Haushaltsgeräte nutzen Sie am meisten?
3. Haben Sie vernetzte Geräte oder Gegenstände in Ihrem Haushalt? Wenn ja, welche? Wenn nein, warum nicht?
4. Welche Geräte würden Sie vernetzen, wenn Sie könnten? Warum?
5. Bieten smarte Geräte mehr Vor- oder mehr Nachteile? Begründen Sie Ihre Meinung.

15 Smarthome – Vorteile und Risiken

a Sie hören jetzt einen Vortrag eines Beamten vom Landeskriminalamt zum Thema Smarthome. Hören Sie den Text einmal. Wählen Sie die richtige Lösung: *1 bis 7 a, b* oder *c.*

🎧 38

① Der Begriff Smarthome bezeichnet

   a) ☐ multimediale Geräte.

   b) ☐ einen Haushalt, der mit digital kommu-nizierenden Geräten ausgestattet ist.

   c) ☐ intelligente Technologie.

② Laut einer Online-Umfrage

   a) ☐ hat die Mehrheit der Bundesbürger bereits ein smarthomefähiges Gerät.

   b) ☐ wollen sich 65 Prozent der Umfrage-teilnehmer demnächst ein smartes Gerät kaufen.

   c) ☐ haben 85 Prozent der Befragten einen Smart-TV oder einen WLAN-Lautsprecher.

③ Smarthome-Anwendungen

   a) ☐ werden oft über eine zentrale Steuerungseinheit bedient.

   b) ☐ laufen immer über einzelne Geräte.

   c) ☐ funktionieren nur bei einheitlichen Übertragungsstandards.

④ Die Nutzung der smarten Geräte

   a) ☐ hat mehr Vorteile als Nachteile.

   b) ☐ macht Einbrüche unmöglich.

   c) ☐ kann auch ferngesteuert erfolgen.

⑤ Verbraucher sollten

   a) ☐ keine persönlichen Daten weitergeben.

   b) ☐ sich beim Kauf eines Geräts über die Datenverwendung informieren.

   c) ☐ den Herstellern beim Datenschutz vertrauen.

⑥ Der Sprecher schilderte das Beispiel

a) ☐ eines großen Hackerangriffs, für den 100 000 smarte Haushaltsgeräte genutzt wurden.

b) ☐ eines Kühlschranks, der E-Mails versendet hat.

c) ☐ der Vorbereitung eines Einbruchs.

⑦ Nach Meinung des Sprechers

a) ☐ sollten Verbraucher keine smarten Geräte kaufen.

b) ☐ sind ungeschützte Geräte Angriffen von Kriminellen ausgesetzt.

c) ☐ sind die meisten Geräte schon mit Passwörtern der Hersteller ausreichend geschützt.

b Hören Sie den Vortrag noch einmal und fassen Sie die wichtigsten Aussagen zusammen.

16 Textarbeit

Lesen Sie Auszüge aus dem Vortrag und ergänzen Sie die fehlenden Verben in der richtigen Form.

> • installieren • integrieren • ~~gestalten~~ • besitzen • gehören • kommunizieren • haben • bedienen

Wir können mithilfe der neuen technologischen Möglichkeiten unser Leben komfortabler *gestalten.* Laut einer Online-Umfrage .... (1) immerhin schon 65 Prozent der Haushalte mindestens ein smarthomefähiges Gerät. Im Moment .... (2) Smart-TVs und WLAN-Lautsprecher zu den beliebtesten smarten Produkten.
Eine Smarthome-Anwendung ist heute nicht mehr allzu teuer und lässt sich in der Regel einfach .... (3). Vielen Nutzern geht es vor allem darum, dass sich die Produkte Schritt für Schritt, flexibel und individuell in die vorhandene Ausstattung .... (4) lassen. Das ist nicht immer ganz einfach, denn verschiedene Produkte .... (5) unterschiedliche Übertragungsstandards und ihre eigenen Steuereinheiten. Sinn eines Smarthomes ist es aber, dass die Geräte auch miteinander .... (6). Das gelingt mit einer zentralen Steuerungseinheit, die Nutzer mit einer App zu Hause oder unterwegs sehr leicht .... (7) können.

> • vortäuschen • sauber machen • speichern • erheben • hacken • hochdrehen

Die Vorteile der Geräte reichen von der Heizung, die man per Smartphone .... (8) kann, über den smarten Staubsauger, der in unserer Abwesenheit die Wohnung .... (9), bis hin zur Lichtinstallation oder den hoch- und runterfahrenden Rollläden, die während unseres Urlaubs .... (10), dass jemand zu Hause ist. Allerdings ist es wichtig, sich beim Kauf auch darüber zu informieren, welche Daten von dem Betreiber gesammelt und .... (11) werden. Besonders kritisch sollten Verbraucher dann sein, wenn personenbezogene Daten .... (12) werden, obwohl sie für die Funktionalität des Geräts gar nicht nötig sind. Ein zweiter zu beachtender Punkt sind die Sicherheitsrisiken. Smarte Haushaltsgeräte können genauso .... (13) oder mit Viren infiziert werden wie PCs.

17 Forumsbeitrag: Smarthome

Schreiben Sie in einem Forum Ihre Meinung zum Thema Smarthome. Gehen Sie dabei auf einige Informationen aus dem Vortrag in Aufgabe 15 und auf die nebenstehende Grafik ein.

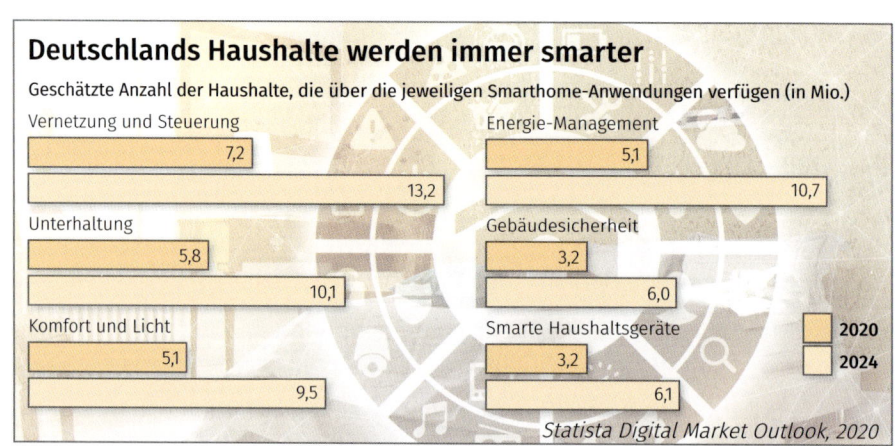

Deutschlands Haushalte werden immer smarter

Geschätzte Anzahl der Haushalte, die über die jeweiligen Smarthome-Anwendungen verfügen (in Mio.)

Vernetzung und Steuerung
7,2
13,2

Unterhaltung
5,8
10,1

Komfort und Licht
5,1
9,5

Energie-Management
5,1
10,7

Gebäudesicherheit
3,2
6,0

Smarte Haushaltsgeräte
3,2
6,1

☐ 2020
☐ 2024

Statista Digital Market Outlook, 2020

Übungen zur Vertiefung und zum Selbststudium

Ü1 〉 **Irreales**

Bilden Sie irreale Wunschsätze (a) und irreale Konditionalsätze (b). Orientieren Sie sich am Beispiel.
Achten Sie auf die angegebene Zeitform *(V – Vergangenheit, G – Gegenwart).*

▶ Thomas hat sein Germanistikstudium abgebrochen.
   a) *das Studium beenden (V)*
      Hätte er doch das Studium beendet!
   b) *sein Studium fortsetzen (V) ▪ Dozent werden können (V)*
      Wenn er sein Studium fortgesetzt hätte, hätte er Dozent werden können.

1. Tim hat nicht auf den Rat seines Lehrers gehört.
   a) *den Rat des Mathelehrers befolgen (V)*
      ....
   b) *den Rat des Mathelehrers ernst nehmen (V) ▪ heute als IT-Spezialist viel Geld verdienen können (G)*
      ....

2. Max führt eine unglückliche Beziehung.
   a) *sich für die Suche nach seiner Traumfrau ein bisschen mehr Zeit nehmen (V)*
      ....
   b) *mehr Zeit in die Suche investieren (V) ▪ die Richtige vielleicht schon finden (V)*
      ....

3. Susanne hat sich nicht um die Stelle der Direktorin beworben.
   a) *mehr Mut haben und sich um die Stelle bemühen (V)*
      ....
   b) *die Stelle bekommen (V) ▪ heute wichtige Entscheidungen treffen können (G)*
      ....

4. Annemarie ist wegen ihres Kindes lange zu Hause geblieben.
   a) *ihre beruflichen Träume nicht so schnell aufgegeben (V)*
      ....
   b) *um einen Studienplatz kämpfen (V) ▪ heute vielleicht als Ärztin arbeiten (G)*
      ....

5. Luise denkt nur ans Geld und ihre Karriere.
   a) *das Leben mehr genießen (G)*
      ....
   b) *mehr Freude am Privatleben haben (G) ▪ nicht so unter Stress leiden (G)*
      ....

Ü2 〉 **Ratschläge**

Ergänzen Sie in den Wendungen die richtigen Verben. (Zwei Verben passen nicht.)

▪ warnen
▪ machen
▪ umgehen
▪ einschlagen
▪ liefern
▪ geben *(2 x)*
▪ nehmen
▪ empfehlen
▪ kreisen

1. jemandem einen Ratschlag mit auf den Weg ....
2. sich einen Ratschlag zu Herzen ....
3. um fünf Themengebiete ....
4. jemanden vor einer unglücklichen Partnerschaft ....
5. weniger auf die Meinung anderer Menschen ....
6. mit dem Ersparten bedachter ....
7. einen besseren Bildungsweg ....
8. Hinweise für die Zukunft ....

Ü3 〉 **Wünsche und Träume in Deutschland**
Ergänzen Sie die fehlenden Präpositionen.

Untersuchungen .... (1) kann man die Wünsche und Träume der Deutschen in zwei Bereiche einteilen: materielle und immaterielle Wünsche. .... (2) den materiellen Wünschen gehören zum Beispiel schöne Reisen, ein Eigenheim oder ein schnelles Auto. Weil sich diese Wünsche aber .... (3) entsprechende finanzielle Mittel nicht so einfach realisieren lassen, träumen viele .... (4) einem Lottogewinn. Doch es gibt wichtigere Dinge als den Besitz .... (5) Luxusgütern. .... (6) einer Umfrage steht auf der Wunschliste der Deutschen Gesundheit .... (7) erster Stelle. Das zeugt auch von einem gewissen Realitätssinn, denn .... (8) Gesundheit ist die Realisierung aller anderen Träume nicht viel wert. Die Lebensfreude und die Lebensqualität sind im Krankheitsfall erheblich eingeschränkt. .... (9) den weiteren Plätzen folgen Familie, Freunde und die Liebe. Insbesondere bei den jungen Deutschen .... (10) 16 und 29 Jahren ist die Sehnsucht nach dem Traumpartner entsprechend groß. Der .... (11) Platz drei folgende Wunsch .... (12) einem sicheren Einkommen hat ebenfalls nichts .... (13) Luxus und Reichtum zu tun. Hier geht es darum, den Alltag .... (14) finanzielle Sorgen bewältigen zu können. Erst .... (15) vierter Stelle kommt der Lottogewinn .... (16) seinen finanziellen Möglichkeiten.

Ü4 〉 **Adjektive mit Ergänzungen**
a Influencer
Bilden Sie Sätze im Präsens. Achten Sie auf die richtige Ergänzung der Adjektive.

▶ *viele junge Leute ▪ die Videos ihrer Social-Media-Stars ▪ begeistert sein*
Viele junge Leute sind von den Videos ihrer Social-Media-Stars begeistert.

1. *nach Werbeaktionen von Influencern ▪ viele Anhänger ▪ der Kauf der vermarkteten Produkte ▪ bereit sein*
   ....

2. *einige Follower ▪ empfohlene Artikel ihrer Stars ▪ regelrecht ▪ verrückt sein*
   ....

3. *diese Tatsache ▪ Firmen ▪ sehr interessant sein*
   ....

4. *wenn ▪ die Firmen ▪ der Erfolg eines Social-Media-Stars ▪ überzeugt sein, ▪ sie ▪ für ihre Produkte ▪ werben lassen*
   ....

5. *Firmen ▪ Followerzahlen erst im fünfstelligen Bereich ▪ attraktiv sein*
   ....

6. *Follower ▪ ein perfekt wirkendes Leben und ein positives Image des Influencers ▪ sehr wichtig sein*
   ....

7. *wenn ▪ man ▪ mit Social Media ▪ Geld ▪ verdienen wollen, ▪ man ▪ seine Anhänger ▪ immer ▪ nett und freundlich sein ▪ müssen*
   ....
   ....

8. *man ▪ nicht ▪ negative Kommentare ▪ traurig oder empört sein ▪ dürfen*
   ....

9. *man ▪ auch ▪ eine Veröffentlichung von privaten Dingen ▪ einverstanden sein ▪ sollen (Konjunktiv II)*
   ....
   ....

b Welche Präposition passt? Ordnen Sie zu und bilden Sie jeweils einen Beispielsatz.

▪ an + Dativ	▪ ~~von + Dativ~~	▪ über + Akkusativ	▪ in + Akkusativ
▪ auf + Akkusativ	▪ mit + Dativ	▪ zu + Dativ	▪ an + Akkusativ
▪ bei + Dativ	▪ für + Akkusativ	▪ nach + Dativ	

▶ a) abhängig ▪ getrennt ▪ überzeugt ▪ begeistert sein → *von + Dativ*
   b) *wir ▪ Aufträge aus der Wirtschaft ▪ abhängig sein*
     Wir sind von Aufträgen aus der Wirtschaft abhängig/
     Wir sind abhängig von Aufträgen aus der Wirtschaft.

1. a) freundlich ▪ nett ▪ lieb ▪ bereit ▪ fähig sein → ....
   b) *die Kollegen ▪ in dieser Situation ▪ Überstunden ▪ bereit sein*

2. a) glücklich ▪ traurig ▪ empört ▪ erfreut ▪ erstaunt ▪ verärgert sein → ....
   b) *ich ▪ das Ergebnis ▪ sehr erfreut sein*

3. a) stolz ▪ wütend ▪ neidisch ▪ neugierig ▪ gespannt ▪ spezialisiert sein → ....
   b) *die Nationalmannschaft ▪ dieser Sieg ▪ besonders stolz sein*

4. a) wichtig ▪ notwendig ▪ attraktiv ▪ interessant ▪ dankbar ▪ verantwortlich
    ▪ geeignet ▪ nützlich ▪ schädlich sein → ....
   b) *wir ▪ die Unterstützung ▪ dankbar sein*

5. a) beschäftigt ▪ zufrieden ▪ verabredet ▪ vergleichbar ▪ einverstanden sein → ....
   b) *die Verwaltungsleiterin ▪ die Jahresabrechnung ▪ beschäftigt sein*

6. a) interessiert ▪ schuld ▪ reich ▪ arm sein → ....
   b) *mein Freund ▪ moderne Kunst ▪ sehr interessiert sein*

7. a) gewöhnt sein → ....
   b) *die Pflanzen ▪ die Hitze ▪ nicht gewöhnt sein*

8. a) verrückt sein → ....
   b) *die meisten Kinder ▪ Süßigkeiten ▪ verrückt sein*

9. a) beliebt sein → ....
   b) *die neue Abteilungsleiterin ▪ die Mitarbeiter ▪ nicht beliebt sein*

10. a) verliebt sein → ....
   b) *Peter ▪ die neue Kollegin ▪ verliebt sein?*

Ü5 ⟩ **Anforderungen an Smarthome-Geräte**
Ergänzen Sie die passenden Verben in der richtigen Form.

▪ integrieren
▪ schützen
▪ erweitern
▪ widerstehen
▪ kommunizieren
▪ ~~sein~~
▪ infizieren
▪ führen
▪ informieren
▪ ermöglichen
▪ haben
▪ bieten
▪ missbrauchen
▪ einschalten
▪ bedienen

Smarthome-Geräte sollten:

▶ bezahlbar *sein*.

1. zu höherer Energieeffizienz und mehr Komfort ....
2. einen einfachen Einstieg in intelligentes Wohnen ....
3. sich in eine vorhandene Ausstattung leicht .... lassen.
4. sich um einzelne Komponenten .... lassen.
5. miteinander .... können.
6. keine unterschiedlichen Übertragungsstandards
   .... oder über eine zentrale Steuerung
   .... werden können.
7. größtmögliche Sicherheit ....
8. Hackerangriffen ....
9. nicht für kriminelle Zwecke .... werden
   können.
10. nicht mit Viren .... werden können.
11. durch sichere Passwörter .... werden.
12. bei Abwesenheit der Bewohner das Licht ....
13. bei Bewegung in der Wohnung die Eigentümer per App ....

Ü6 ⟩ **Ein Pionier der Künstlichen Intelligenz: Jürgen Schmidhuber**
Ergänzen Sie die fehlenden Sätze. Bilden Sie Temporalsätze und verwenden Sie
die vorgegebenen Satzverbindungen.

▶ Seit seinem 15. Lebensjahr will Professor Jürgen Schmidhuber eine sich
selbst verbessernde Künstliche Intelligenz (KI) erschaffen, die klüger
ist als er.
(diese Maschine fertig, er in Rente gehen ▪ wollen → sobald)
Sobald diese Maschine fertig ist, will er in Rente gehen.

1. Er studierte ab 1983 Informatik und Mathematik an der Technischen
Universität München.
(er ▪ 1987 sein Masterdiplom erwerben, 1991 in Informatik promovieren →
nachdem)
....
....

2. *(er ▪ als Post-Doktorand an der University of Colorado in Boulder arbeiten, seine Habilitationsarbeit*
schreiben → während)
....
....

3. *(er ▪ an der TU München tätig sein, 1995 wissenschaftlicher Direktor des Forschungsinstituts für*
Künstliche Intelligenz in Lugano werden → bevor)
....
....

4. *(er ▪ die Professorenstelle in der Schweiz bekommen, eine Arbeitsgruppe gründen → als)*
....,
die rekurrente (rückgekoppelte) neuronale Netzwerke (RNN) entwickelte.
Diese Netze können in effizienter Weise komplexe Aufgaben durchführen sowie Sprachen und Handschriften erkennen, Roboter steuern oder Musik komponieren.

5. *(er ▪ sich dem Thema des Maschinenlernens und der Künstlichen Intelligenz widmen, zahlreiche*
renommierte Preise erhalten → seit)
....
....

6. Auch einige seiner Studenten machten Karriere.
(so ▪ einer der ehemaligen Studierenden ▪ Google DeepMind gründen, sein Studium bei Jürgen Schmid-
huber in Lugano abschließen → nachdem)
....
....

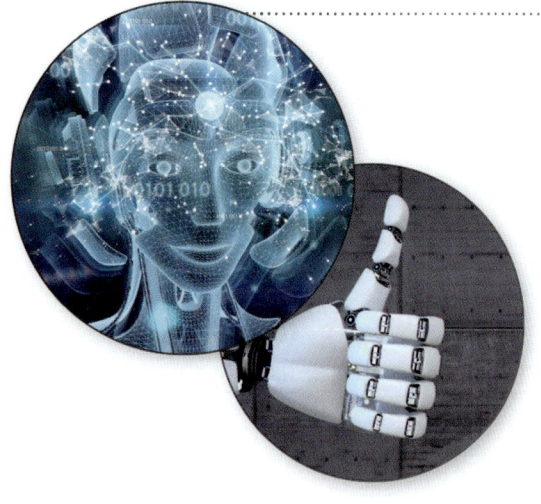

7. *(Schmidhuber ▪ über das Thema Künstliche Intelligenz und*
Gesellschaft ▪ sich äußern, er ▪ immer ▪ auf die langfristigen
Folgen wie z. B. Verlust von Arbeitsplätzen hinweisen → wenn)
....
....
....

8. Wissenschaftler vermuten, dass *(es noch einige Zeit dauern*
können ▪ eine Arbeitswelt mit superintelligenten Robotern zur
Realität werden → bis)
....
....
....

Kleiner Abschlusstest

Was können Sie schon? Testen Sie sich selbst.

T1 〉 **Temporalsätze**   .... /6
Verbinden Sie die Sätze mit einer temporalen Subjunktion.

▶ Angela studierte. Sie beschäftigte sich intensiv mit Politik.
Während/Als Angela studierte, beschäftigte sie sich intensiv mit Politik.

1. Ralf brach sein Studium ab. Danach arbeitete er ein Jahr als Kellner.
....

2. Birte hat die Assistentenstelle bekommen. Davor war sie zwei Jahre wegen ihres Kindes zu Hause.
....
....

3. Petra wollte mehrmals die Studienrichtung wechseln. Ihre Eltern rieten ihr davon ab. *(immer)*
....
....

4. Egon hat eine Ausbildung als Koch begonnen. Jetzt ist er endlich glücklich.
....

T2 〉 **Erikas Blog**   .... /10
Bei Erika ist einiges schiefgegangen. Bilden Sie irreale Wunschsätze in der Vergangenheit.

▶ Sie hat ihr Privatleben öffentlich gemacht. *(vorsichtiger beim Posten von Privatfotos sein)*
Wäre sie doch vorsichtiger beim Posten von Privatfotos gewesen!

1. Sie hat sich über negative Kommentare geärgert. *(die Kommentare nicht lesen)*
....

2. Sie hat für sehr viele Produkte geworben. *(eine Auswahl treffen)*
....

3. Sie hat immer gute Laune verbreitet. *(auch mal weniger gute Momente zeigen)*
....

4. Sie hatte keine guten Freunde mehr. *(sich mehr Zeit für persönliche Kontakte nehmen)*
....

5. Jetzt hat sie den Blog aufgegeben und mit einem Studium begonnen. *(das schon viel eher tun)*
....

T3 〉 **Smarte Geräte**   .... /4
Bilden Sie Sätze. Achten Sie auf die fehlenden Präpositionen und den richtigen Kasus.

▶ *viele Verbraucher ▪ die Sicherheit smarter Geräte ▪ noch nicht ▪ überzeugt sein*
Viele Verbraucher sind von der Sicherheit smarter Geräte noch nicht überzeugt.

1. *Kriminelle ▪ die Daten der Geräte ▪ interessiert sein, ▪ um ▪ sie ▪ ihre Zwecke ▪ missbrauchen*
....

2. *diese Datenunsicherheit ▪ allerlei kriminelle Aktivitäten ▪ verantwortlich sein können*
....
....

3. *auch Firmen ▪ Daten ▪ erheben, ▪ die ▪ die Funktion der Geräte ▪ nicht notwendig sein*
....
....

4. *deshalb ▪ individuelle Passwörter ▪ der sichere Gebrauch der Geräte ▪ wichtig sein*
....

Übersichten zu den Strukturen

 Verben im Konjunktiv II *(siehe auch Kapitel 2)*

Irreale Wünsche:	Annemarie **würde** gern Ärztin **werden**./**Wäre** Annemarie doch Ärztin **geworden**!
Irreale Bedingungen:	Wenn Jan zielstrebiger **wäre**, **würde** er schon **studieren**.
Irreale Vergleiche:	Er tut so, als **wäre** er Jurist/als ob er Jurist **wäre**.
Verpasste Gelegenheiten:	Ich **hätte** beinahe/fast Journalistik **studiert**.

 Adjektive mit Ergänzungen

Adjektive mit präpositionalem Kasus

Adjektive mit Präposition + Dativ **bei, mit, nach, von, zu**	beliebt sein **bei** beschäftigt sein **mit** verrückt sein **nach** abhängig sein **von** nett sein **zu**	Egon ist bei allen Kollegen beliebt. Silvia ist mit der Jahresabrechnung beschäftigt. Kinder sind oft verrückt nach Süßigkeiten. Wir sind von Aufträgen aus der Wirtschaft abhängig. Influencer müssen zu allen Leuten nett sein.
Adjektive mit Präposition + Akkusativ **auf, für, über**	gespannt sein **auf** dankbar sein **für** erfreut sein **über**	Wir sind gespannt auf die Reaktion. Für die finanzielle Unterstützung sind wir dankbar. Über das Ergebnis sind wir sehr erfreut.
Adjektive mit Präposition + Dativ oder Akkusativ **an, in**	interessiert sein **an** + D gewöhnt sein **an** + A schlecht sein **in** + D verliebt sein **in** + A	Wir sind an dem Projekt sehr interessiert. Die Pflanzen sind an die Hitze nicht gewöhnt. In diesem Fach war ich immer schlecht. Peter ist in die neue Kollegin verliebt.

Adjektive mit direktem Kasus

Adjektive mit Dativ	behilflich sein ▪ böse sein ▪ gleichgültig sein ▪ peinlich sein ▪ recht sein ▪ schlecht/kalt/warm sein/werden	Kannst du mir mal behilflich sein? Ich bin dir nicht böse. Die Entscheidung ist mir recht. Mir wird schlecht.
Adjektive mit Akkusativ	wert sein	Das Produkt ist jeden Cent wert.
Adjektive mit Genitiv	bewusst sein (D + G) ▪ verdächtig sein	Ich bin mir der Gefahr bewusst. Der Mann ist des Mordes verdächtig.

 Temporale Nebensätze

Gleichzeitigkeit: Vergangenheit Gegenwart/Zukunft	während ▪ als ▪ (immer) wenn während ▪ wenn ▪ solange	**Als** ich mein Praktikum in London absolvierte, konnte ich mein Englisch stark verbessern. **Wenn** ich nächste Woche in London bin, besuche ich meine ehemaligen Kollegen.
Zeitliches Nacheinander	nachdem ▪ bevor ▪ sobald	**Nachdem** ich ein paar Jahre in einem Café gearbeitet hatte, begann ich mit meinem jetzigen Studium.
Zeitdauer: Anfangspunkt Endpunkt	seit/seitdem bis	**Seit/Seitdem** ich mein Studium beendet habe, suche ich eine Stelle in meinem Fachbereich. **Bis** ich mein Studium abschließe, möchte ich noch eine Fremdsprache lernen.

Wichtige Wörter und Wendungen

 Wiederholen Sie die Wörter und Wendungen.
Zweisprachige Redemittellisten finden Sie unter
www.schubert-verlag.de/wortschatz

Ratschläge an das jüngere Ich

- dem jüngeren Ich etwas raten/empfehlen/Ratschläge erteilen/etwas mit auf den Weg geben
- sich Ratschläge zu Herzen nehmen
- im Großen und Ganzen um fünf Themengebiete kreisen
- tausend Ideen haben
- sich überlegen, was man wirklich kann und will
- sein Ziel ohne Umwege verfolgen
- auf die Meinung anderer Menschen nicht so viel geben/sich von anderen nicht reinreden lassen
- weiter auf der Suche sein
- jemanden von der Arbeit abhalten
- sich (nicht) über etwas ärgern
- Etwas läuft nicht so, wie man es gerne hätte.
- die Dinge so nehmen, wie sie sind
- das Beste aus etwas machen
- um etwas kämpfen
- nicht aufgeben
- etwas ganz Neues machen
- jemanden vor einer unglücklichen Partnerschaft warnen
- zu einem bedachteren Umgang mit dem Ersparten raten
- einen besseren Bildungsweg einschlagen

Traumberufe aus Fernsehserien

- einen Beruf nach dem Vorbild von Serienhelden wählen/ergreifen
- Schüler bei der Suche nach einem Ausbildungsplatz beraten
- ein akademisches Studium ausschließen
- einen Zusammenhang zwischen dem Erfolg einer Serie und dem Interesse von Jugendlichen feststellen
- sich als besonders problematisch erweisen
- mit dem Joballtag nichts zu tun haben

Traumberuf Influencer

- sich auf das Wort „influence" zurückführen lassen
- an Bedeutung gewinnen
- in den alltäglichen Sprachgebrauch übergehen
- eine große Reichweite in sozialen Medien haben
- bestimmte Zielgruppen ansprechen
- Follower an seinem/ihrem Leben/Alltag teilhaben lassen
- Marken und Produkte präsentieren
- jemanden beeinflussen/auf jemanden Einfluss ausüben
- im Marketing vieler Firmen eine große Rolle spielen
- mit Social Media Geld verdienen
- sich selbst als Werbefigur vermarkten
- Die Grenzen zwischen Privatleben und Werbebotschaft verschwimmen.
- sich der/einer Gefahr bewusst sein
- eine Plattform für negative Kommentare bieten
- mit öffentlicher Kritik oder Anfeindungen gut umgehen können
- gute Laune verbreiten
- eine positive Lebenseinstellung vermitteln
- Negatives ausblenden
- ein positives Image haben
- den Erfolg bestimmen
- eine mindestens fünfstellige Followerzahl erwarten
- ein Profil attraktiv finden
- mit einer Influencerin/einem Influencer werben
- nach der Anzahl der Werbeeinblendungen abrechnen
- Videos eine halbe bis eine Million Mal abrufen
- den Druck/den Konkurrenzkampf erhöhen
- Es handelt sich um einen Fulltime-Job mit Überstundengarantie und hohem Risikopotenzial.

Smarthome

- mithilfe der neuen technologischen Möglichkeiten das Leben komfortabler gestalten
- mit digital kommunizierenden Geräten ausgestattet sein
- nicht mehr allzu teuer sein
- sich einfach installieren lassen
- sich in eine vorhandene Ausstattung integrieren lassen
- unterschiedliche Übertragungsstandards und Steuereinheiten haben
- in der Lage sein, miteinander zu kommunizieren
- unterschiedliche Standards über eine zentrale Steuereinheit synchronisieren
- sich leicht bedienen lassen
- Vorteile bieten
- die Heizung per Smartphone hochdrehen
- Rollläden hoch- und runterfahren
- Anwesenheit vortäuschen
- Einbrüchen vorbeugen
- die Anzahl der Eigentumsdelikte reduzieren
- Nachteile haben
- personenbezogene Daten erheben
- Gespräche mithören
- Informationen verarbeiten und speichern
- Signale mitlesen, manipulieren oder für kriminelle Zwecke missbrauchen können
- ein Gerät hacken/manipulieren/mit Schädlingen/ Viren infizieren
- Aufsehen erregen
- technisch aufrüsten
- die Geräte schützen
- eine Firewall und ein Virenschutzprogramm installieren
- keine vorgegebenen Passwörter übernehmen
- individuelle, sichere Passwörter verwenden
- eine Broschüre aushändigen

Untersuchungsergebnisse wiedergeben

- In dem Text geht es um *(Ratschläge für das jüngere Ich)*.
- Der Text berichtet über *(den kritischen Umgang mit der eigenen Vergangenheit)*.
- Ein Team/Wissenschaftler der Universität *(München)* hat/haben untersucht, *(welche Ratschläge Menschen ihrem jüngeren Ich geben würden)*.
- Den Untersuchungen zufolge *(kreisen die Themen um fünf Schwerpunkte)*.
- Die Untersuchungen zeigten, dass *(sich die Themen bei den Probanden glichen)*.
- Es stellte sich/kam heraus, dass *(sich viele selbst vor einer unglücklichen Partnerschaft warnen würden)*.
- Nach Meinung von Wissenschaftlern wäre es sinnvoll,/Viele Wissenschaftler empfehlen, *(sich die Ratschläge aufzuschreiben)*.

Mensch und Natur

▸ Über Tiere, ihre Fähigkeiten und Verhaltensweisen sprechen

▸ Hör- und Lesetexte zu den Themen Intelligente Tiere, Artensterben, Umwelttipps für Privatpersonen, Naturschutz als Beruf und Naturschutzgebiete verstehen und wiedergeben

▸ Einen Forumsbeitrag zum Thema Artenschutz verfassen

▸ Diskussionen über verschiedene Umweltthemen führen

▸ Eine Fotoauswahl treffen und begründen

▸ Ein Naturschutzgebiet präsentieren

▸ Absichten und Prognosen formulieren

▸ Vermutungen in Gegenwart und Vergangenheit ausdrücken

▸ Zustände mithilfe des Zustandspassivs beschreiben

1 Interview: Tiere

Fragen Sie zwei Kursteilnehmer. Machen Sie Notizen und berichten Sie anschließend.

① Was ist Ihr Lieblingstier?

② Haben Sie heute oder hatten Sie früher ein Haustier?

③ Was wissen Sie über die Intelligenz von Tieren?

④ Gehen Sie gern/oft in Zoos? Wenn ja, welche Zoos haben Sie schon gesehen? Wenn nein, warum nicht?

⑤ Gibt es in Ihrem Heimatland gefährliche Tiere? Haben Sie Angst vor bestimmten Tieren?

2 Rätsel: Intelligente Tiere

a Ergänzen Sie zuerst die fehlenden Verben. Arbeiten Sie zu dritt. Jede/Jeder bearbeitet drei Abschnitte. Lesen Sie sich danach gegenseitig Ihren Text vor und überlegen Sie gemeinsam, welches Tier beschrieben wurde. Lösen Sie dann das Rätsel. Wie heißt das Lösungswort?

▪ erkennen ▪ planen ▪ ausgehen ▪ sein ▪ zuordnen ▪ lösen ▪ zählen ▪ anpassen ▪ nachahmen

① Sie sind die größten Landtiere und .... Menschen anhand ihres Geruchs, ihrer Kleiderfarben und ihrer Sprache. Dadurch können die Tiere Menschen einer bestimmten Gruppe .... und einschätzen, ob von ihnen eine Gefahr ....

② Einige Forscher setzen die Intelligenz der bunten Vögel mit der eines vierjährigen Kindes gleich. Sie können die menschliche Sprache perfekt .... und zielgerichtet bestimmte Aufgaben .... Einige von ihnen .... sogar dazu fähig, erlernte Strategien zu ändern.

③ Sie .... zu den Insekten und wir lieben sie wegen des Honigs. Ihre Lebens- und Arbeitsweise erfordert viel Intelligenz. Die summenden Tiere sind unter anderem in der Lage, ihr Handeln zu .... und, wenn nötig, an veränderte Bedingungen ....

▪ gelten ▪ legen ▪ lernen ▪ einsetzen ▪ öffnen ▪ knacken ▪ einfühlen ▪ überraschen ▪ beobachten ▪ wollen

④ Sie sind wahre Superhirne mit acht Armen und sie sind wirklich schlau. Sie spielen gern und .... schnell. Für die Weichtiere ist es zum Beispiel kein Problem, einen Schraubverschluss zu ...., um an ihr Futter zu kommen.

⑤ Sie .... als unsere nächsten Verwandten und .... Forscher immer wieder mit ihren geistigen Leistungen. Sie .... zum Beispiel auf der Suche nach Nahrung Werkzeuge wie Stöckchen oder Steine geschickt .... Außerdem besitzen sie soziale Intelligenz, sie können sich in andere .... und ihre Absichten erkennen.

⑥ Sie sind schlauer als andere Vögel und agieren sehr raffiniert. Sie .... ihre Umwelt ganz genau und können gut improvisieren. Zum Beispiel .... sie Nüsse auf die Straße und lassen sie von darüberfahrenden Autos .... Außerdem merken sich die Vögel, wer nett zu ihnen ist und wer sie betrügen ....

▪ übertragen ▪ bewältigen ▪ verfügen *(2 x)* ▪ verstehen *(2 x)* ▪ steuern ▪ besitzen

⑦ Die Lieblingshaustiere der Österreicher und Schweizer sind zu erstaunlichen Leistungen fähig. Sie .... das physikalische Prinzip von Ursache und Wirkung und .... über ein sogenanntes episodisches Gedächtnis. Sie können sogar einmal gefundene Problemlösungen auf andere Situationen ....

⑧ Die Meeressäuger sind als Tiere mit einer sehr hohen Intelligenz bekannt. Sie kennen positive und negative Empfindungen. Außerdem planen und .... sie ihr Verhalten. Selbst komplexe Aufgaben .... sie mit Leichtigkeit.

⑨ Das wohl beliebteste Haustier in Deutschland .... die geistigen Fähigkeiten eines zweieinhalbjährigen Kindes. Das bedeutet, dass das Tier über ein einfaches „Ich-Bewusstsein" .... und bis zu 250 Wörter .... An unserer Stimme und Mimik erkennt es außerdem, wie es uns geht.

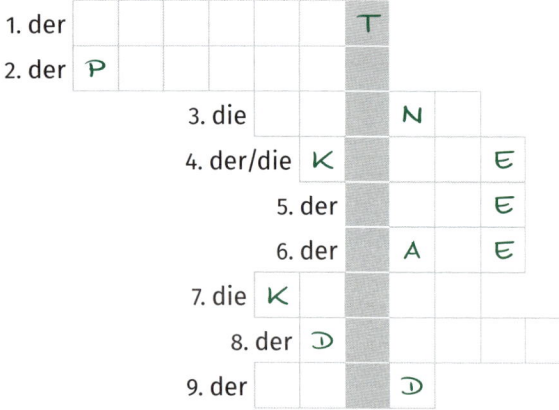

1. der — T
2. der — P
3. die — N
4. der/die — K — E
5. der — E
6. der — A — E
7. die — K
8. der — D
9. der — D

b Geben Sie die drei Ihrer Meinung nach faszinierendsten Fähigkeiten von Tieren wieder.

Mich fasziniert besonders, dass Elefanten Menschen anhand ihres Geruchs erkennen können.

c Berichten Sie über die Fähigkeiten Ihres Haustiers, wenn Sie eins haben/hatten. Alternativ können Sie im Netz nach den Fähigkeiten eines Tiers Ihrer Wahl suchen und darüber berichten. Stellen Sie das Tier anschließend vor.

> **Redemittel**
>
> ▪ Mich fasziniert besonders/Ich finde besonders beeindruckend/Am meisten beeindruckt mich ...
> ▪ ... sind in der Lage/sind fähig/können ...

3   Der Kampf der Tiere ums Überleben

a Sie hören im Radio ein Gespräch mit mehreren Personen.
Sie hören den Text einmal. Lesen Sie die Aussagen und entscheiden Sie: Wer sagt das?
Lesen Sie zuerst das Beispiel.

▶ Das Artensterben hat zurzeit hohe Medienpräsenz.

    a) ☒ Moderator   b) ☐ Eva Schiller   c) ☐ Samuel Bauer

1. Viele Lebewesen im Wasser, an Land und in der Luft gehören zu den bedrohten Tieren.

    a) ☐ Moderator   b) ☐ Eva Schiller   c) ☐ Samuel Bauer

2. Das Wissen um die bedrohte Artenvielfalt muss eine größere Rolle in der Öffentlichkeit spielen.

    a) ☐ Moderator   b) ☐ Eva Schiller   c) ☐ Samuel Bauer

3. Die Hauptursache für die Zerstörung der Natur ist das Verhalten der Menschen.

    a) ☐ Moderator   b) ☐ Eva Schiller   c) ☐ Samuel Bauer

4. Die Politik soll endlich etwas tun.

    a) ☐ Moderator   b) ☐ Eva Schiller   c) ☐ Samuel Bauer

5. Projekte, die der Umwelt schaden, dürfen keine finanzielle Unterstützung mehr erhalten.

    a) ☐ Moderator   b) ☐ Eva Schiller   c) ☐ Samuel Bauer

b Hören Sie das Gespräch ein zweites Mal und beantworten Sie die Fragen. Lesen Sie sie zuerst.

1. Worüber sprechen die Gäste mit dem Moderator?

    ....

    ....

2. Welche Tiere sind betroffen? *(1 Beispiel)*

    ....

    ....

3. Wie war das mediale Interesse an diesem Thema bisher?

    ....

    ....

4. Welche Ursachen werden genannt? *(1 Beispiel)*

    ....

    ....

5. Welche Folgen hat die Entwicklung? *(1 Beispiel)*

    ....

    ....

6. Was ist jetzt notwendig?

    ....

    ....

4 Textarbeit

a Lesen Sie Auszüge aus dem Hörtext und ergänzen Sie die Präpositionalgruppen.

- um ein Drittel
- in seinem Bericht
- seit dem Verschwinden
- ~~in allen Medien~~
- in aller Stille
- auf der Roten Liste
- vom Aussterben
- in das Bewusstsein

In den vergangenen Tagen war *in allen Medien* zu sehen, zu hören und zu lesen, dass rund eine Million Tierarten .... (1) bedroht sind. Wissenschaftler sprechen vom größten Artensterben .... (2) der Dinosaurier.

Das sind wirklich alarmierende Zahlen, die der Weltbiodiversitätsrat .... (3) vorgelegt hat. Mehr als 40 Amphibienarten, dazu gehören zahlreiche Froscharten, sind gefährdet. Der Bestand der Meeressäugetiere, also der Wale, Delfine, Robben oder Seelöwen, ist .... (4) zurückgegangen. Oder nehmen wir die Insektenarten. In Deutschland gibt es 33 000 Insektenarten, 7 800 davon stehen .... (5) der stark gefährdeten Tiere.

Leider verschwinden viele Arten .... (6) von diesem Planeten. Nur ganz selten gewinnen aussterbende Tierarten mediales Interesse. Es wird Zeit, dass diese globale Katastrophe .... (7) der Menschen rückt.

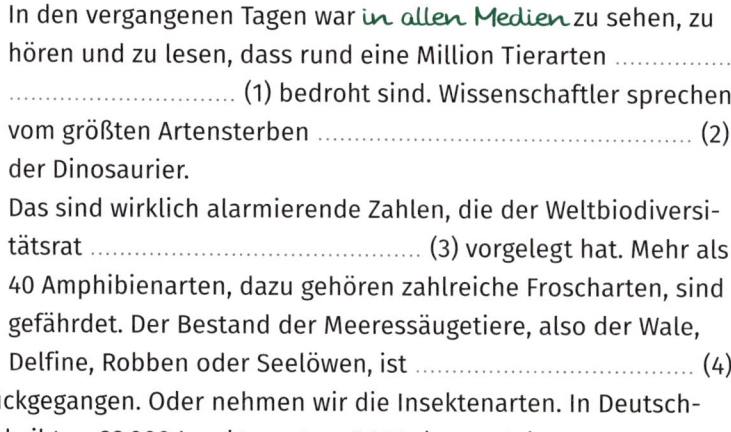

.... (8) trägt der Mensch die Verantwortung. Ein Hauptproblem dieser Entwicklung ist die Zerstörung der Lebensräume. Wälder werden gerodet, um Felder für Nahrungsmittel, Weideflächen für Nutztiere oder Straßen anzulegen. Große Gebiete werden .... (9) von Rohstoffen zerstört und Küstengebiete werden mit Betonsiedlungen zugebaut. Eine zweite wichtige Ursache ist die Umweltverschmutzung. Umweltschädliche Praktiken in der Land- und Fischereiwirtschaft wie der Einsatz .... (10) oder die Überfischung der Meere tragen erheblich zum Artensterben bei.

Der Mensch schadet sich .... (11) selbst. Durch die intensive Landwirtschaft und die Verwendung von Insektiziden wird der Lebensraum vieler Tiere vergiftet. Der Verlust der Insekten wie das Sterben der Bienen bedroht direkt unsere Nahrungsmittelproduktion.

23 Prozent der Landfläche der Erde gelten als ökologisch heruntergewirtschaftet und können nicht mehr genutzt werden. Dabei handelt es sich hier .... (12) und das lässt sich nur global lösen. Wir brauchen mehr internationale Zusammenarbeit und müssen den Schutz der Natur noch viel mehr .... (13) stellen. Die Entwicklung erfordert ein komplettes Umdenken, denn es geht .... (14).

- von Pflanzenschutzmitteln
- dem Bericht zufolge
- in den Mittelpunkt
- zur Gewinnung
- um ein globales Problem
- um unser Überleben
- mit seinem Handeln

b Sagen Sie es anders. Formen Sie die unterstrichenen Satzteile um.
Verwenden Sie die vorgegebenen Ausdrücke.

▶ <u>Das sind</u> wirklich <u>alarmierende</u> Zahlen. *(beunruhigend sein)*
  Die Zahlen sind wirklich beunruhigend.

1. <u>Der Bestand</u> der Meeressäugetiere ist um ein Drittel <u>zurückgegangen</u>.
   (heute ▪ es ▪ weniger ▪ geben)

2. Auch viele Insekten <u>stehen auf der Roten Liste der gefährdeten Arten</u>.
   (vom Aussterben bedroht sein)

3. Es wird wirklich Zeit, dass diese globale Katastrophe <u>in das Bewusstsein
   der Menschen rückt</u>. *(etwas erfahren über)*

4. Für diese Entwicklung <u>trägt</u> der Mensch <u>die Verantwortung</u>. *(schuld sein an)*

5. Umweltschädliche Praktiken in der Land- und Fischereiwirtschaft <u>tragen
   erheblich</u> zum Artensterben <u>bei</u>. *(einen großen Anteil haben an)*

6. Auch durch die gezielte Jagd von Tieren aus diversen Gründen <u>sind</u>
   beispielsweise Elefanten oder Löwen <u>am Rand ihrer Existenz</u>. *(in ihrer Existenz ▪ bedroht werden)*

7. Wir müssen den Naturschutz und die biologische Vielfalt noch viel mehr <u>im öffentlichen Bewusstsein
   verankern</u>. *(schreiben und sprechen über)*

8. Die Politik sollte <u>effektive Maßnahmen</u> zum Schutz der Tierarten <u>ergreifen</u>. *(etwas tun für)*

9. <u>Die Entwicklung erfordert ein komplettes Umdenken</u>, denn es geht um unser Überleben.
   (wir ▪ umdenken ▪ müssen)

5 **Strukturen: Vorgänge und Zustände im Passiv**
a Lesen Sie die Sätze und markieren Sie die Verben.

Was ist passiert? (Vorgang)	Was ist das Resultat? (Zustand)
1. Die Wälder sind gerodet worden.	Die Wälder sind gerodet.
2. Viele Weideflächen wurden zerstört.	Viele Weideflächen sind zerstört.

b Lesen und ergänzen Sie die Hinweise.

▶ Das Zustandspassiv beschreibt das Ergebnis einer
vorausgegangenen abgeschlossenen Handlung.

▶ Das Zustandspassiv wird gebildet mit dem **Hilfs-
verb** .... und dem ....:
Viele Weideflächen sind zerstört.

▶ *Übersicht Seite 246*

▶ Zum Ausdruck der Vergangenheit verwendet man
das Präteritum von .... und das ....:
Viele Weideflächen waren zerstört.

▶ Das Zustandspassiv kann nur mit Verben gebildet
werden, die ein Vorgangspassiv bilden können und
einen Vorgang beschreiben, aus dem überhaupt
ein Zustand entstehen kann.

c Formulieren Sie die Sätze im Zustandspassiv.

▶ Viele Küstengebiete wurden zugebaut.
  Viele Küstengebiete sind zugebaut.

1. Die Meere sind überfischt worden.
   ....

2. Ein Teil des Lebensraums der Insekten ist vergiftet worden.
   ....

3. Die Öffentlichkeit wurde über die dramatische Entwicklung informiert.
   ....

4. Die Umweltprobleme sind noch nicht gelöst worden.
   ....

5. Bereits existierende Umweltgesetze sind noch nicht umgesetzt worden.
   ....

6. Der Kampf gegen das Artensterben wurde noch nicht abgeschlossen.
   ....

6 Forumsbeitrag: Artenschutz

Reagieren Sie in einem Forumsbeitrag auf das Radiogespräch zum Thema Artenschutz aus Aufgabe 3. Schreiben Sie mindestens 150 Wörter.

- Gehen Sie kurz auf einige Fakten ein, die im Gespräch genannt wurden.
- Äußern Sie Ihre Meinung dazu.
- Unterbreiten Sie Vorschläge, wie man die Artenvielfalt schützen könnte.

▶ **Textbausteine**

- mediales Interesse gewinnen
- Es handelt sich um ein globales Problem.
- erheblich zum Artensterben beitragen
- den Schutz der Natur in den Mittelpunkt stellen
- ... muss in das Bewusstsein des Menschen rücken.
- für die Ursachen Verantwortung tragen
- effektive Maßnahmen ergreifen
- ein komplettes Umdenken erfordern

7 Gruppendiskussion: Umwelt

Diskutieren Sie in kleinen Gruppen über die folgenden Fragen:

1. Was sind für Sie die wichtigsten aktuellen Umweltthemen?
   Lesen Sie zur Information die Ergebnisse einer weltweiten Umfrage.
2. Was sollten Politiker/innen tun, um die Umwelt besser zu schützen?
3. Worauf sollten Privatpersonen achten, um umweltbewusster zu handeln?

Fassen Sie die wichtigsten Diskussionsergebnisse zusammen und berichten Sie im Kurs.

Welche Umweltthemen halten Sie für die wichtigsten?
Ergebnisse einer weltweiten Umfrage

Globale Erwärmung und Klimawandel 37 %	Übermäßige Verpackungen von Konsumgütern 15 %
Luftverschmutzung 35 %	Emissionen 14 %
Umgang mit Abfällen 34 %	Mangelhafte Trinkwasserqualität 13 %
Wasserverschmutzung 25 %	Schutz frei lebender Tiere 13 %
Abholzung/Entwaldung 24 %	Zukünftige Nahrungsquellen und -versorgung 12 %
Erschöpfung natürlicher Ressourcen 22 %	Überflutungen 9 %
Zukünftige Energiequellen und -versorgung 22 %	Bodenerosion 5 %
Überbevölkerung 15 %	

Statista, 2020

8 Umwelttipps für die Schweiz

a Lesen Sie die Überschriften zu den Textabschnitten in 8b und ordnen Sie die Verben zu. Arbeiten Sie zu zweit.

- ~~genießen~~
- lenken
- benutzen
- bevorzugen
- teilen
- wählen
- investieren
- vermeiden
- umstellen
- konsumieren

A) Ferien in der Schweiz oder im nahen Ausland *genießen*

B) Öffentliche Verkehrsmittel ....

C) Begeisterung für den Umweltschutz ....

D) Umweltfreundlich abstimmen und ....

E) Lebensmittelverschwendung ....

F) Mehr Obst, Gemüse und pflanzliches Eiweiß ....

G) Weniger ist besser: Den Konsum in nachhaltige Bahnen ....

H) Von fossiler auf umweltfreundliche Heizung ....

I) Geld ökologisch nachhaltig anlegen und ....

J) Produkte mit Bio- und Ökoqualität ....

b Lesen Sie den Text. Ergänzen Sie zu jedem Abschnitt eine Überschrift aus a). Arbeiten Sie zu zweit.

■ Besonders wirksame Umwelttipps für Privatpersonen in der Schweiz (zusammengestellt vom WWF*)

▶ **A) Ferien in der Schweiz oder im nahen Ausland genießen**

Reisen Sie nicht so weit weg und fahren Sie bequem mit dem Zug oder Bus. Mit einem Flug von der Schweiz nach Neuseeland und zurück verursachen Sie eine gleich hohe Klimabelastung wie ein durchschnittlicher Schweizer in acht Monaten Alltagsleben.

(1) ....

Wenn die Schweizer eine maximale Menge von 86 Gramm anstatt 146 Gramm Fleisch pro Tag essen würden, wie es von Experten empfohlen wird, müssten fast keine zusätzlichen Tier-Futtermittel aus anderen Ländern importiert werden.

(2) ....

Die Herstellung von Waren, aber auch die Bereitstellung von Dienstleistungen benötigen meist viel Energie und Rohstoffe. Kaufen Sie nur, was Sie wirklich glücklich macht.

(3) ....

Setzen Sie beim Heizen auf Sonnenkollektoren oder auf Fernwärme. Im Vergleich zu den modernen Heizungsarten benötigen Ölheizungen etwa doppelt so viel Energie und die Elektroheizung verschwendet sogar sechsmal so viel Energie.

(5) ....

Nutzen Sie Ihr Recht, politisch Einfluss zu nehmen, und setzen Sie sich für den Schutz der Umwelt ein. Gerade in kleineren Gemeinden reichen oft schon wenige Stimmen, um etwas zu bewirken.

(4) ....

Öffentliche Verkehrsmittel stoßen im Vergleich zum Privatverkehr nur einen Bruchteil an treibhauswirksamen Abgasen und Rußpartikeln aus.

(6) ....

Kaufen Sie bewusst ein und überlegen Sie sich im Voraus, welche Lebensmittel Sie tatsächlich benötigen. In der Schweiz landen pro Person täglich rund 300 Gramm einwandfreie Lebensmittel im Müll, das entspricht fast einer vollständigen Mahlzeit.

(7) ....

Biologisch bewirtschaftete Flächen werden nicht mit Pestiziden belastet und es wird auf Kunstdünger verzichtet. Deshalb entsteht durch diese Anbaumethode eine deutlich geringere Gewässer- und Bodenbelastung.

(8) ....

Mit Ihrem Geld lassen sich Ziele verwirklichen, die über den reinen finanziellen Zweck hinausgehen und bewusst zum Wohle der Natur, Umwelt und Gesellschaft wirken.

(9) ....

Gemeinsam mit Ihrer Familie, Ihren Nachbarn und Ihrem Bekanntenkreis erreichen Sie viel mehr für unsere Umwelt, als wenn dies jeder für sich alleine versucht.

*WWF: World Wide Fund For Nature

c Vergleichen Sie die Tipps des WWF Schweiz mit Ihren Tipps in Aufgabe 7, Frage 3.

d Berichten Sie. Welche Tipps halten Sie für sich selbst für machbar oder für nicht umsetzbar? Nennen Sie Gründe.

9 Textarbeit

a Was kann man miteinander verbinden? Bilden Sie Komposita und nennen Sie den Artikel. Achten Sie auf das Fugen-*s* oder andere zusätzliche Konsonanten.

▪ ~~Klima~~ ▪ Alltag ▪ Futter ▪ Dienst ▪ Sonne ▪ Öl ▪ Lebensmittel ▪ Kunst ▪ Anbau ▪ Bekannte	▪ Mittel ▪ Methode ▪ Leistungen ▪ ~~Belastung~~ ▪ Leben ▪ Dünger ▪ Kollektoren ▪ Verschwendung ▪ Kreis ▪ Heizung

die Klimabelastung, ...

....

....

b Ordnen Sie die passenden Verben zu.

▶ mit einem weiten Flug eine hohe Klimabelastung ☐   ☐ a) ausstoßen

1. zusätzliche Tier-Futtermittel ☐   ☐ b) belasten
2. viel Energie und Rohstoffe ☐   ☐ c) verzichten
3. beim Heizen auf Sonnenkollektoren oder Fernwärme ☐   ☐ d) setzen
4. nur einen Bruchteil an Abgasen ☐   ☐ e) importieren
5. politisch Einfluss ☐   ☐ f) landen
6. zu viele Lebensmittel, die im Müll ☐   ☐ g) verursachen
7. bewirtschaftete Flächen mit Pestiziden ☐   ☐ h) benötigen
8. auf Kunstdünger ☐   ☐ i) nehmen

10 Podiumsgespräch zum Thema Umweltschutz

a Sie helfen mit, eine Diskussionsrunde zum Thema Umweltschutz zu organisieren, an der auch einige Politiker/innen teilnehmen werden. Dafür sollen Sie ein passendes Foto auswählen, das zu Beginn der Veranstaltung als Begrüßung an die Wand projiziert wird, und einen kurzen Begrüßungstext schreiben.

Treffen Sie zunächst eine Bildauswahl und begründen Sie Ihre Entscheidung. Formulieren Sie danach den Text. Arbeiten Sie in kleinen Gruppen und präsentieren Sie anschließend Ihre Vorschläge.

 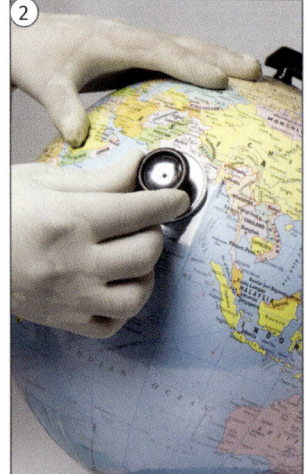  

▶ Redemittel

- Foto … überzeugt mich/gefällt mir, weil …
- Inhaltlich/Künstlerisch spricht mich Foto … am meisten an, denn …
- Meiner Meinung nach/Meines Erachtens sollte das Foto eher … abbilden/zeigen/darstellen.
- Ich würde es gut finden, wenn wir die Gäste gleich, wenn sie den Raum betreten, mithilfe des Fotos auf … hinweisen.

b Absichten betonen

Die anwesenden Politiker/innen verkünden einige Maßnahmen, die sie im nächsten Jahr umsetzen wollen. Übernehmen Sie ihre Rolle und formulieren Sie Absichtserklärungen. Achten Sie auch auf eventuell fehlende Präpositionen und den richtigen Kasus.

Leiten Sie die Sätze mit den folgenden Redemitteln ein:

▪ Im nächsten Jahr werden wir …	▪ Außerdem haben wir vor …
▪ Wir werden auch …	▪ Es ist an der Zeit, dass …

▶ *die öffentlichen Verkehrsmittel ▪ ausbauen*
   Im nächsten Jahr werden wir die öffentlichen Verkehrsmittel ausbauen.

1. *öffentliche Gebäude ▪ Sonnenenergie ▪ umstellen*
2. *Zentrum ▪ Großstädte ▪ Maut ▪ einführen*
3. *Landwirte ▪ finanziell ▪ unterstützen, ▪ die ▪ biologische Produktion ▪ umstellen*
4. *Plastikartikel ▪ private Haushalte ▪ reduzieren*
5. *Fördermittel ▪ Gebäudesanierungen ▪ Verfügung ▪ stellen*
6. *öffentliche Parkplätze ▪ Ladestationen ▪ Elektroautos ▪ ausrüsten*
7. *mehr Bäume ▪ Städte ▪ anpflanzen*

11 Pro-und-Kontra-Diskussion: Lösungen für Umweltprobleme

a Die folgenden Vorschläge wurden während des Podiumsgesprächs (Aufgabe 10) gemacht. Sie sollen jetzt in kleinen Runden diskutiert werden. Wählen Sie in Ihrer Gruppe einen Vorschlag aus.

① Es sollte regelmäßig internationale Konferenzen geben, um globale Lösungen für die Umweltprobleme zu finden. Man kann die Probleme nur mit allen Staaten gemeinsam lösen.

② Einige Länder sollten mit drastischen Maßnahmen Vorbild für alle werden. Unter anderem sollten Plastikverpackungen, Autos in den Innenstädten, Unkraut- und Insektenbekämpfungsmittel verboten werden.

③ Die Europäische Kommission sollte nur noch ökologische und umweltfreundliche Projekte subventionieren, das heißt, es gibt beispielsweise kein Geld mehr zur Unterstützung „normaler" landwirtschaftlicher Betriebe.

b Führen Sie eine Pro-und-Kontra-Diskussion. Ein Teil der Kleingruppe argumentiert für, der andere Teil gegen den ausgewählten Vorschlag. Nutzen Sie einige der angegebenen Redemittel.

Jemandem widersprechen/Zweifel anmelden	Vor- und Nachteile nennen
▪ Das sehe ich ganz anders.	▪ Auf der einen Seite …/Auf der anderen Seite …
▪ In diesem Punkt habe ich eine andere Meinung/einen anderen Standpunkt.	▪ Einerseits *(kann ich Ihre Argumente nachvollziehen)*, andererseits …
▪ Ihre Argumente können mich nicht ganz/vollständig überzeugen.	▪ … spricht dafür, … spricht dagegen.
▪ Meinen Sie wirklich, dass …? Ich glaube eher, dass …	▪ Es gibt natürlich einige Vorteile: …, aber auch die Nachteile sind nicht zu übersehen: …
▪ Ich kann mir nicht vorstellen, dass …	
▪ Ich befürchte/Ich bezweifle, dass …	

▶ *Weitere Redemittel zur Meinungsäußerung siehe Seite 74 und Seite 140*

c Fassen Sie die wichtigsten Diskussionsergebnisse zusammen und berichten Sie im Kurs.

12 **Strukturen: Funktionen von *werden***

a Lesen Sie die Beispielsätze und unterstreichen Sie die Verben. Lesen Sie danach die Hinweise.

Beispiele	Hinweise
Marcus wird Politiker. Die Luftqualität wird schlechter.	▸ *Werden* hat die Funktion eines Vollverbs.
Wälder werden gerodet.	▸ *Werden* hat die Funktion eines Hilfsverbs ▪ bei der Bildung von **Passivsätzen**.
Die Durchschnittstemperaturen werden steigen.	▪ im **Futur I** zum Ausdruck – einer Erwartung / Prognose
Wir werden Maßnahmen zur Verbesserung der Luftqualität ergreifen.	– einer Absicht
Wo ist Frau Müller? Sie ist nicht pünktlich. – Sie wird noch im Stau stehen.	– einer Vermutung in der Gegenwart oder Zukunft *(siehe Kapitel 5)*
Wo war Frau Müller? Sie kam zu spät. – Sie wird im Stau gestanden haben.	▪ im **Futur II** zum Ausdruck einer Vermutung in der Vergangenheit *(werden + **Partizip II** + Infinitiv von **haben/sein**)*

▸ *Übersicht Seite 246*

b Erwartungen des Umweltbundesamtes bis zum Jahr 2100
Formulieren Sie die Prognosen. Achten Sie auf die fehlenden Präpositionen und den richtigen Kasus der Nomen.

▸ *Temperaturen ▪ 1,8 und 4 Grad Celsius ▪ ansteigen*
   Die Temperaturen werden zwischen 1,8 und 4 Grad Celsius ansteigen.
1. *Gletscher ▪ Pole ▪ schmelzen*
2. *Meeresspiegel ▪ 18 bis 59 Zentimeter ▪ sich erhöhen*
3. *es ▪ mehr Hitzewellen und Extremwetter ▪ kommen*
4. *Regenwald ▪ massiv schrumpfen*

c Meine guten Vorsätze
Formulieren Sie Sätze, die eine Absicht ausdrücken. Achten Sie auf die fehlenden Präpositionen und den richtigen Kasus der Nomen.

▸ *Müll ▪ besser trennen*
   Ich werde den Müll besser trennen.
1. *Supermarkt ▪ keine Plastiktüten ▪ mehr mitbringen*
2. *öfter ▪ Fahrrad ▪ fahren*
3. *meinen Fleischkonsum ▪ reduzieren*
4. *Einkaufen ▪ Öko-Label ▪ achten*

d Warum ist die Ministerin auf der Umweltkonferenz nicht anwesend?
Formulieren Sie verschiedene Vermutungen in der Gegenwart. Achten Sie auf die fehlenden Präpositionen und den richtigen Kasus der Nomen.

▸ *krank sein*
   Sie wird krank sein.
1. *eine andere Konferenz ▪ teilnehmen*
2. *keine neuen politischen Maßnahmen ▪ präsentieren können*
3. *Probleme ▪ Anreise ▪ haben*
4. *die Konferenz ▪ nicht so wichtig ▪ finden*

e Auch ein Umweltaktivist hat auf der Konferenz gefehlt. Warum war er nicht anwesend?
Formulieren Sie verschiedene Vermutungen in der Vergangenheit.
Achten Sie auf die fehlenden Präpositionen und den richtigen Kasus der Nomen.

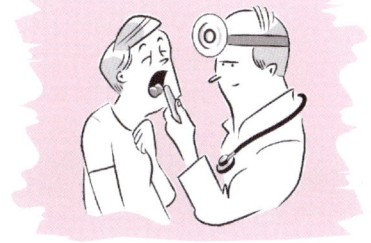

▶ *krank sein* → *Er wird krank gewesen sein.*
1. *lieber ▪ die große Demonstration ▪ Berlin ▪ teilnehmen*
2. *Konferenzprogramm ▪ nicht ▪ einverstanden sein*
3. *ein wichtiges Gespräch ▪ Verkehrsminister ▪ haben*
4. *Sinn der Konferenz ▪ bezweifeln*

13 Naturschutz als Beruf

a Gruppenarbeit: Was machen Naturschützer? Sammeln Sie in kleinen Gruppen Ideen.

▶ **Redemittel**

- engagieren sich für …
- streben nach …/danach, dass …
- versuchen, … *(zu bremsen/wiederherzustellen)*
- haben die Aufgabe, …
- setzen sich zum Ziel …

b Sie hören einen kurzen Vortrag über Berufe im Bereich Naturschutz.
Hören Sie den Text einmal. Welche Antwort ist richtig? Kreuzen Sie an: *a, b* oder *c*.

(40)

(1) Der Begriff Naturschützer
a) ☐ ist klar definiert.
b) ☐ bezieht sich auf eine Arbeit im Freien.
c) ☐ umfasst ein breites berufliches Spektrum.

(2) Für jemanden, der gerne im Bereich Naturschutz wissenschaftlich forschen möchte, empfiehlt sich
a) ☐ die praktische Arbeit als Ranger.
b) ☐ ein Studium an einer Universität.
c) ☐ ein Studium an einer Fachhochschule.

(3) Die Hochschule Anhalt und die Hochschule für nachhaltige Entwicklung Eberswalde
a) ☐ bieten theoretische Kenntnisse und praktische Erfahrungen.
b) ☐ verzichten auf Vorlesungen und Seminare.
c) ☐ konzentrieren sich auf die Projektarbeit der Studierenden.

(4) Der Beruf des Rangers
a) ☐ ist ein neuer Trendberuf.
b) ☐ erfordert umfangreiches Wissen.
c) ☐ besteht hauptsächlich aus Tätigkeiten im Rahmen des Tier- und Pflanzenschutzes.

(5) Ein erfolgreicher Naturschützer
a) ☐ braucht eine Pädagogikausbildung.
b) ☐ kann vor allem gut reden.
c) ☐ arbeitet mit dem Herzen und dem Verstand.

c Fassen Sie den Inhalt des Vortrags mündlich oder schriftlich zusammen. Berichten Sie dabei über Ausbildungsmöglichkeiten und Aufgaben von Naturschützern/Rangern.

14 **Strukturen: Nomen mit präpositionaler Ergänzung**

a Lesen Sie die Sätze und den Hinweis.

> 1. Am wichtigsten für eine erfolgreiche Arbeit sind Interesse und Freude **am Fach**.
> 2. Naturschützer dürfen keine Angst **vor Tieren** haben.

▸ Wie Verben oder Adjektive können auch Nomen (oft in Kombination mit dem Verb *haben*) eine Ergänzung mit einem präpositionalen Objekt haben.

▸ *Übersicht Seite 246*

b Bilden Sie Sätze, die Nomen mit präpositionalem Objekt enthalten.
Notieren Sie das Nomen mit der passenden Präposition.

> ▶ *in jedem Beruf ▪ man ▪ Freude ▪ die Arbeit ▪ haben sollen (Konjunktiv II, Präsens)*
> *In jedem Beruf sollte man Freude an der Arbeit haben.* → *Freude haben an + Dativ*

1. *schon als Kind ▪ Julius ▪ großes Interesse ▪ die Natur ▪ haben (Präteritum)* → ....

2. *im letzten Jahr ▪ er ▪ die Gelegenheit ▪ ein Praktikum ▪ in Kanada ▪ haben (Präteritum)* → ....

3. *es ▪ einen Bedarf ▪ gut ausgebildete Naturschützer ▪ geben (Präsens)* → ....

4. *Experten ▪ keine Zweifel ▪ die Existenz des Klimawandels ▪ haben (Präsens)* → ....

5. *gleichzeitig ▪ sie ▪ Hoffnung ▪ eine Verbesserung der Situation ▪ haben (Präsens)* → ....

15 **Naturschutzgebiete**

a Arbeiten Sie zu zweit, jede/jeder liest einen Text und ergänzt die fehlenden Wörter in der richtigen Form. Geben Sie anschließend die wichtigsten Informationen wieder. Benutzen Sie, wenn nötig, ein Wörterbuch.

> ▪ überlassen
> ▪ ermöglichen
> ▪ bieten
> ▪ beobachten
> ▪ spazieren gehen
> ▪ verfügen

■ Wildnispark Zürich: Sihlwald und Tierpark Langenberg – Schweiz ①

Der Naturerlebnispark in der Schweiz .... (1) eine beeindruckende Kombination aus Wald, Wildnis und Tieren. Wer hier .... (2), bekommt schnell den Eindruck, sich in der Wildnis zu befinden. Seit dem Jahr 2000 wird der Sihlwald sich selbst .... (3) und .... (4) damit den Besuchern ein besonderes Naturerlebnis. Als erstes Gebiet der Schweiz erhielt er die Auszeichnung „Naturerlebnispark – Park von nationaler Bedeutung". Mit dem Tierpark Langenberg .... (5) der Nationalpark in Zürich außerdem über einen großen Bereich, in dem Wildtiere wie Bären, Biber und Luchse fast wie in freier Wildbahn leben und .... (6) werden können.

■ Biosphärenreservat Spreewald – Deutschland ②

Wie ein überdimensional großes .... (1) spannen sich die Seitenarme von Elbe, Oder, Spree und Havel über Ostdeutschland. Das Labyrinth aus Hunderten .... (2) im Südosten Brandenburgs führt durch Wälder, an Schilfufern und verwunschenen Mooren vorbei und steht als Biosphärenreservat Spreewald unter dem .... (3) der UNESCO.
    Diese traumhafte Landschaft ist ein Eldorado für Wassersportler: Insgesamt 970 Kilometer Wasserstraßen können .... (4) per Kanu, Kajak oder Stand-up-Paddel-Board entdecken. Wer langsam durch das .... (5) gleitet, kann Kraniche und Weißstörche beobachten und traumhaft schöne alte .... (6) entdecken, deren Bewohner bis heute nach alten .... (7) leben.

> ▪ Urlauber
> ▪ Traditionen
> ▪ Wasser
> ▪ Dörfer
> ▪ Netz
> ▪ Schutz
> ▪ Kanäle

b Suchen Sie Informationen über einen Nationalpark in Ihrem Heimatland und stellen Sie das Naturschutzgebiet vor.

Übungen zur Vertiefung und zum Selbststudium

Ü1 〉 **Tiere und Menschen**
Wiederholen Sie die Wendungen aus den Aufgaben 2 und 3. Ordnen Sie die passenden Verben zu.

- nachahmen
- anpassen
- lösen
- ~~erkennen~~
- beobachten
- einschätzen
- öffnen
- übertragen
- verstehen
- einsetzen

Bestimmte Tiere können …

▶ Menschen anhand ihres Geruchs *erkennen*
1. die Gefahr, die von Menschen ausgeht, ...
2. die menschliche Sprache ....
3. Aufgaben sehr zielgerichtet ....
4. ihr Handeln an veränderte Bedingungen ....
5. mit ihren Armen einen Schraubverschluss ....
6. auf der Suche nach Nahrung Werkzeuge geschickt ....
7. ihre Umwelt genau ....
8. Lösungsstrategien auf andere Situationen ....
9. bis zu 250 Wörter ....

- stellen
- zubauen
- verzichten
- ernst nehmen
- rücken
- schaden
- subventionieren
- zerstören
- ergreifen

Die Menschen sollten …

1. die alarmierenden Zahlen ....
2. das Artensterben in ihr Bewusstsein ....
3. den Umweltschutz in den Mittelpunkt ....
4. die Lebensräume der Tiere nicht mehr ....
5. Küstengebiete nicht mehr mit Häusern ....
6. auf umweltschädliche Praktiken in der Landwirtschaft ....
7. aufhören, den Tieren und sich selbst zu ....
8. effektive Maßnahmen zum Schutz der Arten ....
9. umweltfeindliche Projekte nicht mehr ....

Ü2 〉 **Eine Konferenz zum Umweltschutz**
Alles ist fertig, die Teilnehmenden können kommen!
Bilden Sie Sätze wie im Beispiel. Verwenden Sie das Zustandspassiv.

▶ *die Eingangstüren ▪ seit 8.00 Uhr ▪ öffnen* → *Die Eingangstüren sind seit 8.00 Uhr geöffnet.*

1. *die Registrierungsstelle ▪ ebenfalls seit 8.00 Uhr ▪ öffnen*
    ....

2. *die Rezeption ▪ besetzen*
    ....

3. *alle Unterlagen ▪ drucken*
    ....

4. *die Namensschilder ▪ auslegen*
    ....

5. *die Räume ▪ einrichten*
    ....

6. *die Präsentationstechnik ▪ installieren*
    ....

7. *die Smartboards und Computer ▪ schon ▪ einschalten*
    ....

8. *die Kameras ▪ aufstellen*
    ....

9. *das Programm ▪ aktualisieren*
    ....

Ü3 〉 **Der Sommerurlaub eines Naturschützers**

Formulieren Sie Vermutungen über den Urlaub von Marcus in der Gegenwart und in der Vergangenheit. Benutzen Sie dafür die Formen Futur I und Futur II. Orientieren Sie sich am Beispiel.

▶ *Markus ▪ wieder ▪ einen schönen und produktiven Sommerurlaub ▪ haben*
Gegenwart: *Markus wird wieder einen schönen und produktiven Sommerurlaub haben.*
Vergangenheit: *Markus wird wieder einen schönen und produktiven Sommerurlaub gehabt haben.*

1. *er ▪ mit seiner Freundin ▪ nach Schottland ▪ fahren, um dort Vögel zu beobachten*
Gegenwart: ....
Vergangenheit: ....

2. *sie (Pl.) ▪ viele Fotos ▪ machen*
Gegenwart: ....
Vergangenheit: ....

3. *sie (Pl.) ▪ jeden Tag ▪ früh ▪ aufstehen, um das Ausschwärmen der Vögel nicht zu verpassen*
Gegenwart: ....
Vergangenheit: ....

4. *Markus ▪ mit einigen schottischen Forschern ▪ Kontakt aufnehmen*
Gegenwart: ....
Vergangenheit: ....

5. *er ▪ mit ihnen ▪ Erfahrungen austauschen*
Gegenwart: ....
Vergangenheit: ....

6. *er ▪ auch ▪ für seine Doktorarbeit über Artenschutz ▪ viel nützliches Material ▪ sammeln*
Gegenwart: ....
Vergangenheit: ....

Ü4 〉 **Gute Vorsätze**

Formulieren Sie Absichten wie im Beispiel. Achten Sie auf eventuell fehlende Präpositionen und Endungen.

▶ Du räumst nie auf! *(Ordnung und Sauberkeit ▪ achten)*
In Zukunft werde ich auf Ordnung und Sauberkeit achten. Versprochen.

1. Du kaufst viel zu viele Dinge. *(Produkte ▪ kaufen, die ▪ brauchen)*
In Zukunft ....

2. Du wirfst oft Lebensmittel weg. *(bewusster umgehen ▪ Lebensmittel)*
....

3. Du produzierst sehr viel Abfall. *(Müll ▪ reduzieren und trennen)*
....

4. Du lässt das Licht in der ganzen Wohnung brennen. *(Lampen ▪ ausschalten, wenn ▪ nicht ▪ Zimmer ▪ sein)*
....
....

5. Du nimmst jeden Abend ein Bad. *(lieber duschen)*
....

6. Du isst viel Fleisch. *(vegetarische Ernährung ▪ umstellen)*
....
....

7. Jedes Mal, wenn du ins Geschäft gehst, kaufst du dir eine Plastiktüte. *(Plastiktüten aller Art ▪ verzichten)*
....
....

8. Du fährst jeden Tag mit dem Auto. *(öffentliche Verkehrsmittel ▪ benutzen)*
....

9. In den Ferien fliegst du ans andere Ende der Welt. *(nur noch ▪ Nachbarländer ▪ reisen)*
....

Ü5 **Arbeiten im Naturschutz**

Bilden Sie aus den Vorgaben Sätze im Präsens. Achten Sie auf die fehlenden Präpositionen und den richtigen Kasus. Arbeiten Sie zu zweit oder zu dritt. Teilen Sie die Sätze entsprechend auf. Lesen Sie abschließend den Text in Ihrer Gruppe.

▶ *viele junge Menschen ▪ der Naturschutz ▪ [als] eine wichtige Aufgabe ▪ [in] →
die Zukunft ▪ sehen ▪ und ▪ auch ▪ [in] → dieser Bereich ▪ arbeiten möchte-*
Viele junge Menschen sehen den Naturschutz als eine wichtige Aufgabe in der Zukunft und möchten auch in diesem Bereich arbeiten.

1. *aber nicht alle Naturschützer ▪ [.................] → schöne Gegenden ▪ seltene Tiere ▪ zählen ▪ oder ▪ [.................] → Aussterben bedrohte Vogelarten ▪ retten*

2. *das berufliche Einsatzgebiet ▪ [.................] → Waldarbeiter bis [.................] → Forscher ▪ [.................] → eine Universität ▪ reichen*

3. *wer ▪ Interesse [.................] → angewandtes Wissen [.................] → Kombination mit praktischen Erfahrungen ▪ haben, ▪ [.................] → eine Hochschule oder Fachhochschule ▪ gut aufgehoben sein*

4. *hier ▪ die angehenden Naturschützer ▪ neben den theoretischen Fächern ▪ [.................] → ihre künftige Arbeit ▪ praxisnah ▪ vorbereitet werden*

5. *viele Absolventen ▪ später ▪ [.................] → Ranger ▪ [.................] → ein Schutzgebiet ▪ [.................] → Deutschland ▪ arbeiten, manche ▪ sogar ▪ [.................] → ein Auslandseinsatz ▪ hoffen*

6. *heute ▪ [.................] → das Tätigkeitsfeld eines Rangers ▪ neben der Arbeit zum Artenschutz ▪ auch Aufgaben [.................] → Bereich des Marketings und der Öffentlichkeitsarbeit ▪ gehören*

7. *Ranger ▪ [.................] → persönlichen Kontakt, ▪ [.................] → Seminaren oder Vorträgen ▪ Wissen [.................] → die Natur ▪ vermitteln*

8. *sie ▪ [.................] → ihre Dokumentationen ▪ auch ▪ Unterstützung ▪ [.................] → die Arbeit von Wissenschaftlern ▪ leisten*

9. *[.................] → eine erfolgreiche Arbeit ▪ Interesse und Freude [.................] → Fach ▪ sowie ein großes persönliches Engagement ▪ am wichtigsten sein*

Ü6 **Der ökologische Fußabdruck**

a Sie hören einen kurzen Vortrag über das Konzept der Ökobilanzierung.
Ist die Aussage richtig oder falsch? Kreuzen Sie an.

	richtig	falsch
1. Der ökologische Fußabdruck ist eine wissenschaftliche Methode zur Berechnung des ökologischen Gleichgewichts.	☐	☐
2. Bei der Berechnung des ökologischen Fußabdrucks spielt die Menge des produzierten Abfalls keine Rolle.	☐	☐
3. Die Produktion von Nahrung und Kleidung verbessert unseren Lebensstandard.	☐	☐
4. Die Menschen verbrauchen mehr Ressourcen als sie haben.	☐	☐
5. Es gibt immer mehr Firmen, die ihren ökologischen Fußabdruck verkleinern wollen.	☐	☐
6. Die meisten Firmen streben danach, bald überhaupt keine negativen Einflüsse mehr auf die Umwelt zu haben.	☐	☐

b Ergänzen Sie den Text mit den fehlenden Verben in der richtigen Form.

- benötigen
- tun
- berücksichtigen
- entwickeln
- gegenüberstellen
- zustehen
- setzen
- stehen
- geben
- vorweisen
- zurückgehen
- verbrauchen

Der ökologische Fußabdruck ist eine Metapher für eine wissenschaftliche Methode, die 1994 vom Schweizer Rechtsanwalt Mathis Wackernagel und dem amerikanischen Wissenschaftler William Rees .... (1) wurde. Es handelt sich dabei um ein Rechenmodell, das .... (2), wie viel Platz zum Beispiel ein Land für das derzeitige Leben braucht und wie groß die biologisch-produktiven Kapazitäten eines Landes in Wirklichkeit sind.

In den Berechnungen des ökologischen Fußabdrucks werden unter anderem die Kapazitäten, die zur Produktion von Nahrung, Kleidung, Möbeln und sonstigen Gebrauchsgegenständen .... (3) werden, die genutzte Wohnfläche, der produzierte Müll, die Bereitstellung von Energie und das freigesetzte Kohlendioxid .... (4).

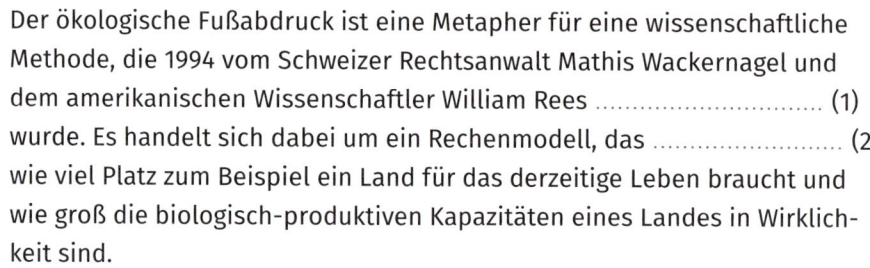

Auf die gesamte Erde bezogen, kann man aus der nutzbaren Fläche der Erde und der Anzahl der Menschen genau berechnen, wie viel Fläche jedem theoretisch .... (5). Wenn man nun dieses Rechenmodell zugrunde legt, wird schnell deutlich, dass es ein ungleiches Verhältnis zwischen den Ressourcen und ihrer Nutzung .... (6): Jedem Bürger .... (7) 1,8 Hektar zur Verfügung, aber es werden 2,2 Hektar pro Person .... (8). Wir müssen also feststellen, dass wir weit über unsere Verhältnisse leben und dagegen müssen wir dringend etwas .... (9). Ein Anfang wurde jetzt gemacht und wir können einige positive Trends beobachten. Abfall-, Ressourcen- und Energieverbrauch sowie Emissionen sind inzwischen .... (10). Viele Unternehmen versuchen, mit der Berechnung ihrer eigenen Ökobilanz und der Ergreifung von Maßnahmen zur Effizienz und Sparsamkeit ihren Anteil am ökologischen Fußabdruck zu senken. Einige wenige Firmen haben sich sogar das strategische Ziel .... (11), bald eine positive Ökobilanz .... (12).

c Welches Nomen passt in die Reihe? Ergänzen Sie.

- einen Trend
- ein Konzept
- ~~Geld~~
- Soforthilfe
- Strom
- Entwicklungen im gesellschaftlichen Bewusstsein
- positive Wirkung
- Kosten

1. bereitstellen: Ressourcen ▪ Fördermittel ▪ *Geld* ▪ einen Ausbildungsplatz ▪ ....

2. verbrauchen: Ressourcen ▪ Energie ▪ .... ▪ Brennstoff

3. entwickeln: ein Produkt ▪ .... ▪ eine Idee ▪ eine Strategie

4. verankern: Grundsätze in der Verfassung ▪ .... ▪ ein Thema im Lehrplan ▪ den Tierschutz als Staatsziel in der Verfassung

5. beobachten: eine Entwicklung ▪ .... ▪ ein Geschehen ▪ eine Tendenz

6. berechnen: Tarife ▪ .... ▪ Mehrwertsteuer ▪ Wahrscheinlichkeit

7. haben: negative Effekte ▪ Anziehungskraft ▪ .... ▪ Faszination

Kleiner Abschlusstest

Was können Sie schon? Testen Sie sich selbst.

T1 ⟩ **Zustände**   ..../5
Bilden Sie Sätze im Zustandspassiv.

▶ *Küstengebiete ▪ mit Häusern ▪ zubauen*   *Küstengebiete sind mit Häusern zugebaut.*

1. *viele Wälder ▪ roden* ....
2. *die Meere ▪ überfischen* ....
3. *der Lebensraum für Insekten ▪ vergiften* ....
4. *die Daten der Umweltschützer ▪ publizieren* ....
5. *neue Gesetze ▪ schon ▪ beschließen* ....

T2 ⟩ **Sophie hat ihren ökologischen Fußabdruck drastisch verkleinert**   ..../5
Wie könnte sie das gemacht haben? Formulieren Sie Vermutungen im Futur II.

▶ mit öffentlichen Verkehrsmitteln zur Arbeit fahren
   Sie wird mit öffentlichen Verkehrsmitteln zur Arbeit gefahren sein.

1. zum Einkaufen einen Stoffbeutel mitnehmen
   ....

2. viele Produkte in Bioqualität kaufen
   ....

3. eine Heizung mit Sonnenkollektoren einbauen
   ....

4. ihren Urlaub in einem Nachbarland verbringen
   ....

5. Lebensmittelabfälle weitgehend vermeiden
   ....

T3 ⟩ **Ingos Wunsch**   ..../10
Bilden Sie Sätze. Achten Sie auf die fehlenden Präpositionen und den richtigen Kasus.

▶ *Ingo ▪ großes Interesse ▪ ein Studium mit dem Schwerpunkt Naturschutz ▪ haben (Präsens)*
   Ingo hat großes Interesse an einem Studium mit dem Schwerpunkt Naturschutz.

1. *er ▪ wissen, ▪ dass ▪ es ▪ ein Bedarf ▪ ausgebildete Fachkräfte ▪ geben (Präsens)*
   ....
   ....

2. *er ▪ schon immer ▪ Freude ▪ die Arbeit in der freien Natur ▪ haben (Präteritum)*
   ....
   ....

3. *er ▪ Zweifel ▪ sein Berufswunsch ▪ nie ▪ haben (Präteritum)*
   ....
   ....

4. *er ▪ Sorgen ▪ der Zustand des Waldes in seiner Nähe*
   ▪ sich ▪ machen (Präsens)
   ....

5. *natürlich ▪ er ▪ keine Angst ▪ kleine und große Tiere*
   ▪ haben (Präsens)
   ....
   ....

Übersichten zu den Strukturen

 Zeitformen der Verben: Futur I und Futur II

	lernen	fahren
Futur I	ich werde lernen	ich werde fahren
Futur II	ich werde gelernt haben	ich werde gefahren sein

 Zustandspassiv

Vorgang	Zustand
Die Weideflächen sind zerstört worden.	Jetzt sind die Weideflächen zerstört.
Die Öffentlichkeit wurde informiert.	Die Öffentlichkeit ist informiert.

▸ Zeitformen:
  ▪ Gegenwart: Die Geschäfte sind bis 18.00 Uhr geöffnet.
  ▪ Vergangenheit: Die Geschäfte waren bis 18.00 Uhr geöffnet.

 Nomen mit Ergänzungen

Nomen mit präpositionalem Kasus

Nomen mit Präposition + Dativ bei, mit, von, vor zu	Mühe haben/sich Mühe geben mit/bei	Luise hat etwas Mühe mit der Grammatik. Sie gibt sich bei den Hausaufgaben aber besondere Mühe.
	Ärger haben mit in Abhängigkeit (sein) von	Wir haben Ärger mit einem Kunden. Die Maßnahmen erfolgen in Abhängigkeit von den gegebenen Umständen.
	Angst haben vor Gelegenheit haben zu/ Es gibt Gelegenheit zu ... Bereitschaft haben/zeigen zu	Ein Naturschützer hat keine Angst vor Tieren. Gelegenheit haben zum Einkaufen./ Es gibt Gelegenheit zum Einkaufen. Endlich zeigen die Verantwortlichen (die) Bereitschaft zum Handeln.
Nomen mit Präposition + Akkusativ auf, für, um	Hoffnung haben/hegen auf	Wir haben Hoffnung auf eine bessere Energiepolitik.
	keine Antwort haben auf	Der Minister hat keine Antworten auf die aktuellen Fragen.
	Verantwortung tragen für Sorgen haben/sich Sorgen machen um	Er trägt die Verantwortung für das jetzige Chaos. Ich mache mir Sorgen um meinen Kollegen.
Nomen mit Präposition + Dativ oder Akkusativ an	Anteil haben an + D	Die Menschen haben großen Anteil an der Klimaveränderung.
	Bedarf haben an + D/ Es gibt Bedarf an + D	Wir haben Bedarf/Es gibt einen Bedarf an ausgebildeten Naturschützern.
	Freude haben an + D	Linus hat Freude am Sprachenlernen.
	Interesse haben/zeigen an + D	Wir sollten mehr Interesse an der Umwelt haben.
	Kritik üben an + D	Umweltverbände üben Kritik an den Politikern.
	Zweifel haben an + D	Ich habe keine Zweifel an seinen Fähigkeiten.
	Erinnerungen haben an + A	An meinen Urlaub habe ich gute Erinnerungen.

Wichtige Wörter und Wendungen

 Wiederholen Sie die Wörter und Wendungen.
Zweisprachige Redemittellisten finden Sie unter
www.schubert-verlag.de/wortschatz

Intelligente Tiere

- Menschen anhand ihres Geruchs erkennen
- Menschen einer bestimmten Gruppe zuordnen können
- einschätzen, ob von jemandem eine Gefahr ausgeht
- die Intelligenz mit der eines vierjährigen Kindes gleichsetzen
- die menschliche Sprache nachahmen
- zielgerichtet bestimmte Aufgaben lösen
- erlernte Strategien ändern/auf andere Situationen übertragen
- viel Intelligenz erfordern
- sich an veränderte Bedingungen anpassen
- einen Schraubverschluss öffnen
- Werkzeuge geschickt einsetzen
- Nüsse von Autos knacken lassen
- an das Futter kommen
- als unsere nächsten Verwandten gelten
- jemanden mit geistigen Leistungen überraschen
- sich in andere einfühlen können
- die Absichten von anderen erkennen
- raffiniert agieren
- die Umwelt ganz genau beobachten
- das physikalische Prinzip von Ursache und Wirkung verstehen
- über ein sogenanntes episodisches Gedächtnis verfügen
- das Verhalten planen und steuern
- komplexe Aufgaben mit Leichtigkeit bewältigen

Artenschutz

- vom Aussterben bedroht sein
- vom größten Artensterben seit dem Verschwinden der Dinosaurier sprechen
- geschockt sein
- Der Bestand geht zurück.
- auf der Roten Liste der stark gefährdeten Tiere stehen
- in aller Stille von diesem Planeten verschwinden
- mediales Interesse gewinnen
- in das Bewusstsein der Menschen rücken
- die Verantwortung für *(das Artensterben)* tragen
- etwas zum Artensterben beitragen
- Lebensräume zerstören
- Wälder roden

- Küstengebiete mit Betonsiedlungen zubauen
- umweltschädliche Praktiken anwenden
- den Lebensraum von Insekten vergiften
- die Lebensgrundlage von Menschen gefährden
- vom Fischfang leben
- sich mit seinem Handeln selbst schaden
- den Naturschutz im öffentlichen Bewusstsein verankern/in den Mittelpunkt stellen
- effektive Maßnahmen ergreifen
- etwas/jemanden voranbringen
- umweltfeindliche Projekte nicht subventionieren/ stoppen
- ein Umdenken erfordern

Umwelttipps für Privatpersonen

- Ferien im nahen Ausland genießen
- eine hohe/geringe Klimabelastung verursachen
- mehr Obst/Gemüse konsumieren
- keine zusätzlichen Tier-Futtermittel importieren
- den Konsum in nachhaltige Bahnen lenken
- von fossiler auf umweltfreundliche Heizung umstellen
- beim Heizen auf Sonnenkollektoren oder auf Fernwärme setzen
- keine Energie verschwenden
- öffentliche Verkehrsmittel benutzen
- nur einen Bruchteil an treibhauswirksamen Abgasen und Rußpartikeln ausstoßen
- umweltfreundlich abstimmen und wählen
- politisch Einfluss nehmen
- sich für den Schutz der Umwelt einsetzen
- etwas bewirken
- Lebensmittelverschwendung vermeiden
- Produkte mit Bio- und Ökoqualität bevorzugen
- Flächen nicht mit Pestiziden belasten
- auf Kunstdünger verzichten
- Geld ökologisch nachhaltig anlegen und investieren
- Ziele verwirklichen
- die Begeisterung für den Umweltschutz teilen

Naturschutz als Beruf

- Naturschutz als eine der wichtigsten Aufgaben der Zukunft sehen
- eine Vielzahl an Tätigkeiten umfassen
- in schönen Gegenden seltene Tiere zählen
- Wale beschützen
- bedrohte Vogelarten retten
- dem Naturschutz dienen
- sich für angewandtes Wissen interessieren
- an einer Hochschule gut aufgehoben sein
- Studiengänge für angehende Naturschützer konzipieren
- theoretische/praktische Kenntnisse vermitteln
- die angehenden Naturschützer auf ihre zukünftigen Arbeiten praxisnah vorbereiten
- als Ranger arbeiten
- eine Stelle in einer Naturschutzorganisation finden
- Das Tätigkeitsfeld umfasst Aufgaben in verschiedenen Bereichen.
- Wissen über die Natur vermitteln
- mit Dokumentationen die Arbeit von Wissenschaftlern unterstützen
- ein umfangreiches Wissen benötigen
- Einfühlungsvermögen und sehr gute Kommunikationsfähigkeiten besitzen
- Interesse und Freude am Fach haben

Nationalparks

- sich über 3 000 km² erstrecken
- eine Kombination von Wald, Wildnis und Tieren bieten
- über Berge/Flüsse/seltene Tiere verfügen
- unübersehbar sein
- sich selbst überlassen sein
- sich in eine Wildnis verwandeln
- sich in einer ursprünglichen Welt wiederfinden
- Wildtiere in naturnahen Gehegen beobachten können
- unter dem Schutz der UNESCO stehen
- ein Eldorado für Wassersportler sein
- etwas entdecken können
- das Landschaftsbild prägen
- Es herrscht ein harmonisches Miteinander von nachhaltiger Bewirtschaftung und natürlichem Lebensraum.
- bei einer geführten Tour alles Wissenswerte über den Nationalpark erfahren

Jemandem widersprechen/Zweifel anmelden

- Das sehe ich ganz anders. In diesem Punkt habe ich eine andere Meinung/einen anderen Standpunkt.
- Ihre Argumente können mich nicht ganz/vollständig überzeugen.
- Meinen Sie wirklich, dass (*ein Verbot von Autos in den Innenstädten die Verkehrsprobleme löst*)?
- Ich glaube eher, dass (*eine Konzentration auf E-Autos ein möglicher Schritt in die richtige Richtung wäre*).
- Ich kann mir nicht vorstellen, dass (*uns ein generelles Verbot von Autos weiterbringt*).
- Ich glaube nicht/bezweifle, dass (*wir die Bevölkerung von dieser Maßnahme überzeugen können*).

Freizeit und Medien

▷ Eine Grafik über Freizeitbeschäftigungen in Deutschland beschreiben und über das Thema sprechen
▷ Hör- und Lesetexte zu den Themen Fernsehen und Realität, Digitales Fasten, Gedächtnistraining und Nachrichten verstehen und wiedergeben
▷ Über Fernsehgewohnheiten berichten
▷ Eine Fernsehserie vorstellen
▷ Eine Diskussion über Mediennutzung führen
▷ Forumsbeiträge zu den Themen Mediennutzung und Vertrauen in die Medien verfassen
▷ Nachrichten selbst formulieren
▷ Gehörtes und Gesagtes mithilfe der indirekten Rede wiedergeben
▷ Formellen Sprachgebrauch erkennen und selbst mithilfe von Nomen-Verb-Verbindungen anwenden

1 Freizeit

a Beschreiben Sie die folgende Grafik. Gehen Sie dabei auf die Tätigkeiten ein, die sich am meisten verändert haben. Vergleichen Sie die Angaben mit Ihrem eigenen Freizeitverhalten.

Beliebteste Freizeitbeschäftigungen in Deutschland und ihre Veränderungen innerhalb von vier Jahren

Fernsehen (klassisch/linear, digital)
94,9 % (– 3,5 %)

Radio hören
84,3 % (– 3,8 %)

Im Internet surfen/recherchieren
81,4 % (+ 3,9 %)

Zeitschriften lesen (Papier, digital)
72,0 % (– 7,6 %)

Zeitungen lesen (Papier, digital)
71,4 % (– 6,4 %)

Besuche machen, Besuch haben
71,0 % (– 2,3 %)

Über soziale Netzwerke kommunizieren (Social Networking)
70,8 % (+ 9,1 %)

Kochen
69,2 % (+ 2,9 %)

Spazieren gehen
63,1 % (– 0,1 %)

Musik hören
54,5 % (– 3,1 %)

Sport treiben
39,8 % (+ 1,8 %)

Bücher lesen (Papier, digital)
38,7 % (+ 0,6 %)

Fotografieren
38,6 % (– 0,2 %)

Fahrrad fahren
37,9 % (+ 2,5 %)

Ausgehen (Restaurants, Kneipen)
35,9 % (– 0,1 %)

Im Garten arbeiten
31,3 % (+ 0,2 %)

Statista, 2021

- Die Grafik zeigt .../In der Grafik werden ... dargestellt/ aufgeführt.
- An der Spitze steht .../ Den ersten Platz belegt .../ Auf dem zweiten Platz liegt .../ Zu den beliebtesten ... gehören ebenfalls .../Im Mittelfeld befinden sich ...
- ... hat stark/wenig zugenommen/abgenommen.

- Es lassen sich einige Trends erkennen. ... gewinnt/verliert an Bedeutung.
- Überrascht hat mich, dass .../ Dass ..., habe ich erwartet.
- Wenn ich die Ergebnisse mit meinem Freizeitverhalten vergleiche, dann sehe ich Gemeinsamkeiten/Unterschiede bei ...

b Ergänzen Sie die Verben in der richtigen Form.

- geben
- erleiden
- dienen
- ~~erkennen~~
- gewinnen
- verlieren
- verzeichnen
- stabilisieren
- liegen
- machen

Bei Untersuchungen zum Thema Freizeit lassen sich klare Trends *erkennen*. Das Fernsehen, egal ob linear oder digital, ... (1) bei den Freizeit-beschäftigungen noch immer auf Platz 1, aber die mobilen Endgeräte wie Tablets oder Smartphones .... (2) immer mehr an Bedeutung. Sie .... (3) den Nutzern heute für alle möglichen Aktivitäten: zum Beispiel zum Telefonieren, Online-Einkauf, Spielen, Fotografieren, Musikhören oder zum Informationsaustausch über die sozialen Medien. Auch Treffen mit Freunden und Verwandten sind in Deutschland nach wie vor beliebt, mussten aber geringe Einbußen .... (4). Einen deutlichen Sprung nach oben .... (5) dagegen die Kommunikation über soziale Netzwerke. Freizeitaktivitäten wie Kochen, Fahrradfahren und Sporttreiben .... (6) ebenfalls Zuwächse. Die größten Verluste .... (7) es rund ums Lesen. Zeitschriften und Zeitungen .... (8) viele Prozentpunkte, die Anzahl der Bücherleser hat sich dagegen .... (9).

c Gruppenarbeit: Freizeit

① Wie würde Ihre persönliche Grafik aussehen? Womit verbringen Sie die meiste Freizeit? Erstellen Sie eine Liste Ihrer Aktivitäten und vergleichen Sie die Liste mit anderen Kursteilnehmern.

② Was machen Sie mehr/weniger als früher? Aus welchem Grund? Wofür hätten Sie gerne mehr Zeit? Berichten Sie.

③ Fassen Sie die interessantesten Informationen im Plenum zusammen.

2 **Fernsehen als Lieblingsbeschäftigung in der Freizeit**
a Berichten Sie kurz.

Einer Studie der Universität Münster zufolge verbringen in Deutschland nur noch 54 Prozent der Zuschauer ihre Fernsehzeit mit linearem Programmfernsehen, Tendenz fallend.

1. Welche Angebote nutzen Sie für Filme, Serien, Sportberichte usw. am häufigsten?
   - das klassische, lineare Programmfernsehen
   - Mediatheken
   - Streamingportale
2. Welche Geräte nutzen Sie zum Fernsehen?
3. Was sehen Sie am liebsten?
4. Sehen Sie gern/oft Krimis? Wenn ja, welche?

b Lesen Sie den Text.

■ Krimiserien: Das Fernsehen und die Realität

Egal wo es läuft, über Kabel, Satellit oder Internet, auf dem Fernseher, Computer, Tablet oder Smartphone, linear im klassischen Fernsehprogramm oder abrufbar in Mediatheken oder auf Streamingportalen, Fernsehen ist nicht nur die Lieblingsfreizeitbeschäftigung der Deutschen, auch in Österreich und der Schweiz steht es ganz oben auf der Liste der Freizeitaktivitäten. Neben hohen Ausgaben für die Rechte zur Übertragung von Sportveranstaltungen investieren die TV-Verantwortlichen auch viel Geld in die Produktion von Krimiserien, die selbst bei Wiederholungen sehr hohe Einschaltquoten erzielen. Die Faszination für fiktive und reale Kriminalfälle scheint seit Jahren ungebrochen, viele neue Serien und Filme kämpfen um die Aufmerksamkeit der Zuschauer. Das hat zur Folge, dass es im Fernsehen wesentlich tödlicher zugeht* als im wirklichen Leben. Die Anzahl der „Fernsehtoten" übersteigt die Zahl der realen Opfer von Mord und Totschlag deutlich. Allein in den Krimis der beiden öffentlich-rechtlichen deutschen Fernsehprogramme ARD und ZDF sterben jährlich über 1 000 Menschen, während in ganz Deutschland im Jahr zwischen 350 und 400 Mordopfer zu beklagen sind. Parallel zum Krimiboom steigt auch das Interesse junger Menschen an Studiengängen der Rechts- und Kriminalwissenschaften. So hat sich zum Beispiel die Anzahl der Interessenten am Masterstudiengang Kriminalwissenschaften mit den Schwerpunkten Kriminalistik und Kriminologie an der Universität Lausanne vervielfacht. Im Teilgebiet Kriminalistik geht es um Spuren am Tatort und die Identifikation von Ursachen, Tätern und Tatumständen. Das Fach Kriminologie hingegen gehört zu den Sozialwissenschaften. Es konzentriert sich nicht auf die Aufklärung einer konkreten Straftat, sondern beschäftigt sich mit gesellschaftlichen Trends, z. B. den Faktoren, die zu kriminellem Verhalten führen, oder mit der Verhinderung von Straftaten. Am Ende ihres Studiums verfügen die Studierenden über jede Menge theoretische Kenntnisse und analytische Fähigkeiten, was ihnen aber fehlt, sind praktische Erfahrungen. Und das wiederum wird bei der Suche nach einem Job zum Problem, denn bei der Besetzung der Stellen beim kriminaltechnischen Dienst haben intern ausgebildete Polizisten, die bereits praktische Erfahrungen vorweisen können, die besseren Chancen. Für viele Absolventen bleibt ein Einsatz bei der Polizei letztendlich ein Traum.

*Es geht (ruhig / fröhlich / harmonisch / tödlich) zu: Es verläuft / geschieht (ruhig / fröhlich / harmonisch / tödlich).

c Was steht im Text? Sind die Aussagen richtig oder falsch? Kreuzen Sie an: *a*, *b* oder *c*.

① Krimiserien

   a) ☐   haben hohe Zuschauerzahlen.

   b) ☐   werden oft wiederholt.

   c) ☐   bringen viel Geld.

② Das Interesse an fiktiven Kriminalfällen

   a) ☐   führt zu mehr Mord und Totschlag im Fernsehen.

   b) ☐   steigert die Zahl der Bewerber für kriminalistische Studienfächer.

   c) ☐   lässt langsam nach.

③ Studienabsolventen der Kriminalwissenschaften

   a) ☐   haben gute Chancen, bei der Polizei zu arbeiten.

   b) ☐   besitzen kaum Praxiserfahrung.

   c) ☐   sind Experten für Spurensicherung.

d Fassen Sie den Textinhalt mit eigenen Worten zusammen.

3 Rätsel: Krimiserien

Wie heißt das Lösungswort? Schreiben Sie die fehlenden Nomen mit großen Buchstaben.

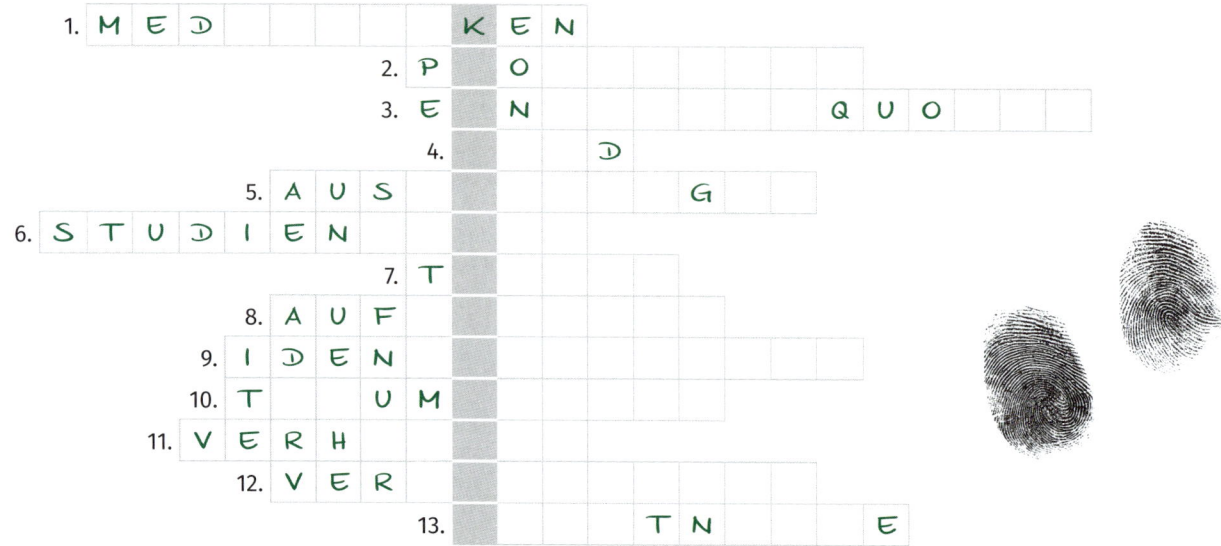

1. M E D | | | K E N
2. P O
3. E N | Q U O
4. D
5. A U S | G
6. S T U D I E N
7. T
8. A U F
9. I D E N
10. T U M
11. V E R H
12. V E R
13. T N E

1. Filme und Serien sind in ① und Streaming-portalen aufrufbar.
2. TV-Verantwortliche stecken viel Geld in die ② von Krimiserien.
3. Fiktive oder reale Kriminalfälle verzeichnen hohe ③ .
4. Im Fernsehen gibt es mehr ④ und Totschlag als im realen Leben.
5. Der Krimiboom hat auch ⑤ auf das Angebot von Universitäten.
6. Kriminalistische ⑥ gewinnen an Beliebtheit.

7. Im Studium lernt man unter anderem, Spuren an einem ⑦ zu erkennen.
8. Es geht um die ⑧ von Straftaten
9. und die ⑨ von Ursachen.
10. Auch die ⑩ werden analysiert.
11. Im Fach Kriminologie geht es um Ursachen für kriminelles ⑪
12. und die ⑫ von Verbrechen.
13. Die Studierenden verfügen am Ende über viele theoretische ⑬ und wenig praktische Erfahrung.

4 Ihre Lieblingsserie

Stellen Sie Ihre Lieblingsserie oder die beste Serie, die Sie gesehen haben, vor.

▪ Die Serie spielt (*in Berlin/in den Achtzigerjahren*). ▪ Die Hauptfiguren sind …/werden gespielt von … ▪ In der ersten/zweiten Staffel geht es um …	▪ Ich finde die schauspielerische Leistung/das Drehbuch/die Story/die Settings/… sehr gut/außerordentlich/besonders gelungen/bemerkenswert … ▪ … ist spannend/regt zum Nachdenken an/lässt einen die Wirklichkeit für eine Stunde vergessen/sorgt für Unterhaltung/nimmt die Zuschauer in eine besondere Welt mit.

5 Klassenspaziergang: Mediennutzung

Fragen Sie möglichst viele Kursteilnehmer. Berichten Sie anschließend.

Wie viele Stunden verbringen Sie in Ihrer Freizeit mit digitalen Medien (Smartphone, Tablet, Computer)? Was sind Ihre häufigsten Aktivitäten? Welche sozialen Netzwerke nutzen Sie?

In welchen Situationen/Bei welchen Tätigkeiten schauen Sie auf Ihr Smartphone und lesen z. B. eingegangene Nachrichten?

Könnten Sie für eine bestimmte Zeit auf Smartphone und Tablet verzichten? Wenn ja, wie lange? Wenn nein, warum nicht?

Was meinen Sie? Wie wirkt sich die Mediennutzung auf die Menschen aus?

6 Leben ohne Smartphone?

a Sie lesen in einer Tageszeitung einen Artikel über digitales Fasten.
Ergänzen Sie im Text die Teilsätze.

- ○ wenn einem der Verzicht besonders schwerfalle
- ○ um nach einer Unterbrechung wieder mit voller Konzentration arbeiten zu können
- ▷ ~~wie eine Umfrage des Forsa-Instituts im Auftrag der DAK-Gesundheit ergab~~
- ○ da wir ständig mit dem Handy beschäftigt sind

- ○ wie lange man an dem Tag online war
- ○ wo die Zeit geblieben ist
- ○ denn man könne sich gegenseitig motivieren und an die guten Vorsätze erinnern
- ○ sondern einen analogen Wecker zu benutzen
- ○ weil das Gehirn zu viele Informationen nicht gleichzeitig verarbeiten könne

■ Digitales Fasten

Das Smartphone ist aus unserem Alltag nicht mehr wegzudenken. Doch mit dem Gefühl der ständigen Erreichbarkeit scheint auch der Stress gestiegen zu sein. So hat sich jeder Dritte in der Fastenzeit vor dem Osterfest vorgenommen, zumindest zeitweise den Handykonsum zu reduzieren, … ▷. „Der Druck, auch nach Feierabend noch E-Mails zu beantworten, steigt. Ziel beim digitalen Fasten ist es, die Geschwindigkeit rauszunehmen", sagt Ulrike Stöckle, die Seminare zum digitalen Verzicht anbietet. … ①, fällt uns der Weg in den Offline-Modus allerdings nicht so leicht: „Problematisch ist die Zwanghaftigkeit. Viele Menschen können das Handy nicht mehr aus der Hand legen. Auf das Handy zu schauen, ist oft das Erste und das Letzte, was wir am Tag machen."

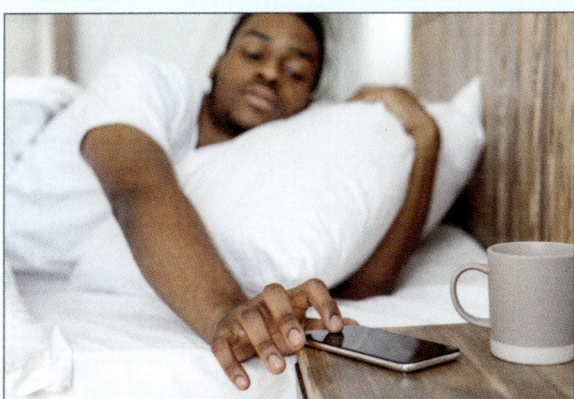

Deshalb empfiehlt die Medientrainerin, bewusst Strategien im Umgang mit dem Handy zu entwickeln. Ein erster Schritt sei beispielsweise, das Handy nicht mehr auf dem Nachttisch liegen zu lassen und die Weckfunktion einzustellen, … ② „So kann ich den Tag offline beginnen. Ich starte mit mir selbst und nicht mit dem Handy", rät Stöckle. Zudem empfiehlt sie ihren Seminarteilnehmern immer, eine spezielle App wie „QualityTime" oder „Offline" auf dem Handy zu installieren. Die Apps zeigen an, … ③. Für viele sei das ein Aha-Erlebnis, hat die Medienexpertin festgestellt: „Man macht sich damit bewusst, … ④. Das sind mindestens zwei Stunden am Tag, die für WhatsApp und die sozialen Netzwerke draufgehen. Anschließend kann man sich selber Zeitvorgaben einstellen und so den Handykonsum auf bestimmte Stunden am Tag reduzieren."

Der andauernde Blick auf das Handy habe jedoch nicht nur negative Auswirkungen auf die Entspannung in der Freizeit, auch im Büro leide die Konzentration: „Unsere Aufmerksamkeitsspanne wird durch das Smartphone immer kürzer, wie Studien zeigen. Und wir brauchen zwölf bis fünfzehn Minuten, … ⑤", erklärt Stöckle. Multitasking sei ein Irrglaube, … ⑥. Daher hält die Expertin auch Regeln am Arbeitsplatz für sinnvoll: Das Handy sollte in der Tasche bleiben und auf keinen Fall auf dem Schreibtisch liegen.

Ein weiterer Schritt sei ein sogenannter „Detox-Tag" am Wochenende, an dem das Handy ausgeschaltet bleibt. „So ein Tag ist wirklich befreiend. Man hat auf einmal viel mehr Zeit und macht Dinge, die man vorher nicht gemacht hat." … ⑦, solle man sein Handy einer anderen Person anvertrauen, um einen plötzlichen Rückfall zu vermeiden. Gemeinsames Fasten sei sowieso leichter, … ⑧. Nach Ansicht der Expertin werde der Verzicht mit der Zeit zu einem Automatismus und auch der Freundeskreis gewöhne sich schnell daran. Schließlich könne man die neu gewonnene Zeit dann auch besser gemeinsam nutzen.

b Hören Sie den Text zur Kontrolle.

c Geben Sie den Inhalt des Textes wieder.

- Welche Auswirkungen der ständigen Nutzung von Smartphones werden im Text genannt?
- Welche Vorschläge unterbreitet die Medientrainerin?

d Sagen Sie Ihre Meinung.

- Welche Auswirkungen finden Sie problematisch? Welche Vorschläge halten Sie für gut realisierbar? Welche nicht? Begründen Sie kurz Ihre Meinung.
- In welchen Situationen ist es nützlich, ein Smartphone zu haben? In welchen Fällen ist Handykonsum akzeptabel/ vorteilhaft?
- Haben Sie andere Vorschläge, wie man mit dem Handy/den digitalen Medien optimal umgehen könnte?

7 Textarbeit: Wortschatz

a Formen Sie die Sätze mit den in Klammern angegebenen Verben um.

▶ Das Smartphone <u>ist aus</u> unserem Alltag <u>nicht mehr wegzudenken</u>. *(gehören)*
   Das Smartphone gehört zu unserem Alltag.

1. So <u>hat sich</u> jeder Dritte in der Fastenzeit vor dem Osterfest <u>vorgenommen</u>, zumindest zeitweise den Handykonsum zu <u>reduzieren</u>. *(wollen, einschränken)*

   ....

   ....

2. Der Weg in den Offline-Modus <u>fällt uns</u> allerdings <u>nicht so leicht</u>. *(schwierig sein)*

   ....

3. Das sind mindestens zwei Stunden am Tag, die <u>für</u> WhatsApp und die sozialen Netzwerke <u>draufgehen</u>. *(man ▪ verbringen)*

   ....

   ....

4. Man <u>macht sich bewusst</u>, wo die Zeit geblieben ist. *(besser verstehen)*

   ....

5. Unsere Aufmerksamkeitsspanne <u>wird</u> durch das Smartphone <u>immer kürzer</u>. *(sich verkürzen)*

   ....

b Was passt? Ordnen Sie das passende Verb zu.

▶ Seminare zum digitalen Verzicht ☐   ☐   a) liegen lassen
1. ständig mit dem Handy beschäftigt ☐   ☐   b) entwickeln
2. das Handy nicht mehr aus der Hand ☐   ☐   c) haben
3. Strategien im Umgang mit dem Handy ☐   ☐   d) einstellen
4. das Handy nicht mehr auf dem Nachttisch ☐   ☐   e) nutzen
5. die Weckfunktion ☐   ☐   f) anvertrauen
6. einen analogen Wecker ☐   ☐   g) benutzen
7. eine spezielle App auf dem Smartphone ☐   ☐   h) anbieten
8. den Handykonsum auf bestimmte Stunden ☐   ☐   i) installieren
9. negative Auswirkungen auf die Entspannung ☐   ☐   j) sein
10. sein Handy einer anderen Person ☐   ☐   k) reduzieren
11. einen plötzlichen Rückfall ☐   ☐   l) legen
12. neu gewonnene Zeit gemeinsam ☐   ☐   m) vermeiden

8 **Forumsbeitrag: Mediennutzung und Medienverzicht**
Schreiben Sie einen Forumsbeitrag für die Zeitschrift „Medien heute".
Schreiben Sie mindestens 150 Wörter.

- Beschreiben Sie die Entwicklung der Mediennutzung in den letzten Jahren und mögliche Vor- und Nachteile.
- Berichten Sie von Ihren eigenen Erfahrungen.
- Unterbreiten Sie Vorschläge, wie man mit sozialen Medien sinnvoll umgehen sollte und wann man den Medienkonsum einschränken sollte.

Tipps

① **Leiten Sie Ihren Beitrag mit allgemeinen Bemerkungen zum Thema ein:**
- Medien aller Art spielen in unserem Leben eine sehr große Rolle.

② **Nennen Sie einige Fakten:**
- Umfragen / Studien haben ergeben …
- Es ist allgemein bekannt, dass …

③ **Formulieren Sie Ihre Meinung:**
- Meines Erachtens … / Ich halte diese Entwicklung für …
- Für mich hat die Entwicklung hauptsächlich Vorteile / Nachteile: …
- Als positiv / negativ würde ich bewerten, dass …
- Wenn es so weitergeht, befürchte / hoffe ich, dass …

④ **Berichten Sie von eigenen Erfahrungen:**
- Auch aus eigener Erfahrung kann ich berichten, dass …
- Mein eigener Medienkonsum hat sich (auch / nicht) verändert.
- In meinem Heimatland …

⑤ **Unterbreiten Sie Vorschläge:**
- Wir sollten …
- Um *(den Medienkonsum einzuschränken)*, könnten wir …

⑥ **Schließen Sie Ihren Beitrag mit einem Schlusssatz ab:**
- Ich glaube, dass … in Zukunft …

9 **Strukturen: Die indirekte Rede – Konjunktiv I (Gegenwart)**
a Lesen Sie die folgenden Sätze aus Aufgabe 6 und unterstreichen Sie die Verben.
Lesen Sie danach die Hinweise.

1. Ein erster Schritt sei beispielsweise, das Handy nicht mehr auf dem Nachttisch liegen zu lassen.

2. Der andauernde Blick auf das Handy habe jedoch nicht nur negative Auswirkungen auf die Entspannung in der Freizeit, auch im Büro leide die Konzentration.

3. Multitasking sei ein Irrglaube, da das Gehirn zu viele Informationen nicht gleichzeitig verarbeiten könne.

4. Wenn einem der Verzicht besonders schwerfalle, solle man sein Handy einer anderen Person anvertrauen, um einen plötzlichen Rückfall zu vermeiden.

5. Gemeinsames Fasten sei sowieso leichter, da man sich gegenseitig motivieren und an die guten Vorsätze erinnern könne.

6. Nach Ansicht der Expertin werde der Verzicht mit der Zeit zu einem Automatismus und auch der Freundeskreis gewöhne sich schnell daran.

7. Schließlich könne man die neu gewonnene Zeit dann auch gemeinsam nutzen.

▸ Diese Sätze geben wieder, was die Expertin zum Thema digitales Fasten gesagt hat. Sie stehen nicht in der direkten, sondern in der indirekten Rede.

▸ Wenn man besonders unterstreichen möchte, dass es sich um die Meinung oder Aussage einer (anderen) Person handelt, kann man im Deutschen dafür eine besondere grammatische Form verwenden: den Konjunktiv I.

▸ Die Verwendung des Konjunktivs I ermöglicht es, einen Sachverhalt oder eine Aussage neutral oder mit einem gewissen Abstand wiederzugeben. Der Konjunktiv I wird vor allem in Zeitungstexten und bei Nachrichten in mündlicher oder schriftlicher Form genutzt.

b Ergänzen Sie die Verben im Konjunktiv I in Partnerarbeit.
Vergleichen Sie Ihre Lösungen im Anschluss mit den Beispielsätzen in 9a.

Indikativ: direkte Rede	Konjunktiv I: indirekte Rede

Die Expertin sagte wörtlich: …   Die Expertin sagte, …

1. „Multitasking <u>ist</u> ein Irrglaube." ➞ dass Multitasking ein Irrglaube ....

2. „Der andauernde Blick auf das Handy <u>hat</u> negative Auswirkungen auf die Entspannung." ➞ dass der andauernde Blick auf das Handy negative Auswirkungen auf die Entspannung ....

3. „Auch im Büro <u>leidet</u> die Konzentration." ➞ dass auch im Büro die Konzentration ....

4. „Das Gehirn <u>kann</u> nicht zu viele Informationen gleichzeitig verarbeiten." ➞ dass das Gehirn nicht zu viele Informationen gleichzeitig verarbeiten ....

5. „Der Verzicht auf das Handy <u>fällt</u> vielen Leuten schwer." ➞ dass der Verzicht auf das Handy vielen Leuten schwer..................... .

6. „Man <u>soll</u> sein Handy einer anderen Person anvertrauen." ➞ dass man sein Handy einer anderen Person anvertrauen ....

7. „Der Handyverzicht <u>wird</u> mit der Zeit zu einem Automatismus." ➞ dass der Handyverzicht mit der Zeit zu einem Automatismus ....

8. „Der Freundeskreis <u>gewöhnt</u> sich schnell daran." ➞ dass sich der Freundeskreis schnell daran ....

c Bildung des Konjunktivs I in der Gegenwart
Lesen Sie die Hinweise und schauen Sie sich die Übersicht an.

▸ Der Konjunktiv I wird aus dem Verbstamm im Präsens und der Konjunktivendung gebildet:
  ▪ *sich gewöhnen* ➞ *sie/er gewöhn + e sich*
  ▪ *fallen* ➞ *sie/er fall + e*
  ▪ *können* ➞ *sie/er könn + e*
▸ Die am häufigsten auftretenden Konjunktiv-I-Formen sind in der 3. Person Singular und Plural.
▸ In einigen Fällen ist der Konjunktiv I identisch mit dem Indikativ. In diesen Fällen wird der Konjunktiv II verwendet.
▸ Mit der indirekten Rede sind oft Wendungen verbunden wie:
  ▪ *jemand sagte/sagt (immer wieder)*
  ▪ *jemand meinte/meint*
  ▪ *jemand war/ist der Meinung/Ansicht*

Verbformen in der indirekten Rede in der 3. Person Singular und 3. Person Plural

3. Person Singular		3. Person Plural		
Indikativ	Konjunktiv I	Indikativ	Konjunktiv I	Ersatzform/Konjunktiv II
er/sie gewöhnt	er/sie **gewöhne**	sie gewöhnen	sie gewöhnen	sie **würden gewöhnen**
er/sie kann	er/sie **könne**	sie können	sie können	sie **könnten**
er/sie hat	er/sie **habe**	sie haben	sie haben	sie **hätten**
er/sie ist	er/sie **sei** *(Sonderform)*	sie sind	sie **seien** *(Sonderform)*	

▸ *Übersicht Seite 268*

10 **Expertenmeinungen zum digitalen Fasten**

Geben Sie die Sätze in der indirekten Rede wieder.

▶ „Die App ‚QualityTime' sorgt für eine bewusstere Wahrnehmung der eigenen Medienzeit."
Die Expertin meinte, dass *die App „QualityTime' für eine bewusstere Wahrnehmung der eigenen Medienzeit sorge.*

1. „Push-Nachrichten fordern ständige Aufmerksamkeit. Es ist besser, sie auszustellen."
   Außerdem wies sie darauf hin, dass ....
   Ihrer Meinung nach ....

2. „Viele Menschen reagieren innerhalb kürzester Zeit auf Nachrichten, Mails oder Bilder.
   Das muss nicht sein. Man kann sich oft auch etwas mehr Zeit zum Antworten lassen."
   Die Medientrainerin sagte, viele Menschen ....
   ....
   ....

3. „Auch ein smartphone-freier Raum in der Wohnung oder eine smartphone-freie Zeit
   helfen gegen ständige Ablenkung."
   Sie war zudem der Meinung, dass ....
   ....
   ....

11 **Der Kopf ist voll**

a Hören Sie einen Ausschnitt aus einem Vortrag einer Gedächtnis-Trainerin.
Sind die folgenden Aussagen richtig oder falsch? Kreuzen Sie an.

	richtig	falsch
1. Viele Menschen merken, dass sie in ihrem Alltag ganz normale Dinge vergessen.	☐	☐
2. Die Vergesslichkeit wird zu einer Krankheit, wenn man nichts dagegen tut.	☐	☐
3. Die moderne Technik trägt dazu bei, dass viele Menschen dauerhaft mit etwas beschäftigt sind.	☐	☐
4. Hauptgrund für die Überforderung ist die ständige Informationsaufnahme.	☐	☐
5. Pausen können zur Erholung des Gedächtnisses beitragen.	☐	☐
6. In diesen Pausen kann man dann in Ruhe die Mails oder Nachrichten checken.	☐	☐

b Geben Sie die Aussagen der Gedächtnis-Trainerin in der indirekten Rede wieder.

▶ Viele Menschen <u>haben</u> im Alltag oft das Gefühl, dass sie ein
schlechtes Gedächtnis <u>haben</u>.
*Viele Menschen hätten im Alltag oft das Gefühl, dass
sie ein schlechtes Gedächtnis hätten.*

1. Sie <u>haben</u> zum Beispiel Probleme, sich an bestimmte Fakten
   zu erinnern.
2. Diese Vergesslichkeit <u>betrifft</u> vor allem ältere Menschen.
3. Bei vielen Menschen <u>ist</u> der Kopf zu voll.
4. Unser Gehirn <u>wird</u> durch viele Informationen trainiert.
5. Aber auch der ständige Blick auf das Mobiltelefon <u>überfordert</u> das Gedächtnis.
6. In der modernen Arbeits- und Lebenswelt <u>nutzen</u> die Berufstätigen Pausen dazu, private Mails zu
   checken, WhatsApp-Nachrichten zu schreiben oder eigene Inhalte zu posten.
7. Eine wirkliche Pause <u>ist</u> das nicht.
8. Die permanente Informationsaufnahme <u>überfordert</u> uns, das Gedächtnis <u>lässt</u> nach.
9. Deshalb <u>ist</u> es sinnvoll, jeden Tag zwei medienfreie Pausen zu machen.
10. Die Pausen <u>wirken</u> sich positiv auf die geistige Fitness <u>aus</u>.

12 Informationskanäle

Fragen Sie zwei Gesprächspartnerinnen/Gesprächspartner und fassen Sie die Antworten kurz zusammen. Machen Sie sich Notizen. Vergleichen Sie die Antworten mit den Angaben in der Grafik.

Über welche Kanäle informieren Sie sich über politische Themen und das politische Tagesgeschehen?

Fernsehen
40 %

Tageszeitungen
17 %

Websites diverser Medien
16 %

Radio
11 %

Social Media
1 %

Statista, 2020

1. Wo informieren Sie sich über das aktuelle Tagesgeschehen? Nutzen Sie verschiedene Angebote?
2. Wofür interessieren Sie sich besonders? (Weltgeschehen, Innenpolitik, Wirtschaftsnachrichten, Neues aus der Wissenschaft, Sportberichte, Wettermeldungen, Kunst und Kultur, Berichte über Prominente)
3. Wie viel Zeit verbringen Sie täglich mit dem Lesen/Sehen/Hören von aktuellen Informationen?
4. Was nervt Sie, wenn Sie sich über Aktuelles informieren?

13 Nachrichten

Hören Sie die folgenden Nachrichten. Wählen Sie die richtige Lösung.
Kreuzen Sie an: *richtig* oder *falsch* und *a*, *b* oder *c*.

Wohlstand in Deutschland

1. In Deutschland gibt es große regionale Unterschiede beim durchschnittlichen Einkommen der Bevölkerung.

   ☐ richtig   ☐ falsch

2. Das höchste Pro-Kopf-Einkommen haben die Menschen

   ☐ a) in einer Region in Bayern.

   ☐ b) in der Großstadt München.

   ☐ c) in der Stadt Gelsenkirchen.

Außenminister in Stockholm

5. Der deutsche Außenminister trifft sich mit seiner schwedischen Amtskollegin zu bilateralen Gesprächen.

   ☐ richtig   ☐ falsch

6. Der deutsche Außenminister setzt bei seinen Bemühungen um Frieden auf

   ☐ a) Abrüstung in allen Ländern.

   ☐ b) Gespräche.

   ☐ c) das Verbot von Nuklearwaffen.

Extreme Temperaturen

3. Forscher sehen keinen direkten Zusammenhang zwischen Klima und Wetterextremen.

   ☐ richtig   ☐ falsch

4. Die Hitzewellen mit Extremtemperaturen

   ☐ a) sind in der Geschichte des Wetters nicht so selten.

   ☐ b) kommen jetzt jedes Jahr.

   ☐ c) häufen sich.

Steigende Flughafenaktien

7. Dem Wiener Flughafen geht es wirtschaftlich gut.

   ☐ richtig   ☐ falsch

8. Um weiter zu wachsen, muss der Flughafen

   ☐ a) seine Passagierzahlen erhöhen.

   ☐ b) eine weitere Start- und Landebahn bauen.

   ☐ c) den Abfertigungsprozess verkürzen.

14 Textarbeit

Bilden Sie aus den vorgegebenen Wörtern Sätze. Achten Sie auf die fehlenden Präpositionen, den richtigen Kasus der Nomen und die Angaben in Klammern.

Arbeiten Sie zu dritt, teilen Sie die Nachrichten auf. Lesen Sie abschließend Ihren Nachrichtenteil vor.

Wohlstand in Deutschland

▶ *eine Studie* → *[zufolge]* ▪ *es* ▪ *[in]* → *Deutschland* ▪ *ein großes Wohlstandsgefälle* ▪ *geben (Präsens)*

Einer Studie zufolge gibt es in Deutschland ein großes Wohlstandsgefälle.

1. *der wohlhabendste Landkreis Starnberg [..............]* → *Bayern* ▪ *ein durchschnittliches Pro-Kopf-Einkommen [..............]* → *knapp 35 000 Euro [..............]* → *Jahr* ▪ *vorweisen können*

2. *das durchschnittliche Einkommen* ▪ *damit* ▪ *mehr als doppelt so hoch wie [..............]* → *Gelsenkirchen* ▪ *sein (Präsens)*

3. *nur [..............]* → *6 von 77 Kreisen* ▪ *das Einkommen* ▪ *[..............]* → *die östlichen Bundesländer* ▪ *die Marke [..............]* → *20 000 Euro* ▪ *überschreiten (Präteritum)*

Extreme Temperaturen

4. *[..............]* → *eine Temperatur [..............]* → *42,6 Grad Celsius* ▪ *der diesjährige Sommer in Deutschland* ▪ *einen neuen Hitzerekord* ▪ *aufstellen (Präteritum)*

5. *auch [..............]* → *Belgien oder die Niederlande* ▪ *die Temperaturen* ▪ *erstmals [..............]* → *Beginn der Wetteraufzeichnungen* ▪ *[..............]* → *40 Grad Celsius* ▪ *steigen (Perfekt)*

6. *ein internationales Wissenschaftlerteam* ▪ *[..............]* → *eine Analyse* ▪ *[..............]* → *das Ergebnis* ▪ *kommen (Präteritum),* ▪ *dass* ▪ *die jüngste Hitzewelle* ▪ *[..............]* → *Europa* ▪ *ohne Klimawandel* ▪ *um anderthalb bis drei Grad Celsius geringer* ▪ *ausfallen (Konjunktiv II, Vergangenheit)*

7. *die Forscher* ▪ *meinen (Präteritum),* ▪ *dass* ▪ *die Höchsttemperaturen* ▪ *[..............]* → *Jahr 2050 [..............]* → *Mitteleuropa* ▪ *statt bei 42 Grad bei 45 Grad Celsius* ▪ *liegen können (Präsens Konjunktiv I),* ▪ *wenn* ▪ *der Mensch* ▪ *nichts* ▪ *[..............]* → *der Klimawandel* ▪ *unternehmen (Präsens Konjunktiv I)*

Außenminister in Stockholm

8. *auf Einladung der schwedischen Außenministerin* ▪ *[..............]* → *Wochenende* ▪ *Vertreterinnen und Vertreter [..............]* → *16 Länder* ▪ *zum Ministertreffen* ▪ *[..............]* → *Stockholm* ▪ *kommen (Präsens)*

9. *[..............]* → *das Programm* ▪ *ein Meinungsaustausch [..............]* → *Fragen der nuklearen Abrüstung* ▪ *stehen (Präsens)*

10. *neben der offiziellen Agenda* ▪ *der Außenminister* ▪ *[..............]* → *Vertreter [..............]* → *verschiedene Regionen* ▪ *[..............]* → *Möglichkeiten, den Frieden langfristig zu sichern,* ▪ *sich unterhalten (Futur I)*

15 Strukturen: Der Konjunktiv I (Vergangenheit)

a Lesen Sie die folgenden Sätze aus Aufgabe 13 und unterstreichen Sie die Verben.

1. Das Passagieraufkommen sei rasant gewachsen.
2. Gleichzeitig seien die Abfertigungsprozesse und Umsteigezeiten schneller geworden.
3. Der Service für die Passagiere habe sich enorm verbessert.

b Lesen und ergänzen Sie die Hinweise.

▸ Die Vergangenheit des Konjunktivs I wird aus .... von *haben* und *sein* und .... gebildet.

c Ergänzen Sie die Verben im Konjunktiv I in der Gegenwart (G) oder der Vergangenheit (V).
Achten Sie auf die Angabe in Klammern. Arbeiten Sie zu dritt, jede/jeder bearbeitet einen Text.
Lesen Sie abschließend Ihren Text in der Gruppe vor.

1

■ Verflogen

Eine Maschine der Fluggesellschaft British Airways ist versehentlich nach Edinburgh statt nach Düsseldorf geflogen. Ein Vertreter der britischen Fluggesellschaft berichtete, dass der Fehler erst **aufgefallen sei** *(auffallen, V)*, als die Besatzung bei der Landung „Willkommen in Edinburgh" .... (1) *(durchsagen, V)*. Eine Gefährdung der Sicherheit der Passagiere .... es aber zu keinem Zeitpunkt .... (2) *(geben, V)*. Der Grund für die Panne .... eine Verwechslung der Flugpläne .... (3) *(sein, V)*. Nachdem der Pilot den Fehler .... (4) *(bemerken, V)*, ... die Maschine weiter nach Düsseldorf .... (5) *(fliegen, V)*.

2

■ Unbekannte Spender

Eine unbekannte Person hatte im bayerischen Ort Donauwörth einem Landrat mehr als 55 000 Euro in den Briefkasten seiner Privatwohnung geworfen und eine Karte mit der Bitte beigefügt, das Geld zum Bau einer Schule in Afrika zu verwenden. Nachdem die anonyme Geldspende Thema in mehreren Medien war, äußerte sich nun eine Sprecherin des Landkreises Donau-Ries dazu. Der Landrat .... das Geld zunächst zur Polizei .... (1) *(bringen, V)*. Die Polizeiuntersuchung .... (2) *(ergeben, V)*, dass das Geld nicht aus einer Straftat .... (3) *(stammen, G)* und auch kein Falschgeld .... (4) *(sein, G)*. Der Gemeinderat .... inzwischen die Entscheidung .... (5) *(treffen, V)*, das Geld einem Projekt in Liberia zum Bau neuer Klassenzimmer zur Verfügung zu stellen. Auch in der Vergangenheit .... es immer mal wieder anonyme Geldspenden .... (6) *(geben, V)*. Im letzten Jahr .... zum Beispiel jemand ein Päckchen mit rund 160 000 Euro auf den Altar einer Kirche .... (7) *(legen, V)*. Auch dieses Geld .... Afrikaprojekten .... (8) *(zugutekommen, V)*.

3

■ Schilder-Guerilla in Halle schlägt wieder zu

Bereits vor drei Jahren hat in Halle in Sachsen-Anhalt eine unbekannte Person mithilfe von Aufklebern die Verkehrsschilder der Stadt neu gestaltet. Zuerst wurden vor allem Baustellen-Schilder mit kleinen Tieren „verschönert", später kamen auch andere Verkehrsschilder dazu, die mit diversen Zusätzen beklebt wurden.
Nun hat der oder die Unbekannte nach mehrjähriger Pause wieder zugeschlagen. Während sich viele Verkehrsteilnehmer über die Aktionen amüsieren, kann die Stadtverwaltung darüber überhaupt nicht lachen. Der verantwortliche Verkehrsbeauftragte wies ausdrücklich darauf hin, dass es sich bei der Veränderung von Verkehrszeichen um Sachbeschädigung .... (1) *(handeln, G)*. Die Schilder .... (2) *(müssen, G)* alle ausgetauscht werden und das .... bereits in der Vergangenheit viel Geld .... (3) *(kosten, V)*. Auch aus Sicht der Polizei .... (4) *(sein, G)* das Bekleben von Verkehrsschildern bedenklich, denn es .... (5) *(können, G)* Verkehrsteilnehmer ablenken. Bei der Suche nach dem Urheber tappt die Polizei noch im Dunkeln. Ein Journalist einer Zeitung behauptet nun, er .... den Schilder-Bekleber .... (6) *(treffen, V)*. Es .... (7) *(sein, G)* ein junger Mann, der gern Pizza .... (8) *(essen, G)* und der nach eigenen Angaben bereits 900 Schilder kreativ .... (9) *(bearbeiten, V)*. Die Identität des Mannes will der Journalist aber nicht preisgeben.

16 **Präsentation von Nachrichten**
Recherchieren Sie aktuelle Nachrichten, zum Beispiel im Internet oder in einer Tageszeitung.
Welche Ereignisse sind Ihrer Meinung nach die wichtigsten?
Berichten Sie.

17 **Strukturen: Nomen-Verb-Verbindungen**
a Lesen Sie den Satz aus 15c und die Hinweise.

> Der Gemeinderat habe inzwischen **die Entscheidung getroffen**, das Geld einem Projekt in Liberia zum Bau neuer Klassenzimmer z**ur Verfügung zu stellen**.

▸ Wendungen wie: **eine Entscheidung treffen, etwas zur Verfügung stellen** bestehen aus einem Nomen und einem Verb, man nennt sie deshalb auch Nomen-Verb-Verbindungen.

▸ Der Gebrauch dieser festen Verbindungen verleiht der Sprache einen offizielleren Charakter. Man findet sie deshalb oft in der Presse, in der Politik oder im Geschäftsleben.

▸ *Übersicht Seite 268*

b Ergänzen Sie das passende Verb in der richtigen Form und die Nomen-Verb-Verbindung.

> ▪ treffen ▪ übernehmen ▪ ergreifen ▪ ~~haben~~ ▪ fassen ▪ ziehen ▪ führen ▪ unterziehen ▪ bringen

Kommunale und nationale Politik

Der anonyme Spender **hatte** den Wunsch, mit dem Geld eine Schule in Afrika zu bauen.
→ *einen Wunsch haben*

(1) Der Gemeinderat .... den Entschluss, ein Projekt in Liberia zu unterstützen.
→ ....

(2) Auch die Regierung .... gestern die Entscheidung, die Entwicklungshilfe für afrikanische Länder zu intensivieren.
→ ....

(3) Vorher müssen allerdings die bisherigen Ausgaben und Projekte einer Prüfung .... werden.
→ ....

(4) Des Weiteren will die Regierung Maßnahmen ...., die die CO_2-Belastung in der Luft deutlich verringern.
→ ....

(5) Der Außenminister will auf internationaler Ebene eine Diskussion ...., wie Konflikte am besten gelöst werden können.
→ ....

(6) Ein Journalist hat in Erfahrung ...., wer sich hinter der Schilder-Guerilla in Halle verbirgt.
→ ....

(7) Eine Veröffentlichung des Namens .... der Journalist aber nicht in Betracht.
→ ....

(8) Der Verkehrsbeauftragte der Stadt hofft, dass sich der Schuldige eines Tages meldet und Verantwortung für seine Taten ....
→ ....

18 Medien und Politik

a Forumsbeitrag: Vertrauen in die Medien

In einer Zeitschrift haben Sie eine Grafik über die Vertrauenswürdigkeit verschiedener Medien in Deutschland gefunden. Schreiben Sie einen Beitrag für das Forum der Zeitschrift.

- Geben Sie kurz den Inhalt der Grafik wieder.
- Nennen Sie mögliche Gründe, warum Menschen in manche Medien mehr, in andere weniger Vertrauen haben.
- Berichten Sie von Ihren eigenen Erfahrungen und über Medien, die Ihr Vertrauen genießen.
- Unterbreiten Sie einige Vorschläge, wie Medien das Vertrauen der Menschen gewinnen können.

Glaubwürdigkeit verschiedener Medien in Deutschland

Öffentlich-rechtliche Radiosender
| 81 % | 14 % | 5 % |

Öffentlich-rechtliche Fernsehsender
| 79 % | 19 % | 2 % |

Tageszeitungen
| 74 % | 20 % | 6 % |

Internetangebote öffentlich-rechtlicher Sender
| 63 % | 22 % | 15 % |

Internetangebote von Zeitungen oder Zeitschriften
| 45 % | 32 % | 23 % |

Private Radiosender
| 44 % | 43 % | 13 % |

Private Fernsehsender
| 29 % | 65 % | 6 % |

Internetangebote privater Sender
| 22 % | 54 % | 24 % |

YouTube
| 18 % | 62 % | 20 % |

Twitter
| 7 % | 58 % | 35 % |

Facebook
| 7 % | 69 % | 24 % |

Boulevardpresse
| 6 % | 87 % | 7 % |

Instagram
| 5 % | 63 % | 32 % |

☐ Glaubwürdig   ☐ Weniger glaubwürdig   ☐ Weiß nicht / Keine Angabe
Statista, 2020

b Beratung einer Freundin / eines Freundes

Eine Freundin / Ein Freund von Ihnen hat politische Ambitionen und möchte gern auf kommunaler Ebene für den Stadtrat kandidieren. Leider ist sie / er noch ziemlich unbekannt. Erarbeiten Sie in kleinen Gruppen als Medienexperten-Kommission eine Strategie für sie / ihn und geben Sie Tipps, wie sie / er sich medial ein positives Image aufbauen und ihre / seine Bekanntheit erhöhen kann. Präsentieren Sie Ihre wichtigsten Empfehlungen im Kurs.

Übungen zur Vertiefung und zum Selbststudium

Ü1 > **Digitales Fasten**
Vertiefen Sie den Wortschatz aus Aufgabe 6.
Formen Sie die Sätze um, indem Sie die Angaben in Klammern verwenden.

▶ Das Handy <u>ist</u> aus unserem Alltag <u>nicht mehr wegzudenken</u>. *(gehören)*
Das Handy gehört zu unserem Alltag.

1. Doch jeder Dritte hat <u>sich</u> für die Fastenzeit vor dem Osterfest
<u>vorgenommen</u>, zumindest zeitweise <u>den Handykonsum zu reduzieren</u>.
(Plan ▪ fassen, Handy ▪ verzichten)

   ....

   ....

2. Das <u>fällt</u> vielen <u>aber nicht leicht</u>. *(schwer sein)*

   ....

3. Viele Menschen <u>können</u> ihr Smartphone nicht mehr aus der Hand legen.
(in der Lage sein)

4. Der andauernde Blick auf das Handy hat nicht nur negative <u>Auswir-</u>
<u>kungen</u> auf die Entspannung in der Freizeit, auch im Arbeitsleben <u>leidet</u>
die Konzentration. *(auswirken, nachlassen)*

   ....

5. <u>Deshalb empfehlen</u> Experten, dass wir ganz bewusst Strategien im
Umgang mit dem Smartphone entwickeln. *(Empfehlungen, sollten)*

   ....

   ....

6. Man sollte das Handy im Büro in der Tasche lassen, es darf auf keinen
Fall auf dem Schreibtisch <u>liegen</u>. *(man, legen)*

   ....

   ....

Ü2 > **Erfahrungen mit sozialen Medien**
a Sie hören drei Meinungen zur Nutzung von sozialen Medien. Ordnen Sie die Aussagen zu. Wer sagt was?
Lesen Sie zuerst die Aussagen.

(45)

	Marion	Luisa	Conrad	
1.				… sieht die sozialen Medien überwiegend positiv.
2.				… hält nichts von den sozialen Medien.
3.				… hat manchmal Angst, dass die Daten nicht sicher sind.
4.				… sucht neue Kontakte.
5.				… informiert sich über das Leben der Freunde.
6.				… ist sich nicht sicher, ob die Investition von Zeit auch den entsprechenden Nutzen bringt.
7.				… nutzt die sozialen Medien zum Austausch von Fotos.
8.				… ärgert sich über den Rückgang der persönlichen Kontakte.
9.				… ist aus beruflichen Gründen in sozialen Netzwerken aktiv.

b Fassen Sie die Meinungen von Marion, Luisa und Conrad zusammen. Verwenden Sie die indirekte Rede.

▶ Marion <u>nutzt</u> die sozialen Medien ausschließlich für private Zwecke. *(Marion sagte)*
Marion sagte, *sie nutze die sozialen Medien ausschließlich für private Zwecke.*

1. Sie <u>will</u> mit ihren Freunden in Kontakt bleiben.
2. Sie <u>macht</u> sich manchmal Sorgen wegen des Datenschutzes.
3. Luisa <u>hat</u> Accounts in verschiedenen sozialen Medien. *(Luisa meinte)*
4. Sie <u>sucht</u> neue Kunden und <u>informiert</u> sich über die Konkurrenz.
5. Sie <u>investiert</u> viel Zeit und <u>weiß</u> nicht, ob sich das auf Dauer lohnt.
6. Conrad <u>hält</u> soziale Medien für Zeitverschwendung. *(Conrad sagte)*

c Sagen Sie es anders. Formen Sie die Sätze um, indem Sie die Angaben in Klammern verwenden.

▶ Conrad findet, <u>dass</u> die weitverbreitete Nutzung der sozialen Netzwerke <u>nachteilig sei</u>. *(sich aussprechen gegen)*
Conrad spricht sich gegen die weitverbreitete Nutzung der sozialen Netzwerke aus.

1. Conrad <u>glaubt nicht daran, dass</u> soziale Medien einen positiven Einfluss <u>haben</u>. *(bezweifeln)*
2. Conrad <u>findet</u> die Vernachlässigung unserer unmittelbaren Umgebung <u>problematisch</u>. *(warnen vor)*
3. Marion <u>hält</u> soziale Netzwerke <u>für nützlich</u>. *(überzeugt sein von)*
4. Marion <u>findet es gut, dass sie</u> mit Freunden und Familie in Kontakt bleiben kann. *(die Möglichkeit schätzen)*
5. Marion <u>ist der Meinung, dass</u> die sozialen Netzwerke viele Vorteile <u>haben</u>. *(die Vorteile betonen)*
6. Luisa <u>weiß, dass</u> die sozialen Medien in Bezug auf den Datenschutz auch Nachteile <u>haben</u>. *(sich der Nachteile bewusst sein)*

Ü3 〉 Nachrichten aus der Schweiz und Österreich

a Initiative gegen Altersdiskriminierung
Ergänzen Sie die Verben im Konjunktiv in der Gegenwart.

Um die Situation älterer Menschen in der Schweiz zu verbessern, starteten jetzt verschiedene Interessenorganisationen wie der Schweizerische Seniorenrat oder der Schweizerische Gewerkschaftsbund eine Initiative gegen Diskriminierung im Alter. Nach Aussagen der Initiatoren *stehe* (stehen) zwar in der Bundesverfassung, dass niemand diskriminiert werden .... (1) *(dürfen)*, die Realität .... (2) *(sehen)* aber für ältere Menschen oft anders aus. Tatsache .... (3) *(sein)*, dass es bereits für über 55-Jährige fast unmöglich .... (4) *(sein)*, eine Stelle zu finden. Außerdem .... (5) *(werden)* es für ältere Menschen immer schwieriger, eine Wohnung zu mieten oder eine Zusatzversicherung bei einer Krankenkasse abzuschließen. Die Initiative will nun im Arbeits- und Versicherungssektor ein Gesetz gegen Diskriminierung älterer Menschen durchsetzen, wie es bereits im Gleichstellungsgesetz von Mann und Frau geschehen ist.

b Von Kernzeit zu Gleitzeit in österreichischen Unternehmen
Formen Sie die Ergebnisse der Umfrage und die Meinungen der Experten um.
Verwenden Sie den Konjunktiv I bzw. II. Orientieren Sie sich am Beispiel. Markieren Sie zuerst die Verben
und überlegen Sie, welche Form der indirekten Rede passt.

①

„Die Arbeitszeiten <u>sind</u> in den letzten Jahren in ganz Europa flexibler <u>geworden</u>. Das <u>zeigt</u> unter anderem die Tatsache, dass die Gleitzeit in immer mehr Unternehmen eingeführt wird. Bereits bei knapp 25 Prozent der österreichischen Firmen arbeitet die Mehrheit der Beschäftigten ohne Kernzeiten."

Die Expertin erklärte, dass *die Arbeitszeiten in den letzten Jahren in ganz Europa flexibler geworden seien. Das zeige unter anderem* ....

....

....

....

②

„Auch die Anzahl der Menschen, die in Teil- oder Vollzeit von zu Hause aus arbeiten, nimmt kontinuierlich zu. Vor allem die jüngere Generation sieht diese Möglichkeit als selbstverständlich an."

Sie meinte, ...

....

....

....

③

„Flexible Arbeitszeiten und die Möglichkeit von Homeoffice bringen mehr Freiheit und Selbstständigkeit für die Mitarbeiter. Aufgrund der fehlenden Grenzen zwischen Arbeit und Privatleben geht diese Freiheit aber oft wieder verloren. Wir brauchen deswegen klare Spielregeln, damit sich die Mitarbeiter nicht selbst unter Druck setzen."

Nach der Meinung der Expertin ....

....

....

....

....

④

„Wir haben eine Umfrage durchgeführt. Den Ergebnissen zufolge erwartet man gerade von Führungskräften, dass sie auch in ihrer Freizeit erreichbar sind."

Einer Umfrage zufolge ....

....

....

....

⑤

„In der Umfrage gaben 75 Prozent der Führungskräfte an, dass sie ihren Mitarbeitern vertrauen. Trotzdem setzen 39 Prozent der Unternehmen in diesem Zusammenhang auf zusätzliche Kontrollmechanismen."

Im Rahmen der Umfrage sagten 75 Prozent der Führungskräfte, dass ....

....

....

....

⑥

„Die Unternehmen müssen klare Regeln etablieren und eine Vertrauenskultur entwickeln. Nur so können sie als zeitgemäße Arbeitgeber attraktiv bleiben."

Zum Schluss gab die Expertin noch den Ratschlag, dass ....

....

....

....

Ü4 〉 **Nomen-Verb-Verbindungen**

a Welches Verb passt zu allen Nomen? Ergänzen Sie.

> ▪ treffen ▪ stehen ▪ ergreifen ▪ machen ▪ kommen ▪ nehmen ▪ stellen ▪ setzen

1. Initiativen ▪ Maßnahmen ▪ die Flucht ▪ die Gelegenheit ▪ das Wort ▪ einen Beruf → ....

2. einen Antrag auf etwas ▪ jemandem eine Frage ▪ Ansprüche ▪ etwas in Aussicht → ....

3. etwas in Anspruch ▪ etwas in Angriff ▪ auf jemanden Rücksicht ▪ etwas zur Kenntnis ▪ Bezug auf etwas → ....

4. Maßnahmen ▪ eine Entscheidung ▪ Vorbereitungen ▪ eine Vereinbarung → ....

5. zu einem Ergebnis ▪ zur Sprache ▪ ums Leben ▪ hinter die Wahrheit → ....

6. im Mittelpunkt ▪ im Vordergrund/Hintergrund ▪ unter Druck ▪ zur Diskussion ▪ zur Verfügung ▪ auf dem Programm → ....

7. einen Vorschlag ▪ jemandem (falsche) Hoffnungen ▪ jemandem einen Vorwurf ▪ sich Sorgen ▪ einen Fehler ▪ einen guten Eindruck ▪ Spaß → ....

8. jemanden unter Druck ▪ etwas in Gang ▪ in jemanden große Hoffnung(en) ▪ (hohe) Maßstäbe für etwas ▪ sich zur Wehr → ....

b Sätze mit ähnlicher Bedeutung. Ergänzen Sie den zweiten Satz mit einer Nomen-Verb-Verbindung aus a).

▶ Alles ist <u>vorbereitet</u> worden. Die Maschine kann starten. *(Vorbereitungen)*
Alle **Vorbereitungen** zum Start der Maschine **sind getroffen worden.**

1. Der Referent wurde zu verschiedenen Themen <u>befragt</u>.
Man hat dem Referenten zu verschiedenen Themen .... *(Fragen)*

2. Wir müssen heute über die Jahresplanung <u>entscheiden</u>.
Wir müssen heute .... über die Jahresplanung .... *(Entscheidung)*

3. In der Diskussion wurden mehrere kritische Punkte <u>angesprochen</u>.
In der Diskussion .... mehrere kritische Punkte .... *(Sprache)*

4. Bei dem Unfall sind zwei Menschen <u>gestorben</u>.
Bei dem Unfall .... zwei Menschen .... *(Leben)*

5. Ich habe finanzielle Unterstützung für mein Studium <u>beantragt</u>.
Ich habe .... auf finanzielle Unterstützung für mein Studium .... *(Antrag)*

6. Beschwerdeschreiben kosten viel Zeit.
Beschwerdeschreiben .... viel Zeit .... *(Anspruch)*

c Open Access: Wissenschaftliche Informationen ohne Barrieren
Ergänzen Sie die Nomen-Verb-Verbindungen. Die Schlüsselwörter stehen in Klammern. Achten Sie auf eventuell fehlende Präpositionen und die Konjugation.

▶ **Stand** bei wissenschaftlichen Veröffentlichungen früher noch die gedruckte Publikation **im Vordergrund,** so werden Texte heute fast immer auch elektronisch veröffentlicht. *(Vordergrund ▪ stehen)*

1. Kern des Open-Access-Prinzips ist es, wissenschaftliche Publikationen für die Allgemeinheit kostenfrei im Internet .... *(Verfügung ▪ stellen)*

2. Dieses Modell kann .... für den Umgang mit wissenschaftlichen Publikationen .... *(neue Chancen ▪ eröffnen)*

3. Open Access wurde von der Wissenschaft selbst entwickelt, damit die Menschen sich zu den aktuellen Veröffentlichungen .... können. *(Zugang ▪ verschaffen)*

4. In Deutschland wurde bereits 2003 mit der sogenannten Berliner Erklärung .... für die Open-Access-Kultur .... *(ein wichtiger Grundstein ▪ legen)*

5. Insbesondere für kleine und mittlere Unternehmen .... der Zugang zu extern verfügbarem Wissen .... *(große Bedeutung ▪ haben)*

6. Allerdings kann der Ansatz nicht immer .... werden, denn viele Wissenschaftler veröffentlichen oft nur wenige ihrer Ergebnisse im Open Access. *(Praxis ▪ umsetzen)*

Kleiner Abschlusstest

Was können Sie schon? Testen Sie sich selbst.

T1 ⟩ **Krimis**

Ergänzen Sie die fehlenden Verben.

.... /5

▶ viel Geld für die Übertragungsrechte von Sportveranstaltungen *ausgeben/bezahlen*

1. Geld in die Produktion von Krimiserien ....
2. sehr hohe Einschaltquoten ....
3. um die Aufmerksamkeit der Zuschauer ....
4. Opfer von Verbrechen ....
5. sich für ein Studium der Kriminalistik ....
6. sich auf die Aufklärung einer konkreten Straftat ....
7. sich mit gesellschaftlichen Trends ...., die zu kriminellem Verhalten ....
8. über jede Menge theoretischer Kenntnisse und analytische Fähigkeiten ....
9. praktische Erfahrung .... können

T2 ⟩ **Ratschläge einer Expertin**

Geben Sie die Ratschläge im Konjunktiv I wieder.

.... /10

▶ Viele Menschen sind ständig mit ihrem Smartphone beschäftigt.
1. Das hat negative Auswirkungen auf die Entspannung und die Konzentration.
2. Das Gedächtnis ist mit der Informationsflut überfordert.
3. Man muss neue Strategien im Umgang mit dem Handy entwickeln.
4. Man kann zum Beispiel eine spezielle App auf dem Smartphone installieren.
5. Auch eine medienfreie Pause hilft bei der Erholung.

Die Expertin sagte,

▶ *dass viele Menschen ständig mit ihrem Smartphone beschäftigt seien.*

1. ....
2. ....
3. ....
4. ....
5. ....

T3 ⟩ **Regierungsarbeit**

Ergänzen Sie die fehlenden Nomen. Nicht alle Vorgaben passen.

.... /5

▪ Entschluss ▪ Erfahrung ▪ Verantwortung ▪ Kritik ▪ Maßnahmen ▪ Gelegenheit ▪ Ergebnis ▪ Vorschlag
▪ Entscheidungen

1. Nach langer Diskussion sind die Regierungsmitglieder gestern endlich zu einem .... gekommen.
2. Es wurde Zeit, dass die Regierung notwendige .... zum Klimaschutz getroffen hat.
3. Die Regierungsvertreter haben den .... gefasst, eine CO_2-Steuer einzuführen.
4. Außerdem haben sie umweltfreundliche .... zur Energieversorgung ergriffen.
5. Die Regierung hat zumindest teilweise die .... für die Verfehlung der Klimaziele übernommen.

Übersichten zu den Strukturen

> **Verben in der indirekten Rede (Konjunktiv I)**

Gegenwart

	Konjunktiv I	Ersatzform Konjunktiv II	Konjunktiv I	Ersatzform Konjunktiv II
ich	(gewöhn<u>e</u>)	**würde gewöhnen**	**könn<u>e</u>**	
du	(gewöhn<u>est</u>)	**würdest gewöhnen**	(könn<u>est</u>)	**könntest**
er/sie/es	**gewöhn<u>e</u>**		**könn<u>e</u>**	
wir	(gewöhn<u>en</u>)	**würden gewöhnen**	(könn<u>en</u>)	**könnten**
ihr	(gewöhn<u>et</u>)	**würdet gewöhnen**	(könn<u>et</u>)	**könntet**
sie/Sie	(gewöhn<u>en</u>)	**würden gewöhnen**	(könn<u>en</u>)	**könnten**

	Konjunktiv I	Ersatzform Konjunktiv II	Konjunktiv I *(Sonderform)*	Ersatzform Konjunktiv II
ich	(habe)	**hätte**	**sei**	
du	(habest)	**hättest**	(sei(e)st)	**wär(e)st**
er/sie/es	**habe**		**sei**	
wir	(haben)	**hätten**	**seien**	
ihr	(habet)	**hättet**	(seiet)	**wär(e)t**
sie/Sie	(haben)	**hätten**	**seien**	

▸ In der 2. Person Singular *(du)* und Plural *(ihr)* wird die Form des Konjunktivs II verwendet, da die Konjunktiv-I-Formen als veraltet gelten.

Vergangenheit

▸ haben/sein: Die Politikerin sagte, sie *habe* leider keine Zeit *gehabt*. Sie *sei* nicht im Büro *gewesen*.
▸ wachsen: Das Passagieraufkommen *sei* rasant *gewachsen*.
▸ verbessern: Der Service für die Passagiere *habe* sich enorm verbessert. → *sei(en)/habe* + Partizip II

> **Nomen-Verb-Verbindungen**

Auswahl

- jemanden unter Druck
- etwas in Gang   **setzen**

- zur Diskussion
- zur Verfügung   **stehen**

- etwas in Erfahrung
- etwas zur Sprache   **bringen**

- Rücksicht (auf)
- etwas zur Kenntnis
- etwas in Anspruch   **nehmen**

- einen Antrag
- etwas in Aussicht
- Ansprüche   **stellen**

- zu einem Ergebnis
- zur Sprache
- zur Verhandlung   **kommen**

- eine Gelegenheit
- Maßnahmen
- einen Beruf   **ergreifen**

- eine Entscheidung
- Maßnahmen
- Vorbereitungen   **treffen**

- jemandem Hoffnung
- Eindruck   **machen**

- einen Entschluss   **fassen**

- Verantwortung   **übernehmen**

- Kritik   **üben**

- jemanden zur Verantwortung
- etwas in Betracht   **ziehen**

- ein Gespräch
- einen Beweis   **führen**

- Hilfe
- einen Beitrag (zu)   **leisten**

Wichtige Wörter und Wendungen

 Wiederholen Sie die Wörter und Wendungen.
Zweisprachige Redemittellisten finden Sie unter
www.schubert-verlag.de/wortschatz

Fernsehen/Krimis

- ganz oben auf der Liste der Freizeitaktivitäten stehen
- Ausgaben für die Rechte zur Übertragung von Sportveranstaltungen haben/tätigen
- Geld für Übertragungsrechte ausgeben
- in die Produktion von Krimiserien investieren
- sehr hohe Einschaltquoten erzielen
- Die Faszination für Kriminalfälle scheint ungebrochen.
- um die Aufmerksamkeit der Zuschauer kämpfen
- deutlich tödlicher zugehen als im wirklichen Leben
- die Anzahl der realen Opfer deutlich übersteigen
- Mordopfer sind zu beklagen.
- Das Interesse junger Menschen an Studiengängen der Rechts- und Kriminalwissenschaften steigt.
- Die Anzahl der Interessenten vervielfacht sich.
- sich auf die Aufklärung einer konkreten Straftat konzentrieren
- sich mit gesellschaftlichen Trends beschäftigen
- zu kriminellem Verhalten führen
- Straftaten verhindern
- über jede Menge theoretischer Kenntnisse und analytische Fähigkeiten verfügen
- praktische Erfahrung vorweisen können

Digitales Fasten/Der Kopf ist voll

- Seminare zum digitalen Verzicht anbieten
- aus unserem Alltag nicht mehr wegzudenken sein
- sich etwas vornehmen
- den Handykonsum reduzieren
- die Geschwindigkeit rausnehmen
- Der Weg in den Offline-Modus fällt vielen nicht leicht.
- das Handy nicht mehr aus der Hand legen können
- Strategien im Umgang mit dem Handy entwickeln
- das Handy nicht mehr auf dem Nachttisch liegen lassen
- die Weckfunktion einstellen
- den Tag offline beginnen
- eine spezielle App installieren
- ein Aha-Erlebnis sein
- sich bewusst machen, wo die Zeit geblieben ist
- negative Auswirkungen auf die Entspannung haben
- Die Aufmerksamkeitsspanne wird immer kürzer.

- Das Gehirn kann zu viele Informationen nicht gleichzeitig verarbeiten.
- das Handy einer anderen Person anvertrauen
- einen plötzlichen Rückfall vermeiden
- sich gegenseitig motivieren
- sich an die guten Vorsätze erinnern
- die neu gewonnene Zeit gemeinsam nutzen
- ein geflügeltes Wort sein
- geistige Pausen machen
- mental erschöpft sein
- einen Zusammenhang beschreiben
- das Gedächtnis überfordern/das Gehirn überlasten
- Das Gedächtnis lässt nach.
- Pausen in den Alltag einbauen
- eine gewisse Erholung für die grauen Zellen schaffen
- sich frischer und weniger durcheinander fühlen
- eine Woche durchhalten
- Es lohnt sich.

Verschiedene Nachrichten

- Es gibt ein großes Wohlstandsgefälle.
- ein durchschnittliches Pro-Kopf-Einkommen von knapp 35 000 Euro im Jahr vorweisen
- eine Marke überschreiten
- besser/schlechter abschneiden
- einen Rekord aufstellen
- alle 50 Jahre auftreten
- Die Abstände verringern sich.
- häufiger zu Extremwerten kommen
- etwas gegen den Klimawandel unternehmen
- sich mit großem Engagement für eine Verbesserung der Kommunikation einsetzen
- bessere Chancen haben
- erschwinglich werden
- vom Anstieg der Reisen profitieren
- Das Passagieraufkommen wächst.
- Abfertigungsprozesse und Umsteigezeiten werden schneller.
- Der Service verbessert sich.
- als wichtiges Drehkreuz nach Osteuropa fungieren
- den Flughafen um eine dritte Startbahn erweitern
- etwas in Zukunft gut bewältigen können

Eine Grafik beschreiben *(siehe Kapitel 8, Seite 184)*

- Die Grafik zeigt *(die beliebtesten Freizeitbeschäfti-gungen in Deutschland)*.
- In der Grafik werden *(die Veränderungen bei den Freizeitbeschäftigen in den letzten drei Jahren)* dargestellt/aufgeführt.
- An der Spitze steht/Den ersten Platz belegt *(das Fernsehen)*.
- Auf dem zweiten Platz liegt *(Radiohören)*./Zu den beliebtesten *(Aktivitäten)* gehören … ebenfalls *(Zeitschriften und Zeitungen lesen)*.
- Im Mittelfeld befinden sich Aktivitäten wie *(Kochen oder Spazierengehen)*.
- *(Die Kommunikation in sozialen Netzwerken)* hat stark/wenig zugenommen/abgenommen.
- Es lassen sich einige Trends erkennen.
- *(Die sozialen Netzwerke)* gewinnen an Bedeutung.
- Überrascht hat mich, dass *(31 Prozent der Deut-schen im Garten arbeiten)*./Dass *(viele gerne shoppen)*, habe ich erwartet.
- Wenn ich die Ergebnisse mit mir vergleiche, dann sehe ich Gemeinsamkeiten/Unterschiede bei/beim *(Fernsehen)*.

Einen Film/Eine Fernsehserie vorstellen

- Die Serie spielt *(in Berlin/in den Achtzigerjahren)*. Die Hauptfiguren sind *(zwei Brüder)*/werden gespielt von *(zwei sehr bekannten Schauspielern)*.
- In der ersten/zweiten Staffel geht es um *(das Über-leben einer Firma)*.
- Ich finde die schauspielerische Leistung/das Dreh-buch/die Story/die Settings sehr gut/außerordent-lich/besonders gelungen/bemerkenswert.
- Die Serie/Der Film ist spannend/regt zum Nach-denken an/lässt die Wirklichkeit für eine Stunde vergessen/sorgt für Unterhaltung/nimmt die Zuschauer in eine besondere Welt mit.

Übungstest zur Prüfungsvorbereitung

Dieser Übungstest besteht aus vier Hauptteilen: Lesen, Hören, Schreiben und Sprechen und orientiert sich an der Prüfung *Goethe-Zertifikat B2*. Wörterbücher und Mobiltelefone sind nicht erlaubt.

 Lesen

Der Prüfungsteil Lesen umfasst fünf Aufgaben.
Zur Lösung der Aufgaben haben Sie insgesamt 65 Minuten Zeit.

1 **Teil 1** *(circa 18 Minuten)*
Sie lesen in einem Forum, wie Menschen über Influencer denken.
Auf welche der vier Personen treffen die einzelnen Aussagen zu? Die Personen können mehrmals gewählt werden.

▸ Wer hat ein Familienmitglied, das diesen Beruf interessant findet? ☐ D

1. Wer denkt, dass Influencer mit wenig Arbeit sehr viel verdienen? ☐

2. Wer findet die Darstellungsweise der Produkte von Influencern problematisch? ☐

3. Wer informiert sich besonders gründlich, bevor er/sie etwas kauft? ☐

4. Wer kennt Influencer persönlich? ☐

5. Wer ist eindeutig gegen Influencer? ☐

6. Wer denkt, dass die meisten Influencer irgendwann mal scheitern? ☐

7. Wer hält viele Influencer für nicht glaubwürdig? ☐

8. Wer denkt, dass Influencer kaum Einfluss auf unser Konsumverhalten haben? ☐

9. Wer ist der Meinung, dass Influencer viel mehr tun können, als Produkte zu verkaufen? ☐

A **Carla**

Influencer? Nein, danke! Diese Leute, die so tun, als würden sie sich für ein Produkt oder ein Kleidungsstück begeistern, sind wirklich nichts für mich. Sie verschwenden ihre eigene Zeit, Aufmerksamkeit und Kreativität – aber auch meine! Influencer verdienen eine Menge Geld, indem sie einen kurzen Text schreiben und ein Foto machen, auf dem sie mit einem Produkt an einem exotischen Ort posieren. Und das alles mit einem Smartphone, das ihnen kostenlos zur Verfügung gestellt wird!
Vielleicht gibt es nicht nur Influencer, die einfach nur einen Trend erkannt haben und schnelles Geld verdienen möchten. Vielleicht gibt es unter den Influencern auch Menschen, die sich nicht nur um sich selbst drehen. Vielleicht. Ich kenne keine.

B **Heinrich**

Ehrlich gesagt, finde ich diese kritische Haltung gegenüber Influencern ziemlich nervig. Als wären sie alle nur am Geld interessiert! Es gibt richtige Profis, die seriös sind, ein klares Ziel vor Augen haben und ihren Job wirklich hervorragend machen. Ich selber habe nach den Tipps von Influencern auch schon ein paar Sachen eingekauft. Manche Mediastars habe ich auf verschiedenen Veranstaltungen auch schon getroffen. Sie waren supernett.
Übrigens kenne ich auch Influencer, die durch die Vermittlung positiver Werte und Lebensansichten hervorstechen. Sie engagieren sich für Natur- oder Tierschutz, nachhaltige Kleidung, gesunde Ernährung und andere wichtige Dinge. Sie wollen die Menschen in einem positiven Sinne beeinflussen (wie das Wort Influencer ja auch schon sagt): Sie wollen Änderungen bewirken, uns auf Probleme und mögliche Lösungen aufmerksam machen oder nützliche Ratschläge geben. Solchen Menschen kann man ruhig zuhören und man kann von ihnen sogar lernen, finde ich.

C **Leo**

Im Kern ist die Idee nicht schlecht: Man findet jemanden, der eine große Reichweite besitzt und diese zur Vorstellung und Vermarktung eines Produktes einsetzt. Das nenne ich clever. Mein Problem ist, dass die meisten Influencer-Posts keine authentischen Produktbewertungen sind. Meiner Erfahrung nach geht es hier eher um Werbung und Verkauf als um ehrliche Produktpräsentationen. Deshalb tendiert bei mir der Vertrauensfaktor gegen null, wenn es um Influencer geht.

Versteht mich nicht falsch, ich habe nichts gegen Empfehlungsmarketing im Allgemeinen. Ich liebe es sogar! Ich mag die Bewertungen auf den verschiedenen Portalen und in den sozialen Netzwerken, denn die geben mir wertvolle Auskünfte, z. B. über ein Buch, ein Reiseziel oder ein Hotel. Oft haben sie mir auch schon geholfen, ein passendes Produkt zu finden. Wenn ich mir etwas online kaufen möchte, lese ich mir fast alle Bewertungen durch. Ich suche so viele Informationen wie möglich und die besten Informationen kommen natürlich von anderen Menschen. Diese Art Empfehlungsmarketing funktioniert so gut, weil es glaubhaft und authentisch ist.

D **Roberta**

Viele Jugendliche träumen heutzutage davon, Influencer zu werden. Auch meine Tochter. Sie will im Netz Mode verkaufen. Ich kann ihren Wunsch nachvollziehen – man hört ja so einiges über erfolgreiche Influencer, die beneidenswert viel Geld verdienen. Ich habe mich jedoch genauer über diesen Beruf informiert und dabei herausgefunden, dass es sehr viele Menschen gibt, die mal versucht haben, sich als Influencer durchzusetzen, ohne dass ihre Rechnung aufging.

Auch wenn ein Influencer ein oder zwei Millionen Abonnenten hat, bedeutet das nicht automatisch hohe Verkaufszahlen, denn laut den Umfragen, die ich gesehen habe, lässt sich nur ein sehr kleiner Anteil der Verbraucher (circa 3 Prozent, wenn ich mich nicht irre) in seinen Kaufentscheidungen von Influencern beeinflussen. Einige wenige können wahrscheinlich von Werbepostings gut leben, nicht aber die Mehrheit. Vielen gelingt der Durchbruch nicht und sie geben irgendwann mal auf. Dann sind sie vielleicht niedergeschlagen und frustriert. Diese Erfahrung möchte ich meiner Tochter gern ersparen.

---

2 **Teil 2** *(circa 12 Minuten)*

Sie lesen in einer Zeitschrift einen kurzen Artikel über mögliche Wege, Freizeit zu genießen.
Welche Sätze passen in die Lücken 10 bis 15? (Zwei Sätze passen nicht.)

(a) Ohne feste Zeitvorgaben fühlt man sich weniger stark in ein Korsett gepresst.

(b) ~~Diese Strategie könnte allerdings auch nach hinten losgehen.~~

(c) Verweilen Sie gedanklich mehr im Hier und Jetzt.

(d) Denn fest abgesteckte Zeiträume begrenzen oftmals den Spaß.

(e) Arbeit und Freizeit sind zwei gleichwertige Aktivitäten.

(f) Zu viele Aktivitäten rauben die Freude an einzelnen Dingen.

(g) Nur so gewinnen unsere Freizeitaktivitäten an Qualität.

(h) Eine gute Organisation ist ein Weg zur Entspannung.

(i) Planen Sie nie zwei Freizeitaktivitäten direkt hintereinander.

■ **Drei Wege, wie wir unsere Freizeit mehr genießen**

Ob im Urlaub oder nach Feierabend – freie Zeit ist bei den meisten Menschen rar gesät. Viele versuchen deshalb, sie ähnlich strukturiert durchzuplanen wie Arbeitszeit, um das meiste aus ihr herauszuholen. … (b).
5 In einer aktuellen Studie kommen die Forscherinnen S. A. Malkoc und G. N. Tonietto zu dem Schluss: Zu viel Planung verdirbt das Vergnügen. Offenbar, so ihre Erkenntnis, kann man auch seine Freizeit mit schönen Dingen überfrachten – und sich dabei mit tollen Aktivitäten
10 sogar andere tolle Aktivitäten vermiesen. Aus den verfügbaren Forschungsdaten leiten sie deshalb die folgenden drei Strategien für mehr Freizeitspaß ab:

1. Flexibel bleiben
Statt auch nach der Arbeit alles minutiös im Terminplan
15 festzuhalten, sollte man die Planung von Freizeitaktivitäten lieber etwas gröber angehen. … (10). Dabei könne es zum Beispiel schon helfen, sich nicht vorzunehmen, „um 17 Uhr" noch einen Abstecher ins Freibad zu machen, sondern „irgendwann nach der Arbeit" schwimmen zu ge-
20 hen, argumentieren die Forscherinnen. … (11).

2. Lücken lassen
Erst zum Frisör, dann kurz in den Buchladen und hinterher direkt weiter zum Kaffeetrinken mit der besten Freundin

oder dem besten Kumpel – so verlockend es auch klingt, sich den ganzen
25 Tag mit schönen Aktivitäten zuzupflastern, ist keine gute Idee. … ⑫. „Man
sieht ständig auf die Uhr und hat das Gefühl, dass man viel zu wenig Zeit
hat, um das, was man gerade macht, zu genießen", erklärt Malkoc. So hätten Versuche etwa gezeigt, dass Probanden eine entspannende Massage
weniger Vergnügen bereitet, wenn sie direkt danach noch eine Verabre-
30 dung mit Freunden haben. Die Forscherinnen raten deshalb: … ⑬.

3. Den Moment genießen

… ⑭. Das kann die Stimmung heben, Stress abfedern und unter Umständen sogar gegen Depressionen und Angstzustände helfen. Jedenfalls
legen das zahlreiche Studien nahe, die sich mit Achtsamkeitsmeditation
35 oder Achtsamkeitstraining befassen. Wir sollten nicht gedanklich schon
über das sinnieren, was in der Zukunft liegt – selbst wenn wir gar nicht unter Zeitdruck stehen. … ⑮. Dementsprechend empfehlen die Forscherinnen, sich darum zu bemühen, mit den Gedanken auch in der Freizeit
im Augenblick zu verweilen. „Der Schlüssel zum Vergnügen liegt bei
40 Freizeitaktivitäten darin, so sehr im Moment zu leben wie nur möglich",
resümiert Malkoc. „Seien Sie spontan und vergessen Sie den Kalender."

3 Teil 3 *(circa 12 Minuten)*
Sie lesen in einer Zeitung einen Artikel über Spaß oder Frust beim Lesen.
Wählen Sie bei den Aufgaben 16 bis 21 die richtige Lösung *a, b* oder *c*.

■ Die Freuden des Lesens

Lesen ist eine einmalige Fähigkeit des Menschen, ein Privileg. Es sei erstaunlich, dass
wir diesen komplexen Prozess überhaupt erler-
nen können, sagen Hirnforscher. Denn beim
5 Lesen werden viele Teile des Hirns gleichzeitig
aktiviert und zeitlich genau koordiniert.

Auch die Psychologie begeistert sich für das Lesen, weil es dem sehr nahekommt, was allgemein
als Glückserleben definiert wird: die versunkene
10 Hingabe bei der Lektüre eines guten Buches, das
veränderte Zeitgefühl und die Überwindung der
beengenden Ich-Grenze. Wer liest, taucht ein in
andere Welten und vergisst für einen Moment den
Alltag. Der Wiener Logotherapeut Victor E. Frankl
15 spricht sogar vom Buch als Therapeutikum und
belegt die Heilkraft des Lesens mit Erfolgen während seiner langen ärztlichen Tätigkeit.

Damit jeder Mensch das Lesen erlernt, gehört
es zu den zentralen Fächern der Schulausbil-
20 dung. Pädagogen, Bildungsforscher und andere
Experten beraten in diesem Zusammenhang regelmäßig über Listen von Büchern, die Schüler
während ihrer Schulzeit lesen sollten, den sogenannten Literaturkanon. Mithilfe dieser Samm-
25 lung von Pflichtlektüre sollen den Kindern
Geschichten vermittelt werden, die den Geist
im Sinne der vorherrschenden Grundsätze und
Überzeugungen formen.

Zu Zeiten des Nationalsozialismus zum Bei-
30 spiel mussten die Schüler nationalsozialistische
Literatur lesen, Werke großer deutscher Schriftsteller wie Heinrich Heine wurden als „undeutsch"
gebrandmarkt, weil sie nicht der Ideologie der
Nationalsozialisten entsprachen. Viele Bücher
35 wurden aus den Schulbibliotheken entfernt und
fielen der Bücherverbrennung zum Opfer.

Heute soll der Literaturkanon solche Werke
enthalten, die kulturell besonders wertvoll und
für die Bildungsabsicht im Sinne der Demokra-
40 tie geeignet sind. Je nach Bundesland erarbeiten
Gremien aus Literaturwissenschaftlern und Lehrern Vorschläge, die dann als Empfehlungen in
den Lehrplänen der verschiedenen Schulen auf-
tauchen.

45 Der Schulkanon sorgt immer wieder für Diskussionen: Während Goethes „Faust" unumstritten ist, geht die Meinung über viele andere Autoren weit auseinander. Ein großer Kritikpunkt an der Liste der Pflichtlektüre ist der geringe Anteil von 50 Autorinnen.

Auch außerhalb der Schule sind Listen der wichtigsten Werke der deutschen Literatur für jedermann stark im Trend. Der Literaturkritiker Marcel Reich-Ranicki (1920–2013) etwa hat 55 20 bedeutende Romane zusammengestellt, „Die Zeit" eine Schülerbibliothek mit 50 Titeln und die „Süddeutsche Zeitung" veröffentlichte 100 Romane des 20. Jahrhunderts in einer Sonderedition.

Allerding sind weder solche Listen noch der 60 Schulunterricht der Grund für begeistertes Lesen. Im Gegenteil: Die Bücher werden so intensiv besprochen, dass vielen Schülern der Spaß am Lesen vergeht. Lesen wird zur Pflicht statt zum Vergnügen. Was macht die Schule falsch? Und andererseits: 65 Warum lesen einige Jugendliche trotzdem leidenschaftlich gern?

Eines hat die Leseforschung bisher sicher herausgefunden: Die beste Lesemotivation für Kinder sind Eltern, die vorlesen, und Omas, die Geschichten 70 erzählen. Die Leselust fängt bei Kleinkindern an. Kinder, die ohne Bücher aufwachsen, können auch später nur schwer zu Vielesern werden. In England gibt es deshalb eine bemerkenswerte Initiative: Nach der Geburt ihres Kindes erhalten 75 die Eltern eine Stofftasche mit zwei Babybüchern, einer Anleitung zum Vorlesen und einer freien Mitgliedschaft in der örtlichen Bücherei. Die Zahl der vorlesenden Eltern ist seitdem auf über 90 Prozent gestiegen.

80 In Deutschland versucht man auf anderen Wegen, die Kinder wieder zum Buch zu bringen, etwa durch Leseinitiativen mit Vorlesewettbewerben, Buchtipps für alle Altersklassen, Lesereisen von Prominenten und mehr. Viele Bibliotheken 85 stellen Bücherkisten zur Verfügung und organisieren Begegnungen mit Kinderbuchautoren. In einigen Bundesländern gibt es Vorlesepaten, die lesewilligen Erwachsenen in speziellen Kursen die Kunst des Vorlesens beibringen.

90 Wichtig ist auch eine Hilfe im Dschungel der jährlichen Neuerscheinungen. Der Arbeitskreis Jugendliteratur verleiht deshalb jedes Jahr den Deutschen Jugendbuchpreis. Ansonsten kann man sich an der Tatsache orientieren, dass Ju95 gendliche Abenteuergeschichten meistens viel lieber lesen als die realistischen Problemerzählungen aus dem Schulkanon. Harry Potter etwa ist ein zauberhafter Lesemagnet.

---

⑮ Lesen

a) ☐ heilt schwere Krankheiten.

b) ☐ lenkt Kinder von wichtigen Aufgaben ab.

c) ☒ gilt als Arznei für Körper und Geist.

⑯ Ein Literaturkanon ist eine Liste von Büchern,

a) ☐ die am populärsten sind.

b) ☐ die jeder kennen muss.

c) ☐ die ein Gremium für Schüler zusammenstellt.

⑰ Bücherlisten für Schulen

a) ☐ begeistern vor allem Lehrer.

b) ☐ sind immer auch ideologisch geprägt.

c) ☐ gelten für ganz Deutschland.

⑱ Schüler

a) ☐ werden von der Pflichtliteratur in der Schule zum Lesen animiert.

b) ☐ sollten schon als Kleinkinder an das Lesen herangeführt werden.

c) ☐ entdecken die Liebe zum Lesen oft nach Abschluss der Schule.

⑲ Die Initiative zur Leseförderung in England

a) ☐ hat die Bereitschaft zum Vorlesen erhöht.

b) ☐ war sehr teuer.

c) ☐ ist vor allem für Kleinkinder konzipiert.

⑳ In Deutschland

a) ☐ gibt es eine ähnliche Initiative wie in Großbritannien.

b) ☐ bringen sogenannte Vorlesepaten Kindern das Lesen bei.

c) ☐ gibt es sehr unterschiedliche Wege zur Leseförderung.

㉑ Kinder und Jugendliche

a) ☐ sollten mit Problemerzählungen die reale Welt kennenlernen.

b) ☐ mögen Fantasie- und Abenteuerliteratur.

c) ☐ sollten auf die Empfehlungen des Arbeitskreises Jugendliteratur achten.

4 Teil 4 *(circa 12 Minuten)*

Sie lesen in einer Zeitschrift verschiedene Meinungsäußerungen zum Thema Zoos und ihre Existenz-berechtigung. Welche der Überschriften 22 bis 27 passen inhaltlich zu den Äußerungen A bis H? Eine Äußerung passt nicht. Die Äußerung A ist das Beispiel und kann nicht noch einmal verwendet werden.

▶ Wunderbare Freizeitbeschäftigung für Kinder **[A]**

22. Beitrag zum Naturschutz auch außerhalb der Zoos

23. Weg vom Digitalen – hin zum Realen

24. Zoobesuche bilden

25. Irreführung und Tierquälerei

26. Tiergehege haben neue Qualität

27. Wilde Tiere in Zoos – keine gute Idee

■ Zoos – ja oder nein?

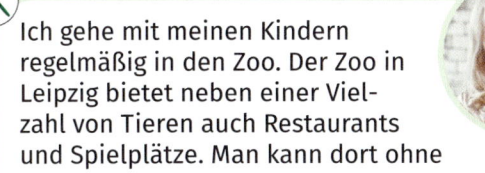

X Ich gehe mit meinen Kindern regelmäßig in den Zoo. Der Zoo in Leipzig bietet neben einer Viel-zahl von Tieren auch Restaurants und Spielplätze. Man kann dort ohne Langeweile einen ganzen Tag verbringen.
Petra, Leipzig

B Zoos dienen nicht nur als Frei-zeitbeschäftigung für Kinder und Erwachsene, sie leisten mit ihren Zuchtprogrammen auch einen Beitrag zu Arterhaltung und retten auf diese Weise einige Tierarten vorm Aussterben.
Beate, München

C Wenn wir nicht wollen, dass unsere Kinder den ganzen Tag in der digi-talen Welt zubringen, dann sollten wir Orte schaffen und erhalten, an denen sie sich gerne aufhalten und etwas dazulernen. Dazu gehören echte, leben-de Tiere, ihr Aussehen und ihr Verhalten.
Leo, Dresden

D Wildtiere leiden in Zoos unter den zu engen Gehegen. Und sie können keine natürlichen Verhaltensformen entwickeln, zum Beispiel Beute jagen. Stattdessen bauen sie Beziehungen zu Menschen auf, was in der Natur nicht vorge-sehen ist.
Alexander, Frankfurt

E Die Haltungsbedingen von Tieren in den europäischen Zoos haben sich in den letzten Jahren stark verbessert. Die Architektur von neu-en Gehegen trägt dem Verhalten der Tiere Rechnung. Eingepferchte und leidende Tiere gehören der Vergangenheit an.
Bernd, Münster

F Zooarbeit ist Bildungsarbeit. Hier kann die künftige Generation in der anschaulichsten Form etwas über Tiere, Artenvielfalt und Na-turschutz lernen. Die Angebote für Besucher und Schulklassen sind vielfältig und sollten viel mehr genutzt werden.
Sepp, Holzkirchen

G Pelikane, die nicht fliegen kön-nen, kleine Eisbären, die vom Pfleger mit Flasche aufgezogen werden – Zoos vermitteln Kindern ein völlig falsches Bild vom Leben der Tiere. Ganz abgesehen davon, dass sie deren Freiheit massiv einschränken. Zoos gehören einfach abgeschafft.
Julia, Hamburg

H Zoos dienen der Arterhaltung, aber nicht in erster Linie. Ihre Haupt-aufgabe ist die Unterhaltung von Menschen, damit verdienen sie ihr Geld. Von diesen Einnahmen aller-dings unterstützen viele Zoos Naturschutz-projekte auf der ganzen Welt – und leisten so auch einen wichtigen Beitrag zum Überleben von Tierarten in der Freiheit.
Gustav, Dortmund

5 Teil 5 *(circa 6 Minuten)*

Sie studieren in Leipzig und möchten die Deutsche Nationalbibliothek nutzen. Im Internet finden Sie einige Informationen. Lesen Sie die Nutzungsmodalitäten und wählen Sie die passenden Überschriften zu den Punkten 28 bis 30.

▪ A Frei zugänglicher Bestand ▪ ~~B Standorte~~ ▪ C Ausleihe	▪ D Auftrag ▪ E Zulassung ▪ F Bücher	▪ G Kunden ▪ H Lesebeschränkungen

▪ Benutzung der Deutschen Nationalbibliothek

▶ B) Standorte

Die Deutsche Nationalbibliothek ist an ihren Standorten in Leipzig und Frankfurt am Main eine öffentlich zugängliche Bibliothek mit einem umfangreichen Dienstleistungsangebot.

(28) ....

Die Deutsche Nationalbibliothek sammelt alle in Deutschland erschienenen Werke sowie die deutschsprachige Literatur des Auslandes, in Leipzig seit 1913, in Frankfurt seit 1945. Dazu gehören sowohl Veröffentlichungen in Papierform als auch beispielsweise Tonträger und Medienwerke auf elektronischen Datenträgern sowie Netzpublikationen.

Nutzung

Die Deutsche Nationalbibliothek ist eine Präsenzbibliothek, das heißt, die Bestände können nur direkt vor Ort im Lesesaal benutzt werden.

(29) ....

Voraussetzung für die Benutzung ist die Vollendung des 18. Lebensjahres. Nach Registrierung und der Vorlage eines gültigen Personalausweises oder Reisepasses (in Verbindung mit einer amtlichen Bestätigung des Wohnsitzes) erhält man einen Benutzungsausweis.

Bestellungen

Da die Bestände im Magazin stehen und nicht frei zugänglich sind, ermitteln die Benutzerinnen und Benutzer im Katalog das gewünschte Werk und bestellen dieses nach Eingabe der persönlichen Daten per Bestell-Button. An der Medienausleihe werden die Veröffentlichungen zur Benutzung in den Lesesälen bereitgestellt.

(30) ....

Über 60 000 Bände können die Nutzerinnen und Nutzer in den Handbibliotheken der Lesesäle sowie in der Bibliografischen Handbibliothek und den Sondersammlungen direkt einsehen. Außerdem besteht die Möglichkeit, auf die Elektronische Handbibliothek mit Titeln und Nachschlagewerken aus allen Wissensgebieten zuzugreifen.

▷ Hören

Der Prüfungsteil Hören umfasst vier Aufgaben. Dieser Teil dauert insgesamt 40 Minuten.

1 Teil 1

Sie hören fünf Äußerungen und Gespräche. Sie hören jeden Text einmal. Zu jedem Text lösen Sie zwei Aufgaben. Wählen Sie bei jeder Aufgabe die richtige Lösung.

(46)

Äußerung 1

1. Das vorgestellte Unternehmen organisiert Pauschalreisen.

   ☐ richtig   ☐ falsch

2. Den meisten Kunden gefällt

   ☐ a) das gute Preis-Leistungs-Verhältnis.

   ☐ b) die Broschüre mit den Reisezielen.

   ☐ c) die hervorragende Kundenbetreuung vor Ort.

Gespräch 2

3. Adam ist mit seiner neuen Wohnung zufrieden.

   ☐ richtig   ☐ falsch

4. Adam hält es für wichtig,

   ☐ a) keine unnötigen Dinge zu besitzen.

   ☐ b) nur Möbel aus Japan zu kaufen.

   ☐ c) in einem ruhigen Stadtteil zu wohnen.

Gespräch 3

5. Die Bürgermeisterin möchte in der Innenstadt autofreie Zonen einrichten.

☐ richtig ☐ falsch

6. Das Programm sieht vor,

☐ a) dass die Menschen die öffentlichen Verkehrsmittel kostengünstiger benutzen können.

☐ b) dass im Stadtzentrum mehr Fahrradwege gebaut werden.

☐ c) dass die Autos nicht mehr in die Innenstadt fahren dürfen.

Gespräch 4

7. Lisa hat in der letzten Woche an einem Kurs teilgenommen.

☐ richtig ☐ falsch

8. Sie fand besonders gut,

☐ a) dass die Teilnehmenden Erfahrungen austauschen konnten.

☐ b) dass die Referierenden praxisnahe Beispiele angeführt haben.

☐ c) dass das Seminar von Führungskräften geleitet wurde.

Gespräch 5

9. Nora hat vor, ins Ausland zu gehen.

☐ richtig ☐ falsch

10. Nora hat Straßburg gewählt,

☐ a) weil sie Paris nicht mag.

☐ b) weil sie dort viele Menschen kennt.

☐ c) weil sie kleinere Städte bevorzugt.

2 Teil 2

Sie hören im Radio ein Interview mit einem Mitarbeiter der Universität Dortmund zum Thema Tempolimit. Sie hören den Text zweimal. Lesen Sie die Aufgaben 11 bis 16 und wählen Sie die richtige Lösung *a*, *b* oder *c*.

(47) (11) Das Thema Tempolimit

a) ☐ ist ein Lieblingsthema der Politiker.

b) ☐ spaltet die Gesellschaft.

c) ☐ interessiert in Deutschland niemanden.

(13) Das Argument der Sicherheit

a) ☐ beziehen die Gegner des Limits auf einen Vergleich verschiedener Autobahnen.

b) ☐ können Befürworter anhand von Studienergebnissen untermauern.

c) ☐ kann die Bevölkerung nicht überzeugen.

(15) Die Entscheidung für ein Tempolimit kann beeinflusst werden von

a) ☐ der Unfallstatistik.

b) ☐ den Ergebnissen wissenschaftlicher Studien zum Thema Umwelt.

c) ☐ der Meinung der Bevölkerung.

(12) Gegner und Befürworter einer Geschwindigkeitsbegrenzung

a) ☐ bedienen sich in der Auseinandersetzung der gleichen Themen.

b) ☐ stehen sich unversöhnbar gegenüber.

c) ☐ sind in allen Parteien in Deutschland zu finden.

(14) Die Geschwindigkeit beim Autofahren hat Auswirkungen auf

a) ☐ das Fahrverhalten der Menschen.

b) ☐ die Möglichkeiten zum Überholen.

c) ☐ die Wahrscheinlichkeit und die Schwere eines Unfalls.

(16) Insgesamt gesehen haben sich die Chancen für eine Geschwindigkeitsbegrenzung auf Autobahnen in den letzten Jahren

a) ☐ leicht erhöht.

b) ☐ nicht erhöht.

c) ☐ stark erhöht.

3 Teil 3

Sie hören im Radio ein Gespräch mit mehreren Personen über unterschiedliche Ernährungsweisen.
Sie hören den Text einmal. Lesen Sie die Aufgaben 17 bis 22 und entscheiden Sie: Wer sagt das?

▶ Bei einer rein veganen Ernährung gibt es bestimmte Defizite in Bezug auf die Aufnahme von Vitaminen oder Mineralstoffen.

a) ☒ Moderator b) ☐ Frau Schimmel c) ☐ Herr Holz

17. Nährstoffmangel durch vegane Ernährung kann man problemlos ausgleichen.

a) ☐ Moderator b) ☐ Frau Schimmel c) ☐ Herr Holz

18. Die Anzahl der Veganer in Deutschland nimmt zu.

a) ☐ Moderator b) ☐ Frau Schimmel c) ☐ Herr Holz

19. Ernährungsexperten und Mediziner warnen vor einer veganen Ernährung bei Heranwachsenden.

a) ☐ Moderator b) ☐ Frau Schimmel c) ☐ Herr Holz

20. Mit der flexitarischen Ernährungsweise führt man dem Körper alle wichtigen Nährstoffe durch die Nahrung zu.

a) ☐ Moderator b) ☐ Frau Schimmel c) ☐ Herr Holz

21. Vor der Einnahme von Nahrungsergänzungsmitteln sollte man einen Arzt konsultieren.

a) ☐ Moderator b) ☐ Frau Schimmel c) ☐ Herr Holz

22. Das Essverhalten von Flexitariern führt nicht zu einem gesellschaftlichen Umdenken.

a) ☐ Moderator b) ☐ Frau Schimmel c) ☐ Herr Holz

4 Teil 4

Sie hören einen kurzen Vortrag zum Thema Bewerbung. Sie hören den Text zweimal.
Lesen Sie die Aufgaben 23 bis 30 und wählen Sie die richtige Lösung.

㉓ Bei der Länge einer Bewerbung gilt:

a) ☐ Je ausführlicher, desto besser.
b) ☐ Lieber kürzer als länger.
c) ☐ Nur das Allernotwendigste.

㉔ Was gehört zu den Bewerbungsunterlagen?

a) ☐ Ihre letzten drei Schulzeugnisse.
b) ☐ Das Zeugnis Ihres höchsten Abschlusses.
c) ☐ Alle Arbeitszeugnisse.

㉕ Man sollte bei einer Bewerbung besonders achten

a) ☐ auf Korrektheit.
b) ☐ auf Vielfalt.
c) ☐ auf ein außergewöhnliches Layout.

㉖ Ein Foto auf dem Lebenslauf

a) ☐ wird von vielen Bewerbern beigefügt.
b) ☐ ist in Deutschland erwünscht.
c) ☐ ist aus rechtlichen Gründen nicht gestattet.

27. Die Angabe des Familienstandes
    a) ☐ gehört zum Lebenslauf.
    b) ☐ bringt Pluspunkte bei der Bewerbung.
    c) ☐ sagt nichts über die Eignung für einen Job aus.

28. Die Angaben in Bewerbungsunterlagen
    a) ☐ sind in Deutschland klar und eindeutig geregelt.
    b) ☐ werden in manchen Punkten unterschiedlich betrachtet.
    c) ☐ unterliegen überhaupt keinen Vorgaben.

29. Die Beschäftigung mit den Bewerbungs-unterlagen und deren Beurteilung
    a) ☐ erfolgt durch die Personalabteilung.
    b) ☐ ist Sache der Führungsebene.
    c) ☐ hängt von verschiedenen Faktoren ab.

30. Frau Gärtner bietet ihre Hilfe an,
    a) ☐ wenn jemand einen Job sucht.
    b) ☐ wenn jemand konkrete Hilfe bei seinen Bewerbungsunterlagen benötigt.
    c) ☐ wenn jemand eine Bewerbung schreiben möchte.

⟩ Schreiben

Der Prüfungsteil Schreiben besteht aus zwei Aufgaben. Er dauert insgesamt 75 Minuten.

1   Teil 1 *(50 Minuten)*
Sie schreiben einen Forumsbeitrag zum Thema Führungspositionen für Frauen und Männer.

- Berichten Sie über Ihre eigene berufliche Situation und die Führungsstruktur in Ihrer Firma.
- Nennen Sie Kriterien, die Sie bei der Beset-zung von Führungspositionen wichtig finden.
- Beschreiben Sie, ob sich ein paritätisches Verhältnis von Männern und Frauen in Füh-rungspositionen positiv oder negativ auf ein Unternehmen auswirken könnte.
- Nennen Sie Gründe, warum der Staat eine/keine Quote für den Anteil von Frauen in Führungsgremien vorgeben sollte.

Denken Sie an eine Einleitung und einen Schluss. Bearbeiten Sie alle Inhaltspunkte und achten Sie neben der Korrektheit auch auf abwechslungsreiche und sinnvolle sprachliche Übergänge und Verknüpfungen.
Schreiben Sie mindestens 150 Wörter.

2 Teil 2 *(25 Minuten)*

Sie haben morgen das Jahresgespräch mit Ihrer Vorgesetzten und sollen dabei Ihre Arbeitsergebnisse und Ihre Maßnahmeplanung für das nächste Jahr vorstellen. Aus verschiedenen Gründen sind Sie dazu noch nicht in der Lage. Schreiben Sie eine Nachricht an Ihre Vorgesetzte Frau Kleinschmidt.

| Formulieren Sie eine Bitte. | Nennen Sie Gründe. | Schildern Sie den Stand der Dinge. | Bitten Sie um Verständnis. |

Überlegen Sie sich eine passende Reihenfolge der inhaltlichen Punkte. Achten Sie neben der Korrektheit auch auf abwechslungsreiche und sinnvolle sprachliche Übergänge und Verknüpfungen.
Schreiben Sie mindestens 100 Wörter.

▶ Sprechen

Der Prüfungsteil Sprechen besteht aus zwei Aufgaben.
Sie haben für den Teil Sprechen 15 Minuten Vorbereitungszeit.

1 Teil 1: Einen Vortrag halten

Sie nehmen an einem Seminar teil und sollen einen kurzen Vortrag halten.
Wählen Sie ein Thema aus (A oder B). Anschließend beantworten Sie einige Fragen zu Ihrem Vortrag.

Strukturieren Sie Ihren Vortrag mit einer Einleitung, einem Hauptteil und einem Schluss.
Sprechen Sie circa vier Minuten. Die Notizen aus der Vorbereitungszeit können Sie verwenden.

A

Sitzen ist das neue Rauchen.
- Beschreiben Sie die Bedeutung des Satzes.
- Schildern Sie mögliche Maßnahmen.
- Beschreiben Sie Ihre eigene Situation.

B

Klimaschutz – jeder kann einen Beitrag leisten.
- Beschreiben Sie mehrere Methoden und Beispiele.
- Nennen Sie Vor- und Nachteile einiger Beispiele und deren Grenzen.
- Schildern Sie Ihre persönlichen Erfahrungen.

2 Teil 2: Eine Diskussion führen

Sie nehmen an einer Diskussionsrunde über eine aktuelle Frage teil und diskutieren mit einer Partnerin/einem Partner.

Was bedeutet Verantwortung der sozialen Medien?

- Legen Sie Ihren Standpunkt dar und nennen Sie Ihre Argumente.
- Reagieren Sie auf die Argumente Ihrer Gesprächspartnerin/Ihres Gesprächspartners.
- Fassen Sie am Ende zusammen: Sind Sie dafür oder dagegen?

Sie können diese Stichpunkte zu Hilfe nehmen:
- Recht auf freie Meinungsäußerung?
- Kontrolle durch den Anbieter der Plattform/Selbstzensur?
- Maßnahmen der Plattform – in welchen Fällen?
- Regulierungsrechte des Staates – ja/nein?

Übersicht zu den Strukturen

⟩ Verben

⟩ Zeitformen der Verben

regelmäßige Verben	unregelmäßige Verben	Mischverben	Verwendung
Präsens *(Verbstamm, manchmal mit Vokalwechsel + Endung)*			
ich lerne sie kauft ein wir kopieren	ich fahre er ruft an wir beginnen	ich denke sie weiß	▸ für die Gegenwart, für allgemein Gültiges und für die Zukunft (oft mit Zeitangabe)
Präteritum *(Verbstamm + t + Endungen/Verbstamm mit Vokalwechsel + Endung)*			
ich lernte sie kaufte ein wir kopierten	ich fuhr er rief an wir begannen	ich dachte sie wusste	▸ für die Vergangenheit (schriftliche Kommunikation) und bei Modalverben sowie bei *haben* und *sein*
Perfekt *(sein/haben + Partizip II)*			
ich **habe** gelernt sie **hat** eingekauft wir **haben** kopiert	ich **bin** gefahren er **hat** angerufen wir **haben** begonnen	ich **habe** gedacht sie **hat** gewusst	▸ für die Vergangenheit (mündliche Kommunikation und informelle schriftliche Texte)
Plusquamperfekt *(waren/hatten + Partizip II)*			
ich **hatte** gelernt sie **hatte** eingekauft wir **hatten** kopiert	ich **war** gefahren er **hatte** angerufen wir **hatten** begonnen	ich **hatte** gedacht sie **hatte** gewusst	▸ für in der Vergangenheit hintereinander stattfindende Ereignisse
Futur I *(werden + Infinitiv)*			
ich **werde** lernen sie **wird** einkaufen wir **werden** kopieren	ich **werde** fahren er **wird** anrufen wir **werden** beginnen	ich **werde** denken sie **wird** wissen	▸ für ein Vorhaben/eine Prophezeiung in der Zukunft oder eine Vermutung in der Gegenwart
Futur II *(werden + Partizip II + sein/haben)*			
ich **werde** gelernt haben sie **wird** eingekauft haben wir **werden** kopiert haben	ich **werde** gefahren sein er **wird** angerufen haben wir **werden** begonnen haben	ich **werde** gedacht haben sie **wird** gewusst haben	▸ für in der Zukunft abgeschlossene Vorhaben/Prophezeiungen oder eine Vermutung in der Vergangenheit

Modalverben

Modalverben in der Grundbedeutung: Präsens, Präteritum, Perfekt

	Präsens	Präteritum	Perfekt Modalverb als Vollverb *(selten)*	Perfekt Modalverb als Hilfsverb *(oft)*
können	er kann	er konnte	er hat gekonnt	er hat schwimmen können
müssen	er muss	er musste	er hat gemusst	er hat arbeiten müssen
dürfen	er darf	er durfte	er hat gedurft	er hat teilnehmen dürfen
mögen	er mag	er mochte	er hat gemocht *(oft)*	er hat nicht essen mögen
sollen	er soll	er sollte	er hat gesollt	er hat anrufen sollen
wollen	er will	er wollte	er hat gewollt	er hat laufen wollen

Modalverben und *werden* in Vermutungsbedeutung

	Beispielsatz *Wo sind diese Personen?*	synonyme Wendungen
können/könnten	Peter **kann/könnte** noch im Büro sein.	eventuell/möglicherweise/vielleicht/es ist denkbar/ es ist möglich
dürften/werden	Eva **dürfte/wird** noch im Stau stehen.	wahrscheinlich/vermutlich
müssten	Anna **müsste** noch im Fitness-studio sein.	höchstwahrscheinlich/ich bin mir ziemlich sicher
müssen	Jan **muss** unterwegs sein, er hat gerade angerufen.	sicher/zweifellos/bestimmt/ich bin mir ganz sicher
nicht können	Peter **kann nicht** mehr im Büro sein, ich habe dort angerufen.	sicher nicht/ich halte es für unmöglich

Zeitformen für Modalverben in Vermutungsbedeutung

Gegenwart *Wo sind diese Personen?*	Vergangenheit *Wo waren diese Personen?*
Peter **könnte** noch im Büro **sein**. Eva **dürfte** noch im Stau **stehen**.	Peter **könnte** im Büro **gewesen sein**. Eva **dürfte** im Stau **gestanden haben**.

 Verben mit Präfix

Verben mit den Präfixen • be- • emp- • ent- • er- • ge- • miss- • ver- • zer- sind nicht trennbar.	Verben mit den Präfixen • durch- • hinter- • über- • um- • unter- • voll- • wider- • wieder- können trennbar oder nicht trenn-bar sein.	Verben mit allen anderen Präfixen sind trennbar.
beginnen: ich beginne empfangen: ich empfange entfernen: ich entferne erhalten: ich erhalte gefallen: es gefällt mir missachten: ich missachte vereinbaren: ich vereinbare zerstören: ich zerstöre	überziehen: Ich ziehe mir etwas über. (trennbar im Sinne von *anziehen*) Ich überziehe mein Konto. (untrennbar im Sinne von *zu viel in Anspruch nehmen*)	anfangen: ich fange an aufstehen: ich stehe auf ausschalten: ich schalte aus einkaufen: ich kaufe ein fernsehen: ich sehe fern mitmachen: ich mache mit weglaufen: ich laufe weg zusehen: ich sehe zu

Reflexive und teilreflexive Verben

Reflexive Verben haben immer ein Reflexivpronomen.	Ich freue **mich**.	▪ sich bewerben ▪ sich freuen ▪ sich interessieren ▪ sich konzentrieren ▪ sich streiten ▪ sich verlieben
Teilreflexive Verben können mit einem Reflexivpronomen oder einem anderen Akkusativobjekt stehen.	Ich wasche **mich**. Ich wasche **meine Hose**.	▪ sich/jemanden anmelden ▪ sich/jemanden anziehen ▪ sich/jemanden ärgern ▪ sich/jemanden beschäftigen ▪ sich/jemanden duschen ▪ sich/jemanden einschreiben ▪ sich/jemanden erinnern ▪ sich/jemanden treffen ▪ sich/jemanden unterhalten ▪ sich/etwas vorbereiten ▪ sich/jemanden waschen ▪ sich/jemanden weiterbilden

Verben im Passiv

▪ **Vorgangspassiv** *(werden + Partizip II)*

Zeitformen	ohne Modalverb	mit Modalverb
Präsens	sie **wird gefragt**	sie **muss gefragt werden**
Präteritum	sie **wurde gefragt**	sie **musste gefragt werden**
Perfekt	sie **ist gefragt worden**	sie **hat gefragt werden müssen**
Plusquamperfekt	sie **war gefragt worden**	sie **hatte gefragt werden müssen**
Futur I	sie **wird gefragt werden**	sie **wird gefragt werden müssen**

Passiv im Nebensatz

Präsens	Ich weiß nicht, wann das Handy **repariert wird**. Ich weiß nicht, warum das Handy nicht **repariert werden kann**.
Präteritum	Ich weiß nicht, wann das Handy **repariert wurde**. Ich weiß nicht, warum das Handy nicht **repariert werden konnte**.
Perfekt	Ich weiß nicht, wann das Handy **repariert worden ist**. Ich weiß nicht, warum das Handy nicht **hat repariert werden können**.

▪ **Zustandspassiv** *(sein + Partizip II)*

Vorgang	Die Tür **ist abgeschlossen worden**.	
Zustand	Die Tür **ist abgeschlossen**.	*(Gegenwart)*
	Die Tür **war abgeschlossen**.	*(Vergangenheit)*

▪ **Passiversatzformen**

Angabe einer Möglichkeit

Die Tür **ist abzuschließen**. Das Bild **ist** nicht **zu verkaufen**.	*sein + zu + Infinitiv*
Die Tür **lässt sich** abschließen. Das Bild **lässt sich** nicht verkaufen.	*sich + lassen + Infinitiv*
Die Tür **ist abschließbar**.	*Verbstamm + -bar*
Das Bild **ist** unver**käuflich**.	*Verbstamm + -lich*

Angabe einer Notwendigkeit

Die Tür **ist** jeden Abend **abzuschließen**.	*sein + zu + Infinitiv*

A Übersicht zu den Strukturen

 Konjunktiv II

Zeitformen: Aktiv

Konjunktiv II – Gegenwart	Konjunktiv II – Vergangenheit
Hilfsverben: Ich **hätte** gern Geld. Ich **wäre** gern gesund. → *hätte-/wäre-*	Ich **hätte** gern Geld **gehabt**. Ich **wäre** gern gesund **gewesen**. → Konjunktiv II von *haben* und *sein* + Partizip II
viele Verben: Ich **würde** gern in den Urlaub **fahren**. Ich **würde** gern weniger **arbeiten**. Ich **würde** mir gern ein Elektroauto **kaufen**. → *würde-* + Infinitiv	Ich **wäre** gern in den Urlaub **gefahren**. Ich **hätte** gern weniger **gearbeitet**. Ich **hätte** mir gern ein Elektroauto **gekauft**. → Konjunktiv II von *haben* und *sein* + Partizip II
Modalverben: **Könnte** ich doch schneller **rennen**! **Müsste** ich doch nicht jeden Tag so weit **fahren**! → *könnte-/müsste-/dürfte-/sollte-/wollte-*	**Hätte** ich doch besser schneller **rennen können**! **Hätte** ich doch nicht jeden Tag so weit **fahren müssen**! → Konjunktiv II von *haben* + Verb im Infinitiv + Modalverb im Infinitiv

Zeitformen: Passiv

Konjunktiv II – Gegenwart	Konjunktiv II – Vergangenheit
Das Haus **würde gebaut**. → *würde-* + Partizip II	Das Haus **wäre gebaut worden**. → Konjunktiv II von *sein* + Partizip II + *worden*

Gebrauch

Bitten, Vorschläge, Meinungsäußerung und Kritik

Könntest du mir mal **helfen**?	*höfliche Frage, Bitte*
Wir **sollten** mit der Entscheidung noch **warten**.	*Vorschlag*
Ich **würde** mir das (an deiner Stelle) noch einmal **überlegen**.	*Meinungsäußerung*
Es **wäre** besser **gewesen**, wenn du vorher **gefragt hättest**. Du **hättest** vorher **fragen sollen**/**müssen**.	*nachträgliche Kritik*

Irreales

Hätte ich doch mehr Geld!	*irrealer Wunsch*
Wenn ich Zeit **hätte**, **würde** ich mehr Sport **treiben**.	*irreale Bedingung*
Er tut so, als ob er mich nicht **sehen würde**.	*irrealer Vergleich*
Fast/Beinahe **hätte** ich fünf Millionen Euro **gewonnen**.	*verpasste Gelegenheit*

Konjunktiv I

■ **Zeitformen: Aktiv**

Konjunktiv I – Gegenwart	Konjunktiv I – Vergangenheit
Der Politiker sagte, er **habe** leider keine Zeit. er **sei** mit der Entwicklung zufrieden. er **verstehe** die Reaktion der Kollegin nicht. das **dürfe** nicht noch einmal **passieren**.	Der Politiker sagte, er **habe** leider keine Zeit **gehabt**. er **sei** mit der Entwicklung zufrieden **gewesen**. er **habe** die Reaktion der Kollegin nicht **verstanden**. → Konjunktiv I von *haben* und *sein* + Partizip II das **habe** nicht noch einmal **passieren dürfen**. → Konjunktiv I von *haben* und *sein* + Verb im Infinitiv + Modalverb im Infinitiv

■ **Gebrauch**

Die Arbeitsministerin sagte, die Situation auf dem Arbeitsmarkt **sei** gut.	*indirekte Rede*

 Imperativ

Formen	bleiben	essen	arbeiten
du ihr Sie	**Bleib** (zu Hause)! **Bleibt** (zu Hause)! **Bleiben Sie** (zu Hause)!	**Iss** (viel Obst)! **Esst** (viel Obst)! **Essen Sie** (viel Obst)!	**Arbeite** (nicht so viel)! **Arbeitet** (nicht so viel)! **Arbeiten Sie** (nicht so viel)!

Gebrauch

Bleib zu Hause!	*Aufforderung*

 Verben und ihre Ergänzungen

Verben mit direktem Kasus

Verben mit Akkusativ Ich trinke morgens **eine Tasse Kaffee**.	*Auswahl:* **jemanden** befragen ▪ beglückwünschen (zu) ▪ beneiden (um) ▪ besuchen ▪ bitten (um) ▪ lieben ▪ loben (für) ▪ kennen ▪ sehen ▪ treffen ▪ unterbrechen ▪ untersuchen ▪ verurteilen (zu) ▪ verstehen **etwas** essen ▪ trinken ▪ sagen ▪ bestätigen
Verben mit Dativ Die Erklärung half **den Studentinnen** nicht.	*Auswahl:* **jemandem** ähneln ▪ antworten (auf) ▪ begegnen ▪ beistehen ▪ danken (für) ▪ drohen (mit) ▪ gefallen ▪ glauben ▪ gratulieren (zu) ▪ helfen ▪ missfallen ▪ misstrauen ▪ nachgeben ▪ nützen ▪ schaden ▪ vertrauen ▪ widersprechen ▪ zuhören ▪ zureden ▪ zustimmen
Verben mit Dativ und Akkusativ Experten geben **dem Menschen** viele Ratschläge.	*Auswahl:* **jemandem etwas** anvertrauen ▪ beantworten ▪ bewilligen ▪ borgen ▪ bringen ▪ empfehlen ▪ entziehen ▪ erlauben ▪ erzählen ▪ geben ▪ leihen ▪ mitteilen ▪ sagen ▪ schenken ▪ schicken ▪ schreiben ▪ senden ▪ verbieten ▪ verdanken ▪ verschweigen ▪ versprechen ▪ verkaufen ▪ verweigern ▪ verzeihen ▪ wegnehmen ▪ wünschen ▪ zeigen
Verben mit zwei Akkusativen Die Presse nannte **die jungen Frauen vorbildliche Aktivistinnen.**	*wichtige Verben dieser Gruppe:* **jemanden etwas** kosten ▪ lehren ▪ nennen
Verben mit Akkusativ und Genitiv Die Verkäuferin beschuldigte **die Studentinnen des Diebstahls.**	*wichtige Verben dieser Gruppe:* **jemanden einer Straftat** beschuldigen ▪ bezichtigen ▪ verdächtigen ▪ überführen ▪ anklagen ▪ schuldig sprechen

Übersicht zu den Strukturen

Verben mit präpositionaler Ergänzung

Aussagesätze	Ich warte **auf** das Gepäck. Ich warte **auf** den Hausmeister.
Fragesätze	**Worauf** wartest du? *(Sache)* **Auf wen** wartest du? *(Person)*
mit Nebensatz oder Infinitivkonstruktion	Ich warte **darauf**, dass mein Gepäck/der Hausmeister kommt. Ich warte **darauf**, endlich in den Urlaub zu fahren.

Nomengruppe

Kasus der Nomen

	Singular			Plural
	maskulin	**feminin**	**neutral**	
Nominativ	der Tisch großer Tisch der große Tisch ein großer Tisch mein großer Tisch	die Bar kleine Bar die kleine Bar eine kleine Bar meine kleine Bar	das Büro neues Büro das neue Büro ein neues Büro mein neues Büro	die Bücher alte Bücher die alten Bücher meine alten Bücher
Akkusativ	den Tisch großen Tisch den großen Tisch einen großen Tisch meinen großen Tisch			
Dativ	dem Tisch großem Tisch dem großen Tisch einem großen Tisch meinem großen Tisch	der Bar kleiner Bar der kleinen Bar einer kleinen Bar meiner kleinen Bar	dem Büro neuem Büro dem neuen Büro einem neuen Büro meinem neuen Büro	den Büchern alten Büchern den alten Büchern meinen alten Büchern
Genitiv	des Tisches großen Tisches des großen Tisches eines großen Tisches meines großen Tisches		des Büros neuen Büros des neuen Büros eines neuen Büros meines neuen Büros	der Bücher alter Bücher der alten Bücher meiner alten Bücher

Plural der Nomen

--- (+ Umlaut)	-e (+ Umlaut)	-er (+ Umlaut)	-en	-s
(der Apfel) die Äpfel	(das Telefon) die Telefone	(das Glas) die Gläser	(die Banane) die Bananen	(das Büro) die Büros
(das Zimmer) die Zimmer	(das Gerät) die Geräte	(der Mann) die Männer	(der Mensch) die Menschen	(das Hobby) die Hobbys
(das Brötchen) die Brötchen	(der Baum) die Bäume	(das Bild) die Bilder	(die Tasse) die Tassen	

Besondere maskuline Nomen: Die *n*-Deklination

	Singular		Plural	
Nominativ	der Kunde	der Mensch	die Kunden	die Menschen
Akkusativ	den Kunden	den Menschen	die Kunden	die Menschen
Dativ	dem Kunden	dem Menschen	den Kunden	den Menschen
Genitiv	des Kunden	des Menschen	der Kunden	der Menschen

 Genus der Nomen

Für viele Nomen gibt es keine festen Genusregeln. Bei einigen Nomen kann man das Genus aber erkennen, z. B. an der Endung:

maskulin	feminin	neutral
• männliche Personen und Berufe • alle Nomen auf *-ant, -ent, -ist, -eur, -ismus, -or, -ling* • Tage, Monate, Jahreszeiten	• weibliche Personen und Berufe • alle Nomen auf *-heit, -keit, -ung, -schaft, -ur, -ion, -tät* • viele Nomen auf *-ie* und *-e*	• alle Nomen auf *-chen* und *-lein* • alle Nomen auf *-um* • Nomen aus dem Infinitiv des Verbs • Adjektive und Partizipien als Nomen

Nomen und Artikel

	Singular			Plural
	maskulin	feminin	neutral	
bestimmter Artikel	der Tisch	die Lampe	das Telefon	die Bücher
unbestimmter Artikel	ein Tisch	eine Lampe	ein Telefon	–– Bücher
negativer Artikel	kein Tisch	keine Lampe	kein Telefon	keine Bücher
Possessivartikel	mein Tisch	meine Lampe	mein Telefon	meine Bücher
Demonstrativartikel	dieser Tisch	diese Lampe	dieses Telefon	diese Bücher

 Adjektive und Partizipien als Nomen

Einige Personenbezeichnungen leiten sich aus Adjektiven und Partizipien ab und werden wie Adjektive dekliniert:

Kasus	Singular		Plural
	maskulin	feminin	
Nominativ	der Angestellte ein Angestellter	die Angestellte eine Angestellte	–– Angestellte die Angestellten
Akkusativ	den Angestellten einen Angestellten		
Dativ	dem Angestellten einem Angestellten	der Angestellten einer Angestellten	–– Angestellten den Angestellten
Genitiv	des Angestellten eines Angestellten		–– Angestellter der Angestellten

Nomen mit präpositionaler Ergänzung

Nomen mit Präposition + Dativ *(bei, mit, von, vor, zu)* Ein Naturschützer hat keine Angst vor Tieren.	Mühe haben/sich geben **mit/bei** ▪ Ärger haben **mit** ▪ in Abhängigkeit **von** ▪ Angst haben **vor** ▪ Gelegenheit haben/ geben **zu** ▪ Bereitschaft zeigen/Es gibt Bereitschaft **zu** …
Nomen mit Präposition + Akkusativ *(auf, für, um)* Wir haben Hoffnung auf eine bessere Energie-politik.	Hoffnung haben/hegen **auf** ▪ keine Antwort haben **auf** ▪ Verantwortung tragen **für** ▪ Sorgen haben/sich machen **um**
Nomen mit Präposition + Dativ oder Akkusativ *(an)* Die Menschen haben großen Anteil an der Klimaveränderung. Wir haben Bedarf an aus-gebildeten Naturschützern.	Anteil haben **an + D** ▪ Bedarf haben/geben **an + D** ▪ Freude haben **an + D** ▪ Interesse haben/zeigen **an + D** ▪ Kritik üben **an + D** ▪ Zweifel haben **an + D** ▪ Erinnerungen haben **an + A**

 # Pronomen

> **Personalpronomen**

		Nominativ	Akkusativ	Dativ
Singular		ich	mich	mir
		du	dich	dir
		er/sie/es	ihn/sie/es	ihm/ihr/ihm
Plural		wir	uns	uns
		ihr	euch	euch
		sie	sie	ihnen
formell		Sie	Sie	Ihnen

> **Indefinitpronomen**

Nominativ	Akkusativ	Dativ
man	einen	einem
niemand	niemand/niemanden	niemand/niemandem
(irgend)jemand	(irgend)jemand/jemanden	(irgend)jemand/jemandem
(irgend)etwas	(irgend)etwas	(irgend)etwas
nichts	nichts	nichts

> **Relativpronomen**

Kasus	Singular			Plural
	maskulin	feminin	neutral	
Nominativ	der	die	das	die
Akkusativ	den	die	das	die
Dativ	dem	der	dem	denen
Genitiv	dessen	deren	dessen	deren

⟩ Adjektive

⟩ Komparation und Vergleiche *(Deklination der Adjektive siehe Nomengruppe)*

Komparativ	wichtigere ▪ wichtiger sein
Superlativ	wichtigste ▪ am wichtigsten sein
Adjektive mit Umlaut im Komparativ und Superlativ	alt ▪ älter ▪ älteste groß ▪ größer ▪ größte jung ▪ jünger ▪ jüngste
Adjektive auf *-er/-el*	teuer ▪ teurer ▪ am teuersten dunkel ▪ dunkler ▪ am dunkelsten
Adjektive auf *-sch/-s/-ß/-z*	frisch ▪ frischer ▪ am frischesten
Sonderformen	viel ▪ **mehr** ▪ **meiste** gut ▪ **besser** ▪ **beste** hoch ▪ **höher** ▪ **höchste** gern ▪ **lieber** ▪ **liebste** nah ▪ **näher** ▪ **nächste**
Relativierter Superlativ *(eine/einer/eins von mehreren)*	eine der größten Städte *(Adjektiv und Nomen im Genitiv Plural)*
Vergleiche	München ist **größer als** Freiburg. *(Adjektiv im Komparativ)* Dortmund ist fast **so groß wie** Düsseldorf. *(Adjektiv im Positiv)*
Proportionalität	Je mehr Menschen in einer Stadt wohnen, desto größer ist die Stadt.

⟩ Partizipien als Adjektive

Partizip I	die **laufenden** Projekte ↳ *laufend* + Adjektivendung	Die Projekte laufen.	▸ Die Handlung dauert an.
Partizip II	der **ausgestorbenen** Tierarten ↳ *ausgestorben* + Adjektivendung die **eingerichteten** Räume ↳ *eingerichtet* + Adjektivendung	**Aktiv:** Die Tierarten sind ausgestorben. **Passiv:** Die Räume wurden eingerichtet.	▸ Die Handlung ist abgeschlossen.

▸ **Einfache Partizipien:**   Die laufenden Projekte werden finanziell unterstützt.

▸ **Erweiterte Partizipien:**   Besucher werden durch die mit Originalmöbeln eingerichteten Räume geführt.

⟩ Adjektive und ihre Ergänzungen

Adjektive mit direktem Kasus

Adjektive mit dem Akkusativ Das Produkt ist **jeden Cent** wert.	wert sein
Adjektive mit dem Dativ Kannst du **mir** behilflich sein?	behilflich sein ▪ böse sein ▪ egal/gleichgültig sein ▪ peinlich/unangenehm sein ▪ recht sein ▪ schlecht/übel sein/werden ▪ kalt/warm/heiß sein/werden
Adjektive mit dem Genitiv Ich bin **mir der Gefahr** bewusst.	bewusst sein *(Dativ + Genitiv)* ▪ verdächtig/schuldig sein

A Übersicht zu den Strukturen

Adjektive mit präpositionalem Kasus

Adjektive mit Präposition + Dativ *(bei, mit, nach, von, zu)* Egon ist bei allen Kollegen beliebt.	beliebt sein **bei** ▪ beschäftigt sein **mit** ▪ verrückt sein **nach** ▪ abhängig sein **von** ▪ nett sein **zu**
Adjektive mit Präposition + Akkusativ *(auf, für, über)* Wir sind gespannt auf die Reaktion.	gespannt sein **auf** ▪ dankbar sein **für** ▪ erfreut sein **über**
Adjektive mit Präposition + Dativ oder Akkusativ *(an, in)* Wir sind an dem Projekt sehr interessiert. Die Pflanzen sind an die Hitze nicht gewöhnt.	interessiert sein **an + D** ▪ gewöhnt sein **an + A** ▪ schlecht sein **in + D** ▪ verliebt sein **in + A**

 ## Präpositionen

 ### Übersicht nach Kasus

mit dem Dativ	mit dem Akkusativ	mit Dativ oder Akkusativ	mit dem Genitiv
▪ ab ▪ aus ▪ außer ▪ bei ▪ entgegen ▪ gegenüber ▪ dank ▪ mit ▪ nach ▪ seit ▪ von ▪ zu ▪ zufolge	▪ bis ▪ durch ▪ entlang *(nachgestellt)* ▪ für ▪ gegen ▪ ohne ▪ um ▪ wider	▪ an ▪ auf ▪ hinter ▪ in ▪ neben ▪ über ▪ unter ▪ vor ▪ zwischen	▪ angesichts ▪ außerhalb ▪ aufgrund ▪ innerhalb ▪ infolge ▪ laut (auch mit D) ▪ mangels ▪ mithilfe ▪ mittels ▪ statt/anstatt ▪ trotz ▪ während ▪ wegen

 ## Sätze

Stellung der Satzglieder

▪ **Wortstellung im Mittelfeld**

Kasusergänzungen

Position 1	Position 2	Mittelfeld	Satzende	Stellung der Ergänzungen
Ich	habe	**dir den Weg** doch ganz genau	beschrieben.	▸ Normalerweise steht der Dativ vor dem Akkusativ.
Paul	hat	**ihn dir** auch schon	erklärt.	▸ Gibt es zwei Pronomen, steht der Akkusativ vor dem Dativ.
Wir	gratulieren	**dir zum Geburtstag.**		▸ Dativ- oder Akkusativergänzungen stehen vor präpositionalen Ergänzungen.
Eva	erinnert	**den Kollegen an den Termin.**		

Angaben

Position 1	Position 2	Mittelfeld	Satzende	Stellung der Ergänzungen
Paul	ist	**heute aus gesundheitlichen Gründen mit dem Fahrrad zur Arbeit**	gefahren.	▸ normale Reihenfolge: tempo-ral *(wann?)* ▪ kausal *(warum?)* ▪ modal und instrumental *(wie? mit wem? womit?)* ▪ lokal *(wo? wohin?)*
Ich	muss	**mir am Wochenende einen neuen Kühlschrank**	kaufen.	▸ Adverbiale Angaben stehen oft zwischen zwei Ergän-zungen.
Eva	hat	**den Kollegen vorhin in der Kantine an den Termin**	erinnert.	

■ Verbstellung in Hauptsatz und Nebensatz

Hauptsatz			Nebensatz		
	konjugiertes Verb		Subjunktion		konjungiertes Verb
Ich	kaufe	das Brot bei unserem Bäcker,	weil	es dort gut	schmeckt.

Hauptsatz			Hauptsatz		
	konjugiertes Verb		Konjunktion	konjungiertes Verb	
Ich	kaufe	das Brot bei unserem Bäcker,	denn	es schmeckt	dort gut.

Hauptsatz			Hauptsatz		
	konjugiertes Verb		Adverb	konjungiertes Verb	
Das Brot	schmeckt	bei unserem Bäcker sehr gut,	deshalb	kaufe	ich es dort.

> Adverbialsätze

Adversativsätze: Angabe eines Gegensatzes

Hauptsatz – Hauptsatz (Konjunktion)	Früher habe ich viel Fleisch gegessen, Karla isst nicht mehr so viel Süßes,	aber heute lebe ich vegetarisch. sondern sie achtet auf den Zuckergehalt der Nahrungsmittel.
Hauptsatz – Hauptsatz (Adverb)	Gustav möchte die Wohnung gern sachlich einrichten, Einerseits mag ich moderne Unterkünfte,	dagegen mag Petra eine gemütliche Wohnatmosphäre. andererseits fasziniert mich der Charme alter Hotels.
Hauptsatz – Nebensatz	Julius kauft Möbel gerne online,	während/wohingegen/wogegen Julia gern ins Möbelhaus geht.

Alternativsätze: Angabe einer Alternative

Hauptsatz – Hauptsatz (Konjunktion)	Entweder du bleibst zwei Tag im Bett	oder du gehst zum Arzt.
Hauptsatz – Infinitivkonstruktion	Sie arbeitete zwölf Stunden,	anstatt sich zu schonen.

Finalsätze: Angabe einer Absicht, eines Ziels

Hauptsatz – Nebensatz	Viele Menschen recherchieren ihre Krankheitssymptome im Internet,	damit sie sich auf den Arztbesuch gut vorbereiten können.
Hauptsatz – Infinitivkonstruktion	Einige nutzen medizinische Webseiten,	um die Diagnose des Arztes zu überprüfen.

Kausalsätze: Angabe eines Grundes

Hauptsatz – Hauptsatz (Konjunktion)	Flexible Arbeitszeiten sind sehr wichtig,	**denn** sie unterstützen die Vereinbarkeit von Familie und Beruf.
Hauptsatz – Hauptsatz (Adverb)	Ein stressiges Privatleben wirke sich negativ auf die Arbeitsleistung aus,	**deshalb/deswegen/darum** wollen junge Familien Privates und Berufliches in Einklang miteinander bringen.
Hauptsatz – Nebensatz	Die deutsche Wirtschaft macht jährlich hohe Verluste,	**weil/da** Beschäftigte mit zu wenig Engagement arbeiten.

Konditionalsätze: Angabe einer Bedingung

Hauptsatz – Nebensatz	Ich kann mich besser erinnern,	**wenn** ich beim Lernen spazieren gehe.
	Ich kann dir einen Tipp geben,	**falls** du dich für einen Sprachkurs interessierst.

Konsekutivsätze: Angabe einer Folge

Hauptsatz – Hauptsatz (Adverb)	Es werden zur Herstellung bestimmter Geräte sehr viele Rohstoffe benötigt,	**folglich/infolgedessen/demzufolge** werden die Rohstoffreserven knapp.
	Wir müssen mit den Rohstoffen nachhaltiger umgehen,	**sonst/andernfalls** gibt es bald einen Mangel.
Hauptsatz – Nebensatz	Politiker sollten sofort Maßnahmen ergreifen,	**sodass** die Zerstörung der Umwelt gestoppt werden kann.
	In einigen Gebieten sind die Umweltschäden **so** schwer,	**dass** die Bevölkerung darunter leidet.

Konzessivsätze: Angabe einer Einschränkung

Hauptsatz – Hauptsatz (Konjunktion)	Die Schweiz ist **zwar** ein kleines Land,	**aber** sie ist ökonomisch sehr erfolgreich.
Hauptsatz – Hauptsatz (Adverb)	Die Deutschen hielten Comics für Teufelszeug,	**trotzdem/dennoch/gleichwohl** wurden sie ein Erfolg.
Hauptsatz – Nebensatz	Manche Eltern motivieren ihre Kinder nicht zum Lesen,	**obwohl/auch wenn** Lesen die Rechtschreibkenntnisse verbessert.

Modalsätze: Angabe der Art und Weise

Hauptsatz – Nebensatz	Man kann sich gesund ernähren,	**indem** man ein paar Regeln einhält.
	Unterschiede bei Forschungsergebnissen können **dadurch** entstehen,	**dass** Versuche unter verschiedenen Bedingungen durchgeführt werden.
	Die Ergebnisse sind genauso,	**wie** ich erwartet habe.
	Die Resultate sind schlechter,	**als** ich erwartet habe.
Hauptsatz – Infinitivkonstruktion	Er veröffentlichte die Studienergebnisse,	**ohne** sie zu prüfen.
Nebensatz – Hauptsatz (Konjunktion)	**Je** mehr Kunden zu Fleisch in Bioqualität greifen,	**desto/umso** größer wird der Druck auf die Fleischproduzenten.

Temporalsätze: Angabe der Zeit

Gleichzeitig ablaufende Handlungen

Hauptsatz – Nebensatz	Ich besuche dich,	**wenn** ich in München bin.
	Maries Englisch verbesserte sich jeden Tag,	**als** sie in London ein Praktikum absolvierte.
	Er möchte nicht gestört werden,	**während** er für die Prüfung lernt.
	Ich mache diese Arbeit gern,	**solange** mir niemand reinredet.
Hauptsatz – Nebensatz (Anfangs- und Endpunkt)	Beate sucht einen Job,	**seit/seitdem** sie ihr Studium abgeschlossen hat.
	Erik wird von seinen Eltern finanziell unterstützt,	**bis** er mit seinem Studium fertig ist.

Nicht gleichzeitig ablaufende Handlungen

Hauptsatz – Nebensatz	Die Verletzung muss heilen,	**bevor/ehe** ich wieder trainiere.
	Dem Patienten ging es besser,	**nachdem/sobald/als** er die Tablette eingenommen hatte.
	Der Verein präsentiert den neuen Trainer,	**nachdem/sobald/wenn** er den Vertrag unterschrieben hat.

▷ Relativsätze

Relativsätze mit *der, die, das*	Das ist das Museum,	▸ Das Relativpronomen richtet sich in Genus und Numerus nach dem Bezugswort, im Kasus nach der Stellung im Relativsatz.
	das im Reiseführer steht.	
	dem eine Privatperson eine Million Euro geschenkt hat.	
	dessen berühmtestes Gemälde kürzlich gestohlen wurde.	
Relativsätze mit *wo*	Das Museum, **in dem/wo** Gemälde von Gustav Klimt hängen, wird renoviert.	▸ Beide Relativpronomen sind möglich.
Relativsätze mit *wohin, woher*	Die Stadt, **in die/wohin** ich umgezogen bin, gefällt mir gut.	▸ Beide Relativpronomen sind möglich.
	Die Stadt, **aus der/woher** ich komme, war mir zu hektisch.	
	Wien, **wohin** ich umgezogen bin, gefällt mir gut.	▸ Nach Städte- und Ländernamen steht nur *wo* oder *wohin/woher*.

Lösungen

Kapitel 7

Hauptteil

1 **a) Österreich:** Salzburg: E, Innsbruck: F, Wien: H | **Schweiz:** Basel: D, Zermatt: C, Broc: K | **Deutschland:** Nürnberg: A, Essen: I, Eisenach: L, Berlin: J, München: G

3 **b) Partizip II:** ausgestorben + en | eingerichtet + en **Passiv:** Die Räume wurden eingerichtet. | **Partizip I:** beeindruckend + e | Die Handlung dauert an.
c) 1. Die Sehenswürdigkeit wurde am meisten besucht. 2. Die Schokolade wurde von mir selbst hergestellt. 3. Die Architektur wurde vom Bauhaus beeinflusst. 4. Das Neue Testament wurde von Martin Luther übersetzt. 5. Das Brandenburger Tor wurde von 1788 bis 1793 erbaut.

4 **a)** 1. besuchten 2. kommenden 3. geplante 4. gebuchte 5. verwaltete 6. gedruckten 7. entwickelter 8. ersehnten 9. bevorzugten 10. steigenden 11. berücksichtigende 12. gewachsener 13. orientierten 14. aktualisierten
d) 1. die im Netz geplant wird/wurde 2. der auf Papier gedruckt wurde 3. der neu entwickelt wurde 4. die am meisten gebucht wurden 5. die ökologische und soziale Aspekte berücksichtigen 6. die in den letzten Jahren stark gewachsen ist

7 **b)** 1. H 2. F 3. D 4. C 5. B 6. E
c) 1. ja 2. nein 3. ja 4. ja 5. ja 6. nein 7. nein
d) 1. die Anzahlung 2. die Abweichung/Abweichungen 3. der Anstieg 4. der Reiserücktritt 5. der Ausstellungsbesuch
e) 1. Abweichungen von Reiseleistungen sind erlaubt. 2. Abweichungen dürfen vom Veranstalter nicht in betrügerischer Absicht herbeigeführt werden. 3. Die Kunden müssen hierüber unverzüglich informiert werden. 4. Der Reiseveranstalter kann den Reisepreis erhöhen. 5. Der Rücktritt muss gegenüber dem Reiseveranstalter in schriftlicher Form erfolgen.

9 **a) Transkription Hörtext:** *Arbeiten, wo andere Urlaub machen?* *(Bericht)*
Bloggerin 1: Als ich meine Stelle bei einer Onlinemarketing-Agentur gekündigt habe, um nur noch als Reisebloggerin zu arbeiten, fing meine Mutter an zu weinen. Sie hatte Angst, dass ich auf der Straße lande. Für meine Eltern ist Sicherheit im Beruf sehr wichtig. Ich dagegen wollte noch mehr reisen können, noch flexibler sein. Mein Blog, den ich erst nebenbei betrieben habe, lief von Anfang an so gut, dass ich irgendwann doch den Schritt in die Selbstständigkeit gewagt habe. Schon nach kürzester Zeit hatte ich mehrere Tausend Besucher monatlich, inzwischen sind es fast 200 000. Damit ist der Blog einer der größten Reiseblogs in Deutschland, die meisten haben nur ein paar Hundert Leser. Mit so wenigen Lesern wird es schwer, von den Blog-Einnahmen zu leben. Ich hatte Glück: Als ich anfing, wurde Kuba gerade als Reiseziel immer beliebter. Ich war 2013 drei Wochen dort und habe damals im Netz kaum Tipps über Kuba gefunden. Man konnte noch nicht einmal Hotels im Internet buchen. Also habe ich selbst meine Erfahrungen aufgeschrieben und somit zufällig eine Art Marktlücke entdeckt. Aber Glück war natürlich nicht alles. Durch meinen Job im Onlinemarketing hatte ich bereits Erfahrung im Marketingbereich. Ich habe meine feste Stelle nicht leichtfertig aufgegeben, sondern zunächst einen Plan entwickelt. Die meisten Blogger begehen den Fehler, dass sie alles auf einmal machen wollen. Sie kündigen ihren Job, ihre Wohnung, gehen auf Weltreise und bieten sich verzweifelt jedem an, der ihnen Geld geben könnte. Gerade von digitalen Nomaden hört man oft, jeder könne „arbeiten, wo andere Urlaub machen", wenn er sich nur traut. Ich halte von diesen Versprechen nichts. Auch wer angeblich am Strand arbeitet, sitzt die meiste Zeit in seinem Hotelzimmer, weil er da ins Internet kommt. Ich bin deshalb die Hälfte eines Jahres zu Hause in Deutschland und die andere Hälfte im Ausland, meist rund vier Wochen pro Land. Den Großteil meiner Arbeit erledige ich dann in Deutschland.
Das meiste Geld nehme ich durch Programme ein, die mit meinem Blog verbunden sind und bei denen ich eine Provision

bekomme. Das heißt, ich empfehle einen Sightseeing-Pass weiter, und wenn sich jemand über meinen Link den Pass kauft, bekomme ich ein paar Prozente davon ab. Außerdem teste ich Produkte, schreibe Texte für andere Webseiten, halte Vorträge und noch viel mehr. Ich habe zum Beispiel ein Fernglas getestet und dafür etwas mehr als 1 000 Euro bekommen. Wie viel ein Blogger für so einen Produkttest bezahlt bekommt, hängt sehr stark von der Reichweite seiner Beiträge ab. Viele Blogger sind enttäuscht, weil ihre Besucherzahlen nicht schnell genug wachsen und sie so nur wenig Geld verdienen. Deshalb kaufen sie sich Follower auf Instagram und Twitter, was guten Agenturen aber schnell auffällt. Wer damit auffliegt, wird in Zukunft von Auftraggebern gemieden.
In meinem Beruf ist es wichtig, glaubwürdig zu sein. Meine Leser vertrauen mir, weil ich ihnen nur Produkte empfehle, die mir auch wirklich gefallen. Es klingt paradox, aber ich bin erfolgreich, weil ich rund 95 Prozent aller Angebote ablehne. Angst davor, meinen Job zu verlieren, habe ich gar nicht mehr. Ich verdiene inzwischen gut: In diesem Jahr komme ich im Schnitt auf 12 500 Euro im Monat, davon gehen natürlich meine Ausgaben noch ab. Aber das Geld reicht auf jeden Fall und ich habe genug gespart, um im Zweifelsfall auch ein Jahr mal nicht zu arbeiten.
Aufgabe: 1. b 2. c 3. b
b) 1. Sie hat bei einer Onlinemarketing-Agentur gearbeitet. 2. Sehr gut. 3. Sie hatte ihre Reiseerfahrungen über Kuba aufgeschrieben. 4. Sie verdient ihr Geld mit Provisionen, dem Testen von Produkten, Texten für andere Webseiten, Vorträgen. 5. Die meiste Arbeit erledigt sie in Deutschland. 6. Ja, etwa 12 500 Euro im Monat.
c) 1. f 2. h 3. i 4. b 5. a 6. g 7. j 8. c 9. k 10. e; synonyme Wendungen: 1. obdachlos werden/keine Wohnung/kein Einkommen mehr haben 9. Der Betrug wird entdeckt. 10. ignoriert werden
d) Transkription Hörtext: *Arbeiten, wo andere Urlaub machen?* *(Bericht)*
Bloggerin 2: Mit meinem Einkommen würde ich in Deutschland nicht weit kommen: Ich verdiene rund 1 000 Euro im Monat. Das klingt nach sehr wenig Geld, aber da ich als digitale Nomadin lebe, reicht es. Digitale Nomaden haben oft keinen festen Wohnsitz, sondern reisen ständig umher und verdienen ihr Geld durch Arbeiten, die sie online – und damit überall auf der Welt – erledigen können. Gerade lebe ich zum Beispiel in Vietnam und mache Housesitting. Das heißt, ich wohne kostenlos in der Wohnung von jemand anderem, der gerade im Urlaub oder geschäftlich unterwegs ist, und passe dafür auf das Haus auf.
Mein Geld verdiene ich vor allem mit meinem Reiseblog. Ich arbeite mit Unternehmen zusammen, die Werbung auf meinem Blog oder in den dazugehörigen sozialen Medien machen wollen. Ich schreibe Artikel in Kooperation mit Unternehmen oder teste ihre Produkte und verlinke sie. Meine Leser können in meinen Blogbeiträgen sehen, welche Leistungen ich für einen Blogbeitrag erhalten habe. Bei bezahlten Kooperationen oder solchen mit sehr hohem Gegenwert steht „Werbung" über dem Artikel, bei unbezahlten, kleineren Kooperationen erwähne ich unter dem Text, mit wem ich zusammengearbeitet und wie die Kooperation genau aussah, zum Beispiel wenn ich kostenlos im Hostel übernachten darf. Ich arbeite zwischen 10 und 16 Stunden pro Tag, sieben Tage die Woche. Für mich gibt es kein Wochenende. Einen typischen Tagesablauf habe ich dabei nicht, es gibt zu viele verschiedene Aufgaben, die erledigt werden müssen. Das wird mir auch manchmal zu stressig, aber es ist ja völlig klar, dass ich kein Geld damit verdiene, faul am Strand zu liegen.
Rund die Hälfte meiner Arbeitszeit geht für organisatorische Tätigkeiten drauf: Ich muss zum Beispiel Reiserouten planen, Flüge und Übernachtungen buchen, mit Kooperationspart-

nern reden, Vortragstermine vereinbaren, mich um die Buchhaltung kümmern und so weiter. Außerdem gebe ich Kurse zum Thema Blogs und digitales Nomadentum. Ich verkaufe auch meine Bücher, inzwischen habe ich schon fünfzehn im Selbstverlag veröffentlicht.

Ein großer Teil der Arbeit ist natürlich die Recherche: Ich sehe mir Orte an, mache Touren mit, fotografiere. Rund zwei Stunden pro Tag verbringe ich dann allein mit meinen Social-Media-Accounts. Instagram, Twitter und Facebook sind mein Argument für Unternehmen, mit mir zusammenzuarbeiten. Dort habe ich die meiste Reichweite, auf Instagram zum Beispiel folgen mir über 37 000 Menschen. Erst nachdem ich das alles erledigt habe, schreibe ich für meinen Blog oder an meinem nächsten Buch.

In Deutschland hat mich alles unglücklich gemacht, das Wetter, dieses vorprogrammierte Leben: Ich hatte das Gefühl, man erwartet nach meinem Romanistik-Studium von mir, den 9-bis-5-Alltag zu beginnen und zu heiraten, mit einem Haus, zwei Kindern und drei Hunden. Das hat mich wahnsinnig gemacht. Meine Selbstständigkeit bringt auch Unsicherheit und Zukunftsängste mit sich. Aber bisher bin ich noch nie so richtig in Geldnot geraten. Und wenn es doch mal einen Monat lang etwas knapper wird, kann ich in Vietnam oder auf Bali leichter Geld sparen als im teuren Deutschland.

Aufgabe: 1. 1 000 Euro. **2.** Sie haben keinen festen Wohnsitz, reisen ständig umher/durch die Welt. **3.** Sie wollen, dass die Bloggerin in den sozialen Medien Werbung (für sie/ihre Produkte) macht. **4.** 10 bis 16 Stunden. **5.** Reiserouten planen/ Flüge und Übernachtungen buchen/mit Kooperationspartnern reden/Vortragstermine vereinbaren/die Buchhaltung erledigen **6.** Im Selbstverlag. **7.** Sie war in Deutschland unglücklich./Sie wollte die Erwartungen (z. B. Haus und Familie) nicht erfüllen. **8.** Unsicherheit und Zukunftsängste.

e) 1. Mein Geld verdiene ich vor allem <u>mit</u> meinem Reiseblog. **2.** Ich arbeite <u>mit</u> Unternehmen zusammen, die Werbung <u>für</u> meinen Blog oder <u>in</u> den dazugehörigen sozialen Medien machen wollen. **3.** Ich schreibe Artikel <u>in</u> Kooperation mit Unternehmen oder teste ihre Produkte. **4.** Meine Leser können <u>in</u> meinen Blogbeiträgen sehen, welche Leistungen ich <u>für</u> einen Blogbeitrag erhalte. **5.** Meine Arbeitszeit beträgt <u>zwischen</u> 10 und 16 Stunden <u>am</u> Tag. **6.** Man verdient kein Geld, wenn man faul <u>am</u> Strand liegt. **7.** Rund die Hälfte meiner Arbeitszeit geht <u>für</u> organisatorische Tätigkeiten drauf. **8.** Ich rede zum Beispiel <u>mit</u> Kooperationspartnern und kümmere mich <u>um</u> die Buchhaltung. **9.** Rund zwei Stunden pro Tag verbringe ich <u>mit</u> meinen Social-Media-Accounts. **10.** Meine Selbstständigkeit bringt auch Unsicherheit und Zukunftsängste mit sich.

11 a) Transkription Hörtexte: *Arbeits- und Praktikumsaufenthalte im Ausland (Kurzberichte)*
Luca, Peking: Ich bin Elektroingenieur und war für eine Autofirma drei Jahre in Peking, wo ich hauptsächlich im Bereich der Elektromobilität und Marktrecherche tätig war. Diese drei Jahre haben meinen Blickwinkel verändert und ich habe angefangen, über unsere eigene Gesellschaft nachzudenken. Ich habe gelernt, mich an die Arbeitskultur in China anzupassen und meine eigenen Befindlichkeiten zurückzustellen. Das Leben in der deutschen Kleinstadt, aus der ich komme, hat nicht viel mit dem Leben in Peking zu tun. Ich musste an mir arbeiten und Verständnis für die Gewohnheiten der Chinesen entwickeln. Das war auch sehr wichtig für meine Persönlichkeitsentwicklung. Es hängt doch sehr von einem selbst ab, wie weit man sich auf das fremde Land und die Menschen einlässt und was man daraus macht.
Kathrin, Belgien: Mein Arbeitgeber, ein Energieunternehmen, schickte mich im Rahmen eines großen Projektes für ein Jahr nach Belgien, in die Nähe von Brüssel. Dort habe ich mich mit Überwachungstools für den Betrieb von Kraftwerken beschäftigt. Ein Jahr ist jetzt nicht sehr lange, aber ich profitiere noch heute von meinem Auslandsjahr. Die Lebens- und Arbeitskultur in Belgien unterscheidet sich doch deutlich von Deutschland, obwohl wir Nachbarländer sind. Der Umgang miteinander ist sehr offen und locker. Außerdem legen die Belgier viel Wert auf Essen und Geselligkeit. Ich konnte in dem Jahr meine Franzö-

sischkenntnisse verbessern und habe auch Niederländisch gelernt. Ganz nebenbei habe ich mir ein berufliches Netzwerk aufgebaut, das sehr nützlich ist. Ich habe mir sogar angewöhnt, Freunde und Bekannte mit Wangenküssen zu begrüßen.
Christine, Peru: Ich habe im Rahmen eines Graduate Programms einer großen deutschen Firma acht Monate in Peru verbracht. Am Anfang hatte ich etwas Heimweh, aber durch die spannenden Arbeitsaufgaben konnte ich das schnell überwinden. Toll fand ich, dass ich durch den Aufenthalt die Möglichkeit hatte, die peruanische Kultur kennenzulernen und einen Überblick über das facettenreiche Südamerika zu bekommen. Ich habe neue Freunde gewonnen und wir sind an unseren freien Tagen viel gereist, auch in Gegenden, wohin ich schon immer mal wollte. Mir ist aufgefallen, dass in Südamerika Arbeits- und Privatleben nicht so strikt voneinander getrennt sind wie in Deutschland und dass man in einigen Situationen viel Geduld braucht. Aber darauf kann man sich einstellen. Die meisten Probleme hat mir das Wetter bereitet, für mich war es an manchen Tagen einfach zu warm.
b) Luca: 1. Blickwinkel **2.** anzupassen, Befindlichkeiten **3.** Gewohnheiten **4.** einlässt | **Kathrin: 1.** profitiert **2.** Arbeitskultur **3.** Umgang **4.** legen **5.** verbessern **6.** Netzwerk **7.** begrüßt | **Christine: 1.** Heimweh, überwinden **2.** Überblick **3.** gewonnen **4.** getrennt, Geduld **5.** einstellen

13 c) 1. Franzosen **2.** Schweizer **3.** Briten **4.** Amerikanern **5.** Niederländern **6.** Bulgaren

14 1. dem Architekten **2.** dem Verkäufer **3.** dem Präsidenten **4.** dem Minister **5.** einem Journalisten **6.** einem Kunden **7.** einem Mitarbeiter **8.** dem Fotografen

15 e) 1. gut mit Pflanzen umgehen können **2.** Aus den Werbeplakaten wird etwas nicht deutlich. **3.** die Erde verlassen **4.** ein unzulänglicher Planet **5.** ein langweiliger Bürojob **6.** Die Stellenanzeige erwähnt etwas nicht. **7.** Hin- und Herfahren wird zu einer Herausforderung. **8.** Die Stimmung ist sehr schlecht.
f) 1. h **2.** k **3.** g **4.** j **5.** a **6.** b **7.** e **8.** f **9.** c **10.** i

Vertiefungsteil

Ü1 a) 1. im Ausland, verfügen über, im Interesse, mit anderen Staaten **2.** an einen anderen Bestimmungsort, von/in ihren Zielgebieten, am Zielort, die Piloten, der Pilot, die Pilotin **3.** Zu ihren häufigsten Aufträgen, von Städten, in Zeitschriften, die Reisefotografen, der Reisefotograf, die Reisefotografin **4.** mit den noch sichtbaren Überresten, die Archäologen, der Archäologe, die Archäologin **5.** aus dem Ausland, ins Ausland, für ihr Unternehmen, mit den Kunden, mit vielen Reisen, in fremde Länder, die Import-Export-Manager, der Import-Export-Manager, die Import-Export-Managerin **6.** mit Senioren, für das Wohlbefinden, für jüngere Senioren, die Reisebegleiter, der Reisebegleiter, die Reisebegleiterin
b) 1. des Reisefotografen **2.** des Managers **3.** den Reisebegleiter **4.** einen Piloten **5.** dem Diplomaten **6.** den Archäologen
c) 1. Zu den Aufgaben eines Architekten gehört die technische und planerische Gestaltung von Gebäuden. **2.** Zu den Aufgaben eines Polizisten gehört die Bekämpfung von Verbrechen/ die Verbrechensbekämpfung. **3.** Zu den Aufgaben eines Anwalts gehört die Vertretung der/von Mandanten vor Gericht. **4.** Zu den Aufgaben eines Biologen gehört die Analyse und Erforschung von Strukturen bei Menschen, Tieren und Pflanzen. **5.** Zu den Aufgaben eines Chemikers gehört die Durchführung von physikalisch-chemischen Laboruntersuchungen. **6.** Zu den Aufgaben eines Philosophen gehört die theoretische Auseinandersetzung mit den existenziellen Grundfragen des Menschen. **7.** Zu den Aufgaben eines Psychotherapeuten gehört die Heilung psychischer Leiden. **8.** Zu den Aufgaben eines Astronauten gehört das tägliche Training zur Vorbereitung auf den Flug ins All.

Ü2 a) 1. in Frankreich **2.** Japaner, in den Norden, in Fernsehshows **3.** Schweizern, auf sonnigen Inseln, nach Kanada **4.** Schwede, im eigenen Land, nach Griechenland, Schweden, nach Deutschland, nach Österreich, in die Schweiz **5.** Franzosen, an die Küste, in die Berge **6.** Österreicher, in den Urlaub, Österreicher, nach Italien, in südliche Länder **7.** der Briten, in Australien, Briten, nach Nordamerika **8.** Kanadier, in Großbritannien, in Mexiko
b) die Chinesen, die Schweden, die Franzosen, die Briten

Ü3 **a) Johannes:** Eine friedvolle Atmosphäre und schön angelegte Wege machen den Besuch <u>zu</u> einem schönen Erlebnis. | **Karla:** Das Freilichtmuseum eignet sich prima <u>zu</u> einem netten Spaziergang/<u>für</u> einen netten Spaziergang. | **Jörn:** Das Museum bietet einen guten Einblick <u>in</u> vergangene Zeiten. | **Jenny:** Das Freilichtmuseum wurde <u>mit</u> Liebe <u>zum</u> Detail hergerichtet.
b) 1. Jenny 2. Johannes 3. Johannes 4. Jörn 5. Jenny und Johannes
c) 1. erleben (machen) 2. gestalten 3. bieten 4. sein 5. eignen 6. machen 7. besichtigen

Ü4 1. gehörenden, ausgegrabenen, befindende 2. beginnende, abhängigen 3. erinnernden, zurückblickende, benutzte, gefahrenen, zusammengestellten

Ü5 1. Ich habe über unsere Gesellschaft nachgedacht. 2. Ich habe mich an die Arbeitskultur des Gastlandes angepasst. 3. Ich habe die eigenen Befindlichkeiten zurückgestellt. 4. Ich habe von dem Auslandsjahr profitiert. 5. Ich habe meine Französischkenntnisse verbessert. 6. Ich habe mir ein berufliches Netzwerk aufgebaut. 7. Ich habe das Heimweh überwunden. 8. Ich habe mich auf bestimmte Verhaltensweisen eingestellt. 9. Ich habe Verständnis für die Gewohnheiten der anderen entwickelt. 10. Ich habe mich auf das fremde Land und seine Menschen eingelassen.

Abschlusstest

T1 1. zusammenarbeiten 2. testen 3. verdienen 4. kümmern 5. steigern *(5 x 1 P.)*

T2 1. abgeschlossene 2. vereinbarten 3. genannten 4. herbeigeführte 5. beginnende *(5 x 1 P.)*

T3 1. <u>Mit</u> (den) neu entwickelten Sprachassistenten kann man sprachliche Schwierigkeiten problemlos meistern. 2. Viele Deutsche bleiben <u>in</u> ihrem Heimatland und fahren <u>im</u> Sommer an die Nord- oder Ostseeküste. 3. Einige machen lieber eine Reise <u>in</u> ferne Länder, z. B. <u>in</u> die USA, <u>nach</u> China oder <u>auf</u> die Malediven. 4. Insgesamt rechnet die Tourismusbranche <u>mit</u> weiter steigenden Zahlen. 5. Viele Reiseanbieter orientieren sich heute <u>an</u> den Wünschen der Kunden und achten <u>auf</u> ökologische Aspekte. *(5 x 2 P.)*

Kapitel 8

Hauptteil

2 **a) Transkription Hörtext:** *Kann Essen unsere Gesundheit beeinflussen? (Radiointerview)*
Moderator: Guten Morgen, liebe Zuhörerinnen und Zuhörer. Herzlich willkommen zu unserer Sendung zum Thema Ernährung und Gesundheit mit unserem Gast, Frau Ilse Heidenreich vom Ernährungsinstitut Hamburg.
Beginnen möchte ich gleich mit einer Frage an Sie, liebe Zuhörerinnen und Zuhörer und an Sie, Frau Heidenreich: Haben Sie heute schon Kaffee getrunken? Wenn ja, dann haben Sie damit Ihr Leben verlängert, Ihr Krebsrisiko um 18 Prozent gesenkt und die Möglichkeit, einen Herzinfarkt zu erleiden, vermindert. Dies und vieles mehr haben Studien zu der gesundheitlichen Wirkung von Kaffee ergeben. Diese Ergebnisse kann man in diversen Zeitschriften nachlesen. Was ist dran an solchen Meldungen? Können Lebensmittel tatsächlich Krankheiten vorbeugen oder das Leben verlängern? | **I. Heidenreich:** Zunächst möchte ich auf Ihre erste Frage antworten: Ja, ich habe heute schon eine Tasse Kaffee getrunken, aber nicht, um mein Leben zu verlängern, sondern weil ich gern Kaffee trinke. Ihre zweite Frage ist nicht so einfach zu beantworten. Generell kann man sagen: Die richtige Ernährung kann uns helfen, gesund zu bleiben, und sie kann auch die Genesung in Krankheitsfällen unterstützen. Das weiß man schon seit der Antike, denn der berühmte Arzt Hippokrates hat bereits vor über 2 000 Jahren die Rolle der Nahrungsmittel beim Heilungsprozess erkannt. Und auch heute trinken viele Kranke eine Hühnersuppe, wenn sie eine Grippe oder Erkältung plagt, oder essen Zwieback, wenn sie unter Magenschmerzen leiden. Die Anwendung solcher Hausmittel wird von Generation zu Generation weitergegeben und basiert auf positiven Erfahrungen. Ob bestimmte Nahrungsmittel nun das Leben verlängern und wenn ja, um wie viele Jahre, das ist

weitaus schwieriger zu beantworten. | **Moderator:** Ist es aber nicht genau diese Erwartung, die Hoffnung auf die besonders positive Wirkung eines Lebensmittels, die die Menschen heute interessiert? | **I. Heidenreich:** Offenbar. Denn das Essen soll heute nicht nur gut schmecken, es soll sich auch positiv auf die Gesundheit und das Wohlbefinden auswirken, z. B. Krankheitssymptome lindern, beim Entspannen helfen, die Konzentration steigern oder die Leistungsfähigkeit erhöhen. Es gibt unzählige Untersuchungen und Studien zu gesundheitsfördernden Wirkungen von Lebensmittel. Nehmen wir Ihr vorhin genanntes Beispiel vom Kaffee: Neben den bereits aufgezählten positiven Effekten kann man angeblich durch regelmäßigen Kaffeekonsum das Risiko einschränken, an Parkinson, Alzheimer-Demenz und Depressionen zu erkranken. Außerdem mache Kaffee sportlich und verbessere das Klima am Arbeitsplatz, wenn man diversen Zeitschriften Glauben schenkt. | **Moderator:** Kaffee scheint also eine Art Wundermittel zu sein. | **I. Heidenreich:** Und genau das ist das Problem, denn viele Forschungsergebnisse sind mit Vorsicht zu genießen. Das liegt unter anderem daran, dass Untersuchungen unter Laborbedingungen durchgeführt werden, die sich stark von unserem täglichen Leben unterscheiden. Diese Unterschiede können zum Beispiel dadurch entstehen, dass die im Labor getesteten Mengen an Nährstoffen im Rahmen unserer täglichen Essgewohnheiten niemals aufgenommen werden. Oder es sind Resultate von Tierversuchen, die sich nicht eins zu eins auf den Menschen übertragen lassen.
Ein zweites Problem stellen die Forschungsmethoden der Wissenschaftler dar. So kann es passieren, dass Forscher Daten nicht gezielt auf ein bestimmtes Thema untersuchen, sondern ein Computerprogramm nach Auffälligkeiten oder signifikanten Zusammenhängen suchen lassen und anschließend eine Studie zu einem zufälligen Ergebnis verfassen, die inhaltlich ziemlich unsinnig ist. P-Hacking heißt dieses Verfahren. Mithilfe dieser Methode kann man auch Zusammenhänge zwischen dem Verzehr von Schokolade und hoher Musikalität herstellen.
Der dritte kritische Punkt sind sogenannte Wunschergebnisse, das heißt, Forscher wählen ihre Methoden und Fälle so, dass sich ein gewünschtes oder erhofftes Resultat erzeugen lässt. Das konnten Gesundheitswissenschaftler der Stanford University belegen, indem sie in einem Vergleich zahlreicher wissenschaftlicher Studien einen Wirrwarr an Studienergebnissen aufgelistet haben. Daraus geht hervor, dass einige Lebensmittel, darunter Kaffee, in bestimmten Studien das Risiko einer Krebserkrankung erhöhen, während dieselben Lebensmittel in anderen Studien das Krebsrisiko senken. Besonders problematisch wird es dann, wenn die Studienbetreiber anhand ihrer Resultate allgemeine Empfehlungen zum Verzehr oder Verzicht von Lebensmitteln formulieren. | **Moderator:** Das heißt, man kann den Studien überhaupt nicht trauen? | **I. Heidenreich:** Teils, teils. Für viele Nahrungsmittel sind entsprechende positive Wirkungen zweifelsfrei nachgewiesen worden, auf einigen Gebieten wird derzeit intensiv geforscht. | **Moderator:** Können Sie einige Beispiele nennen? | **I. Heidenreich:** Zum Beispiel konnte im Zusammenhang mit der Prävention einiger Krankheiten bewiesen werden, dass Lebensmittel, die Omega-3-Fettsäuren enthalten, einen positiven Effekt auf das Immunsystem und den Stoffwechsel haben. | **Moderator:** Inwieweit sollte man sich überhaupt von Hinweisen und Tipps zur gesunden Ernährung beeinflussen lassen? | **I. Heidenreich:** Ernährungsempfehlungen wie der tägliche Verzehr von Obst und Gemüse sind sehr sinnvoll. Eine ausgewogene Ernährung wirkt sich definitiv positiv auf die Gesundheit und das Wohlbefinden aus. Bei Empfehlungen, die von nur einem einzigen Studienergebnis abgeleitet werden, sollte man auf jeden Fall etwas vorsichtiger sein. Doch bei allen Ratschlägen zum Thema Ernährung darf man nicht vergessen, dass Essen auch schmecken muss und normalerweise mit Genuss und Entspannung verbunden ist.
Aufgabe: 1. a 2. b 3. c 4. b 5. c
b) Beispielsätze: 1. Kaffeekonsum kann das Leben verlängern, das Krebsrisiko/das Herzinfarktrisiko senken. 2. Bereits in der Antike/vor über 2 000 Jahren. 3. Die Anwendung von Hausmitteln basiert auf positiven Erfahrungen. 4. Sie sollen sich positiv auf Gesundheit und Wohlbefinden auswirken.

5. Sie können nicht eins zu eins auf den Menschen übertragen werden. 6. Sie lassen nach Auffälligkeiten oder signifikanten Zusammenhängen suchen. 7. Auf das Immunsystem/den Stoffwechsel.

3 a) 1. a 2. b 3. a 4. a 5. a
b) 1. senkt 2. erleiden 3. vorbeugen 4. helfen 5. unterstützen 6. erkannt 7. plagt 8. leiden 9. weitergegeben 10. basiert 11. schmecken 12. auswirken 13. erhöhen 14. genießen 15. durchgeführt 16. unterscheiden 17. führen 18. aufzeigen 19. vergessen
c) 1. Kaffeekonsum 2. Ernährung 3. Vorbeugung 4. Unterstützung 5. Anwendung 6. Weitergabe 7. Linderung 8. Steigerung 9. Erhöhung 10. Untersuchungen 11. Heilung 12. Verzehr 13. Erfahrungen

4 Lösung: gesunde Ernährung 1. Mangelerscheinungen 2. Gemüse 3. Obst 4. Getreideprodukten 5. Vollkornvariante 6. Kohlenhydrate 7. Kartoffeln 8. Fleisch 9. Obergrenze 10. Vitamin 11. Ratschläge 12. Empfehlung 13. Getränke 14. Zucker 15. Genuss 16. Sättigungsempfinden

5 a) Die Frage nach der Art und Weise kann man mit der zweiteiligen Subjunktion *dadurch … dass* beantworten, wobei *dadurch* im Hauptsatz steht und *dass* den nachfolgenden Nebensatz einleitet. Eine zweite Möglichkeit zur Beschreibung der Art und Weise ist der Nebensatz mit *indem*.
c) 1. Man kann etwas für die Umwelt tun, indem man beim Einkaufen auf Plastikbeutel verzichtet. 2. Durch den Vergleich mehrerer Ernährungsstudien haben Wissenschaftler widersprüchliche Empfehlungen entdeckt. 3. Man kann bessere Ergebnisse dadurch erzielen, dass man ergebnisoffen arbeitet. 4. Mithilfe einer ergebnisorientierten Untersuchungsmethode kamen einige Forscher zu dem erwarteten Resultat. 5. Mit einer Diät nimmt man nicht dauerhaft ab.

6 a) 1. B 2. C 3. A 4. C 5. B 6. B 7. D

7 1. Die meisten Deutschen sind ihren Lieblingsspeisen treu. 2. Traditionelle Fleischgerichte wie Braten, Schnitzel und Gulasch liegen ganz vorne, <u>auf</u> Platz zwei folgen Teigwaren wie Spaghetti oder Spätzle. 3. Auch Milchprodukte und Obst und Gemüse stehen <u>bei</u> vielen <u>auf</u> dem Speiseplan. 4. Obwohl viele Menschen <u>in</u> Deutschland gerne Fleischgerichte essen, ist insgesamt ein Rückgang des Fleischkonsums zu verzeichnen. 5. Nur noch 28 Prozent der Befragten verzehren täglich Fleisch, das sind sechs Prozent weniger als noch <u>vor</u> zwei Jahren. 6. <u>Bei</u> den regelmäßigen Fleischessern liegt der Anteil der Männer deutlich <u>über</u> dem Anteil der Frauen. 7. Die meisten Umfrageteilnehmer, die sich ganz fleischlos ernähren, findet man <u>unter</u> den 15- bis 29-Jährigen. 8. <u>In</u> dieser Altersgruppe leben elf Prozent vegetarisch. 9. Allerdings bilden die jungen Leute auch die größte Gruppe der Menschen, die sich Fertiggerichte <u>nach</u> Hause liefern lassen. 10. <u>Bei</u> älteren Befragten, vor allem Berufstätigen, geht der Trend <u>zu</u> Fertiggerichten <u>aus</u> dem Supermarkt oder zum schnellen Snack zwischendurch. 11. Immer weniger Menschen finden die Zeit, <u>zu</u> Hause selbst zu kochen.

10 b) 1. größten 2. frisches 3. zubereiteten 4. verdorbene 5. unappetitliche 6. falschen 7. überschrittenen
c) 1. Das Brot kann nicht mehr genossen werden./Man kann das Brot nicht mehr genießen. 2. Der Bericht wurde kürzlich veröffentlicht. 3. Das Essen wurde/wird selbst gekocht. 4. Die Mahlzeiten wurden/werden selbst zubereitet. 5. Die Portionen wurden/werden zu groß bemessen. 5. Das Mindesthaltbarkeitsdatum wurde überschritten.

11 c) 1. Amtsgericht 2. Diebstahl 3. Strafgesetzbuch 4. Geldstrafe 5. Anklage 6. Staatsanwaltschaft 7. Schuld-/Freispruch 8. Verurteilung 9. Bewährungsstrafe
d) 1. b 2. a 3. d 4. c

13 a) 1. Nominativ, Akkusativ 2. Nominativ, Akkusativ, Genitiv 3. Nominativ, Dativ 4. Nominativ, Akkusativ, Akkusativ 5. Nominativ, Dativ, Akkusativ
b) Verben mit einer Akkusativergänzung: Satz 1 | Verben mit einer Dativergänzung: Satz 3 | Verben mit Dativ und Akkusativ: Satz 5 | Verben mit zwei Akkusativen: Satz 4 | Verben mit Akkusativ und Genitiv: Satz 2
c) 1. Das entspricht fast einem Drittel des aktuellen Nahrungsmittelverbrauchs. 2. Supermärkte schenken einigen Hilfsorga-

nisationen die Lebensmittel. 3. Wer in Deutschland weggeworfenes Essen aus verschlossenen Mülltonnen mitnimmt, der kann des Diebstahls angeklagt werden. 4. Man muss der Industrie und den Verbrauchern den richtigen Umgang mit Essbarem lehren. 5. Experten empfehlen den Konsumenten einen gut geplanten Einkauf. 6. Man sollte nur die Lebensmittel einkaufen, die man verbraucht. 7. Den Versprechungen der Lebensmittelindustrie sollte man misstrauen.

14 a) meinen Traum, mich, dir, dir, den Gästen, mir, mir, einen großen Vorrat, den Besuchern, der ungarischen Küche, die berühmte gleichnamige Torte und einen Kaffee, dir, mich

16 a) 1. auf der Welt 2. um 83 Millionen Menschen 3. Nach Schätzungen 4. von 70 Prozent 5. an tierischen Eiweißen 6. nach Alternativen 7. auf der Speisekarte 8. mit Erfolg 9. Auf die Idee 10. mit dem neuen Nahrungsmittel 11. zu gewohnten Lebensmitteln
c) 1. Nicht alle Menschen können ausreichend ernährt werden. 2. <u>Von</u> Experten wurde ein Mehrbedarf <u>an</u> Nahrungsmitteln festgestellt. 3. Der Bedarf <u>an</u> Fleisch und Getreide kann nicht mehr gedeckt werden. 4. <u>In</u> einigen Ländern werden seit Langem Insekten gegessen. 5. Auch <u>in</u> Europa wurden Insekten als Nahrungsmittel zugelassen. 6. <u>In</u> einigen europäischen Ländern werden sie bereits <u>im</u> Supermarkt verkauft. 7. Insekten als Mahlzeit müssen <u>von</u> der Mehrheit der Europäer noch akzeptiert werden.

17 a) Satz 1, Satz 2, Satz 3 + Satz 4
c) 1. Nach Meinung vieler Wissenschaftler werden rund 10 Milliarden Menschen im Jahr 2050 auf der Erde leben./Nach Meinung vieler Wissenschaftler werden im Jahr 2050 auf der Erde rund 10 Milliarden Menschen leben. 2. Nach Aussagen von Ernährungsexperten kann man zukünftig mithilfe von Insekten einen Teil der Ernährungsprobleme lösen. 3. Der Verzehr von Insekten hat in den letzten Jahren mithilfe einiger Start-up-Unternehmen in Europa zugenommen. 4. Die Firmengründer kamen während eines Thailandurlaubs auf diese Geschäftsidee. 5. Insekten bieten den Menschen in ärmeren Ländern viel Eiweiß, wichtige Vitamine und Mineralien.

Vertiefungsteil

Ü1 a) 1. senkt 2. reduzieren/verringern/senken 3. zweifelhaft/fraglich/unsicher 4. gesund 5. Linderung/Abschwächung 6. abwechslungsreiche/ausgewogene/vielseitige 7. sinnvoll/nützlich 8. weitergegeben/überliefert/übermittelt 9. Entspannung/Ruhe
b) 1. Zur Beantwortung dieser und anderer Fragen werden (von Wissenschaftlern) viele Studien durchgeführt. 2. Doch viele Forschungsergebnisse müssten/sollten mit Vorsicht genossen werden. 3. Untersuchungen werden unter zum Teil unrealistischen Laborbedingungen durchgeführt. 4. Im Labor wird zum Beispiel mit den falschen Mengen an Nährstoffen gearbeitet. 5. Resultate von Tierversuchen können nicht eins zu eins auf den Menschen übertragen werden. 6. Forschungsergebnisse können mit bestimmten Methoden beeinflusst werden. 7. Daten werden nur nach Auffälligkeiten oder signifikanten Zusammenhängen untersucht. 8. Mit dem sogenannten P-Hacking können auch unsinnige Zusammenhänge hergestellt werden. 9. Ein gewünschtes oder erhofftes Resultat kann relativ einfach erzeugt werden. 10. Einige positive Effekte bestimmter Lebensmittel können aber zweifelsfrei nachgewiesen werden.

Ü2 1. Der Abbau wichtiger Inhaltsstoffe wird dadurch verzögert, dass man Lebensmittel bei einer Lagertemperatur nahe dem Gefrierpunkt aufbewahrt. 2. Mithilfe einer Kühltasche bleibt die gekaufte Ware nach dem Einkauf frisch. 3. Man kann Lebensmittel vor Austrocknung und vor Geschmacksveränderungen schützen, indem man sie in ihrer Verpackung in den Kühlschrank legt. 4. Die Vermehrung von Mikroorganismen kann dadurch verhindert werden, dass man bei der Lagerung auf die Temperatur achtet. 5. Aroma, Nährstoffe und Qualität können gut erhalten bleiben, indem man Obst und Gemüse vor dem Einfrieren putzt, wäscht und zerkleinert. 6. Durch das portionsweise Einfrieren der Lebensmittel/von Lebensmitteln kann man Verschwendung vorbeugen. 7. Mithilfe eines Brotkastens aus Holz oder eines Brotsacks aus Stoff bleibt Brot lange frisch.

Ü3 1. vergeben, hätte, genossen 2. diesem, ein weiteres, erst, versalzen 3. an, zum, serviert, zart 4. von, über, nach, nach, antraten

Ü4 1. Dort kocht er gemeinsam mit seinen Kommilitonen Pasta-Gerichte. 2. Er achtet bei seinen Einkäufen im Supermarkt vor allem auf den Preis. 3. Vincent spielt jeden Sonntag in der Universitätsmannschaft Handball. 4. Alexandra arbeitet zurzeit als Praktikantin bei einer Finanzbehörde. 5. Zum Mittagessen isst sie im Büro einen selbst zubereiteten Salat. 6. Alexandra verzichtet aus gesundheitlichen Gründen auf Fleisch und Fastfood.

Ü5 a) 1. handelt 2. hat 3. gehören 4. zählt 5. verwendet 6. gehört an 7. entwarf 8. sammelte 9. zeichnete 10. gab 11. ähnelte 12. bewunderte 13. wirbt
b) 1. sich handeln um + Akkusativ 2. werben für + Akkusativ 3. zählen zu + Dativ 4. gehören zu + Dativ 5. haben + Akkusativ 6. verwenden + Akkusativ 7. bewundern + Akkusativ 8. entwerfen + Akkusativ 9. zeichnen + Akkusativ 10. sammeln + Akkusativ 11. angehören + Dativ 12. geben + Dativ und Akkusativ 13. ähneln + Dativ

Ü6 a) 1. Bis jetzt gilt das Entwenden abgelaufener, aber noch genießbarer Lebensmittel <u>aus</u> Mülltonnen <u>als</u> Diebstahl. 2. Wenn sich also jemand <u>beim</u> Containern erwischen lässt, kann er des Diebstahls beschuldigt werden. 3. Die Justizminister der anderen Bundesländer haben den Antrag <u>auf/während</u> der Konferenz diskutiert und mehrheitlich abgelehnt. 4. Statt einer Legalisierung des Containerns fordern die Minister eine engagierte Bekämpfung der Lebensmittelverschwendung. 5. Die Minister warnten auch <u>aus</u> hygienischen und gesundheitlichen Gründen <u>vor</u> dem Einsammeln von weggeworfenen Lebensmittelresten. 6. Verfallene Lebensmittel helfen nach Meinung der Politiker zwar den Menschen <u>in</u> finanziellen Nöten, aber sie können auch krank machen. 7. Man sollte sich <u>an</u> anderen Ländern orientieren und <u>mit</u> einem Gesetz/<u>mithilfe</u> eines Gesetzes <u>gegen</u> das Wegwerfen von Lebensmitteln vorgehen. 8. <u>In</u> Frankreich zum Beispiel müssen große Supermärkte <u>seit</u> 2016 per Gesetz eine Hilfsorganisation <u>mit</u> unverkauften Lebensmitteln unterstützen. 9. Die Justizministerkonferenz bat die Bundesregierung darum, alternative Abgabeformen <u>für</u> sozial Bedürftige zu entwickeln.
b) 1. ablehnen 2. fordern 3. orientieren 4. gelten 5. entwickeln 6. unterstützen 7. helfen 8. beschuldigen 9. vorgehen

Abschlusstest

T1 1. isst 2. verwendet/kauft 3. stammen/kommen 4. achtet 5. verzichtet 6. gönnt 7. verbessern/verlängern 8. vermeiden/vorbeugen/heilen, steigern/erhöhen/stärken (9 x 1 P.)

T2 1. Supermärkte sollen zu einem besseren Umgang mit abgelaufenen Lebensmitteln gezwungen werden, indem sie die aussortierte Ware an soziale Organisationen abgeben müssen. 2. Man kann die Verschwendung auch dadurch reduzieren, dass Containern straffrei wird. 3. Durch bewusstes Einkaufen können alle Bürger einen Beitrag leisten./Alle Bürger können durch bewusstes Einkaufen einen Beitrag leisten. (3 x 2 P.)

T3 2. dir 3. einen Freund 4. ihn 5. ihn 6. den wilden Harry 7. dich 8. mir 9. mir 10. dir 11. dich (10 x 0,5 P.)

Kapitel 9

Hauptteil

2 d) 1. unbemannte 2. kostenlose 3. hohen 4. selbstfahrende 5. genaue 6. weltweite 7. finanzielle 8. junge 9. heutige

3 1. Die unbemannten Fluggeräte lassen sich an verschiedenen Orten nutzen. 2. Die Kosten für eine Inspektion können mit dem Drohneneinsatz reduziert werden. 3. Mithilfe einer neuartigen Software sind selbstfahrende Fahrzeuge jederzeit kontrollierbar und steuerbar. 4. Die Fahrzeuge können in Echtzeit verfolgt werden. 5. Wartezeiten und Fahrwege lassen sich optimieren und technische Ausfälle frühzeitig erkennen. 6. Die Technologie von Bestmile ist bereits in einigen französischen Städten verwendet worden. 7. Mit dem GPS-Sender der Firma Tractive sind Hunde von ihren Haltern überall zu orten. 8. Der genaue Standort des Hundes lässt sich direkt über eine

kostenlose Smartphone-App abrufen. 9. Das Berliner Unternehmen Kolibri Games ist ursprünglich unter dem Namen Fluffy Fairy gegründet worden. 10. Die Spiele „Idle Miner Tycoon" und „Idle Factory Tycoon" sind grundsätzlich kostenlos spielbar. 11. Sie wurden weit über 50 Millionen Mal heruntergeladen. 12. Alle Bankgeschäfte können durch die Entwicklung der App über das Smartphone abgewickelt werden.

4 b) 1. durch das Herunterladen der App 2. durch den Drohneneinsatz 3. von ihren Besitzern 4. von zwei Brüdern 5. von der Universität

5 b) 1. Zur Beobachtung der Erde aus dem Weltall wurde ein kleiner Satellit entwickelt. 2. Für die Entwicklung des Mini-Satelliten wurde viel Zeit und Geld benötigt. 3. Der erste Satellit konnte im Jahr 2017 im Auftrag der Universität Singapur ins All geschossen werden. 4. In den waschmaschinengroßen Satelliten wurden ganz normale Konsumentenprodukte wie Teile eines Fotoapparats eingebaut. 5. Dadurch konnten die Herstellungskosten eines Satelliten von 50 Millionen auf 5 Millionen Euro reduziert werden. 6. Auch die Qualität der gelieferten Bilder konnte verbessert werden.

6 a) Transkription Hörtext: *Überleben in der Start-up-Welt (Radiointerview)*
Moderatorin: Guten Morgen, liebe Zuhörerinnen und Zuhörer, auch heute stürzen wir uns gleich ins Thema, ohne lange Vorreden. Es geht in unserer Sendung um Start-ups und ich möchte zuerst unseren Gast begrüßen: Paul Friedrich von der Unternehmensberatung Friedrich und Merz. | **P. Friedrich:** Guten Morgen. | **Moderatorin:** Wenn man von Start-ups redet, denken viele nicht nur an eine kreative Arbeitswelt, an Mitbestimmung und Verantwortung für das ganze Team, an Flexibilität, sondern auch an eine alternative Büroeinrichtung mit Bällebad und Schlafkabine für den Powernap. | **P. Friedrich:** Ja, dieses positive Bild von Start-ups haben viele, es wird auch durch Medienberichte immer wieder unterstützt. Letztens habe ich irgendwo die Überschrift gelesen: Wie Milliardendeals im Bällebad zustande kommen ... Das sind natürlich tolle Schlagzeilen, aber – und jetzt kommt die Ernüchterung – mit der Realität haben sie wenig zu tun. Denn es geht auch in der Start-up-Szene letztendlich nur ums Überleben und um den Gewinn. Auch die Investoren sind nicht nur Weltverbesserer, sondern in erster Linie Geschäftsleute. | **Moderatorin:** Gibt es Zahlen, wie viele Start-ups langfristig eine erfolgreiche Firma werden? | **P. Friedrich:** Ja, es gibt dazu mehrere Studien. Nur eins von zehn Start-ups wird erfolgreich, die restlichen neun müssen in den ersten drei Jahren nach ihrer Gründung wieder aufgeben. | **Moderatorin:** Das ist viel. Woran liegt das? | **P. Friedrich:** Die Gründe sind vielfältig und es ist meistens nicht nur ein Faktor, der das Projekt zum Scheitern führt. Die häufigsten Ursachen sind die mangelnde Nachfrage, Probleme im Team und unzureichende finanzielle Mittel. | **Moderatorin:** Mangelnde Nachfrage heißt, das Produkt lässt sich nicht verkaufen? | **P. Friedrich:** Eine Studie über gescheiterte Unternehmen belegt, dass 40 Prozent der Start-ups an einem nicht vorhandenen Markt kaputtgehen. Das heißt, die Initiatoren haben am Markt vorbeigeplant. Das passiert zum Beispiel, wenn das Produkt oder die Dienstleistung für die Zielgruppe keine Relevanz hat. | **Moderatorin:** Machen denn die Gründerinnen und Gründer nicht vorher eine Marktanalyse? | **P. Friedrich:** Offensichtlich machen sie das nicht gut genug. Man muss Marktforschungsergebnisse auch richtig interpretieren bzw. erst mal die richtigen Fragen stellen. Wenn Umfrageteilnehmer eine Idee gut finden, bedeutet das noch lange nicht, dass eine Nachfrage besteht und die Befragten das Produkt auch tatsächlich kaufen. Man muss eine Lösung für ein Problem oder einen direkten Nutzen oder Zusatznutzen anbieten, um einen Absatzmarkt zu finden. | **Moderatorin:** Was ist das Problem mit den Teams? | **P. Friedrich:** Ein Start-up-Unternehmen ist keine Ein-Mann- oder Ein-Frau-Show. Man braucht qualifizierte und gut ausgebildete Fachkräfte, und zwar auf dem jeweiligen Fachgebiet, im technischen Bereich und im Bereich des Managements. Und das Zusammenspiel aller Mitarbeiter muss funktionieren. Das bedeutet aber, dass die Aufgaben und die Verantwortlichkeiten gut verteilt werden müssen und nicht jeder alles macht und das dann nicht richtig. Die Idee, unter Mitbestimmung al-

ler Teammitglieder und ohne Hierarchien zu arbeiten, trägt in vielen Fällen nicht zum Erfolg eines Unternehmens bei, unter anderem auch deshalb, weil man damit die Mitarbeiter überfordert. | **Moderatorin:** Und Sie erwähnten noch die unzureichenden Finanzmittel. | **P. Friedrich:** Hier geht es meistens nicht um die Startfinanzierung, denn ohne die könnte man ja kein Unternehmen gründen, sondern um die Anschlussfinanzierung. Man rechnet damit, dass rund ein Drittel der Unternehmen an Liquiditätsproblemen scheitert. Vor allem wenn man lange Entwicklungszeiten hat oder das Geschäft langsamer anläuft, als erwartet. Dann ist das Startkapital schnell verbraucht und es kommt kein neues Geld nach. Zudem machen vor allem junge Existenzgründer oft Fehler in der Finanzplanung und vergessen gerne, dass sie selbst auch Geld zum Leben brauchen.

Meine Ausführungen sollen aber nicht abschreckend wirken. Man kann auch aus den Fehlern von anderen lernen. Das heißt, wenn man eine gute Idee hat, sollte man einen kühlen Kopf bewahren, sich ein bisschen Zeit nehmen und die Punkte Marktanalyse, Teamarbeit, Fachkräfte und Finanzen sehr gut planen und durchdenken. Und ob in dem Unternehmen ein Bällebad oder eine Schlafkabine zu finden sind, spielt für das Überleben wirklich keine Rolle. | **Moderatorin:** Herzlichen Dank.

Aufgabe: 1. falsch **2.** falsch **3.** richtig **4.** richtig **5.** falsch **6.** richtig **7.** falsch **8.** richtig

c) 1. Arbeitswelt **2.** Team **3.** Büroeinrichtung **4.** Überleben **5.** Gründung **6.** Scheitern **7.** Zielgruppe **8.** Fragen **9.** Nachfrage **10.** Lösung **11.** Zusatznutzen **12.** Absatzmarkt **13.** Fachkräfte **14.** Aufgaben **15.** Hierarchien **16.** Erfolg **17.** Entwicklungszeiten **18.** Fehlern **19.** Kopf

7 a) Instrumentalangaben: 2. durch + Akkusativ **3.** mittels + Genitiv **4.** mit + Dativ **5.** anhand + Genitiv

Kausal- und Konsekutivangaben: 1. dank + Genitiv, dank + Dativ **2.** mangels + Genitiv **3.** wegen + Genitiv, wegen + Dativ **4.** aufgrund + Genitiv **5.** angesichts + Genitiv **6.** aus + Dativ, meist ohne Artikel **7.** vor + Dativ, meist ohne Artikel **8.** infolge + Genitiv

b) 1. Dank der hervorragenden Arbeit der IT-Ingenieure **2.** Angesichts der vielen Spiele-Downloads **3.** Infolge massiver Beschwerden **4.** Mithilfe einer neuen App **5.** anhand wissenschaftlicher Daten **6.** Wegen mir **7.** mittels eines Fragebogens **8.** Durch die Analyse der Ergebnisse

8 b) 1. d **2.** f **3.** a **4.** e **5.** h **6.** g **7.** b **8.** i

10 a) 1. K **2.** L **3.** B **4.** D **5.** E **6.** I **7.** F **8.** A **9.** G **10.** H

11 a) 1. Bei Kontakten gilt: Qualität statt Quantität. **2.** Allen ist mit einem klaren Nein mehr geholfen als mit einem unverbindlichen Ja. **3.** Das bleibt ergebnislos. **4.** Fülle deinen zu sachlichen Lebenslauf mit lebendigen Inhalten. **5.** Du hast viel mehr davon, wenn du deine Angst überwindest. **6.** So kann nichts vergessen werden. **7.** Es unterstützt deine Erinnerung. **8.** Mit welchen Projekten willst du wirklich beginnen? **b) 1.** Lad(e) ein **2.** Beschränk(e) **3.** Vergiss **4.** Erweitere **5.** Überleg(e) **6.** Füll(e) **7.** Pfleg(e) **8.** Meld(e), zeig(e) **9.** Gib weiter **10.** Mach(e) **11.** Frag(e) **12.** Lehn(e) ab **13.** Tipp(e)

13 c) Wie geht es Ihnen denn? Die Information ist doch richtig, oder? Sind Sie eigentlich/denn immer noch an der Universität Bielefeld? Das ist ja interessant! Sie liegen mit Ihren kleinen Satelliten doch voll im Trend, stimmt's? Kommen Sie doch zu meiner Präsentation. Woran arbeiten Sie eigentlich/denn gerade? Das ist ja wirklich ein Zufall.

Vertiefungsteil

Ü1 1. Wie können Bestandskunden zu mehr Käufen motiviert werden? **2.** Diese Fragen werden jedes Jahr im Januar (von Marketingexperten) diskutiert. **3.** Die Marketingmöglichkeiten werden jedes Jahr (durch neue Strategien) erweitert und gleichzeitig wird die richtige Wahl erschwert. **4.** Mithilfe der neuen Medien können viele neue Wege gegangen werden, um das Interesse der Kunden auf die eigenen Produkte zu lenken. **5.** Eine Option, die genutzt werden kann, sind Videos in den sozialen Netzwerken. **6.** Die Aufmerksamkeitsspanne liegt heute bei etwa acht Sekunden. Diese kurze Aufmerksamkeit kann mit kurzen filmischen Sequenzen gewonnen werden. **7.** Die Videos können (von den Firmen) zum Beispiel

auf Instagram oder YouTube platziert werden. **8.** Wie Ihre Produktvideos produziert werden, ist Ihre Entscheidung. **9.** Im Moment werden (von Onlinehändlern) nur wenige Videos für YouTube erstellt – das ist ein Vorteil für Sie und Ihr Produkt. **10.** Wenn Ihre Produktbotschaften vor dem Hochladen optimiert und mit den notwendigen Suchbegriffen beschrieben werden, können sie bei der Suche schnell auf den ersten Plätzen landen. **11.** Neben Videos wird (von Firmen) immer häufiger auf die Form des Influencer-Marketings zurückgegriffen. **12.** Beim Influencer-Marketing wird (vom Unternehmen) die Bekanntheit einer Person genutzt, um das Interesse an einem Produkt zu steigern.

Ü2 1. Laut Internationaler Energieagentur (IEA) wird bis 2040 weltweit ein Viertel des Verbrauchs durch die Gewinnung erneuerbare Energien gedeckt. **2.** Bisher wurden als Alternativen zu Benzin und Diesel Bioethanol aus Zuckerrohr und stärkehaltigem Getreide sowie Biodiesel aus Raps- oder Sojaöl produziert. **3.** Dabei wurden aber in vielen Teilen der Welt Naturlandschaften zerstört, um dort Ölsaaten in Monokulturen anzupflanzen. **4.** Inzwischen gibt es Alternativen: Cellulose-Ethanol und Biomasse-Kraftstoff werden aus Rohstoffen wie Chinaschilf, Stroh oder Holz und aus organischen Abfallprodukten gemacht. **5.** Nach Aussagen der Internationalen Energieagentur können aus Abfällen der Land- und Forstwirtschaft 125 Milliarden Liter Diesel pro Jahr hergestellt werden. **6.** Damit kann der Transportsektor zu rund 4 Prozent mit Kraftstoff versorgt werden. **7.** In einigen Jahrzehnten wird auch die Bedeutung der Algen, die 30 bis 60 Prozent Öl enthalten, steigen, denn sie können in Süß- und Salzwasser gezüchtet werden. **8.** Mit der Hilfe (Mithilfe) der Algen können gleich mehrere Probleme gelöst werden. **9.** Aus Algen kann Biodiesel, Ethanol, Biogas und Hydrogen CO_2-neutral gewonnen werden.

Ü3 1. nicht nur – sondern auch **2.** weil **3.** wenn **4.** Auch wenn/ Obwohl **5.** Während **6.** Wenn **7.** denn **8.** wenn **9.** wenn **10.** dadurch – dass **11.** deshalb/deswegen/darum **12.** damit **13.** zwar – aber

Ü4 1. um die Bewerber besser einschätzen zu können. **2.** wenn es um die Suche nach Führungskräften ging. **3.** weil er einen dominanten Charakter hat. **4.** weshalb man heute eigentlich die Frage stellen muss: **5.** Obwohl bei vielen Tests der Bezug zur modernen Arbeitswelt fehlt, **6.** damit sie im Bewerbungsgespräch auf Schwächen der Kandidaten eingehen können. **7.** um die Bewerbungsprozesse auch zeitlich zu optimieren. **8.** trotzdem halten viele Unternehmen an der Idee des Persönlichkeitstests fest.

Ü5 a) 1. doch **2.** eigentlich/denn, denn/eigentlich **3.** ruhig **4.** bloß **5.** doch **6.** bloß/doch **b) 1.** denn/eigentlich **2.** eigentlich **3.** denn/eigentlich **4.** denn/ eigentlich **5.** doch **6.** eigentlich

Ü6 1. b) infolge des schweren Sturms **2. a)** Mangels eindeutiger Beweise **b)** mangels ausreichenden Interesses **3. a)** mithilfe professioneller Unterstützung **b)** mithilfe eines neuen Tools **4. a)** Durch die neuen Medien **b)** durch ein anspruchsvolles Testverfahren **5. a)** Dank des Einsatzes/dem Einsatz der Mitarbeiter **b)** dank einer neuen Marketingkampagne **6. a)** Aufgrund der hohen Nachfrage **b)** aufgrund der anhaltenden Trockenheit **7. a)** Angesichts eines wirtschaftlich erfolgreichen Jahres **b)** Angesichts der Ineffektivität **8. a)** innerhalb der ersten drei Jahre **b)** innerhalb der Stadt **9. a)** außerhalb der offiziellen Geschäftszeiten **b)** außerhalb des eigenen Netzwerks **10. a)** Laut (einer) Untersuchung der TU München **b)** Laut Medienbericht/ Laut eines Medienberichts

Abschlusstest

T1 1. Eine kleine, wendige Drohne wurde (von IT-Spezialisten) entwickelt. **2.** Die Drohne kann an verschiedenen Orten genutzt werden. **3.** Die Drohnen werden (von großen Industriefirmen) zur Inspektion ihrer Anlagen verwendet. **4.** Sie kann auch in Kraftwerken eingesetzt werden. **5.** Dadurch können Kosten zur Überwachung reduziert werden. **6.** Das Unternehmen wurde (von einer Jury in der Schweiz) zum besten Start-up des Jahres gewählt. *(6 x 1 P.)*

T2 1. besuchen **2.** verlassen **3.** reduzieren/beschränken **4.** melden **5.** haben/zeigen/aufbringen **6.** machen **7.** überlegen **8.** ablehnen *(8 x 1 P.)*

T3 1. die mediale Verbreitung 2. fehlender Nachfrage 3. der richtigen Fragen 4. ausreichender finanzieller Mittel 5. starker Konkurrenz 6. neuer, kreativer Ideen/neuen, kreativen Ideen *(6 x 1 P.)*

Kapitel 10

Hauptteil

2 a) **Transkription Hörtexte:** *Wünsche und Träume verwirklichen (Berichte)*

Jan, 29: In der Schule hatte ich tausend Ideen, was ich später mal machen könnte. Zuerst habe ich ein Jahr Chemie studiert, anschließend zwei Jahre Germanistik, das hat mir dann aber auch nicht gefallen. Nachdem ich ein paar Jahre in einem Café gearbeitet hatte, begann ich mit meinem jetzigen Studium: Modedesign in Berlin. Ich möchte später mal im Designbereich arbeiten. Das Studium ist wirklich toll. Ich glaube, ich bin jetzt angekommen. Meinem jüngeren Ich würde ich raten, eher zu überlegen, was man wirklich kann und will, und sein Ziel dann ohne Umwege zu verfolgen. Auch auf die Meinung anderer Menschen über einen selbst sollte man nicht so viel geben.

Julius, 38: Ich bin seit zwei Jahren Juniorprofessor im Bereich Gebäudemanagement an der Uni Münster. Ich kann nicht so genau sagen, wie ich mir früher meine Zukunft vorgestellt habe. Die richtige Frau fürs Leben habe ich leider noch nicht gefunden, da bin ich weiter auf der Suche. Ich weiß aber, dass ich keine Kinder haben möchte. Kinder sind für mich kleine zeitraubende Monster, die mich von der Arbeit abhalten. Meinem früheren Ich würde ich empfehlen, sich nicht zu ärgern, wenn etwas nicht so läuft, wie man es gerne hätte, zum Beispiel im Privatleben. Man muss manche Dinge so nehmen, wie sie sind, und das Beste daraus machen.

Annemarie, 31: Ich bin Krankenschwester, verheiratet und Mutter von zwei Kindern. Für mich gehören Kinder zum Leben, ich hätte am liebsten noch eins oder zwei. Zurzeit bin ich noch zu Hause, denn mein Sohn ist erst vier Monate alt. Mit meinem Beruf bin ich eigentlich zufrieden, obwohl ich sagen muss, dass ich manchmal noch davon träume, Kinderärztin zu werden. Wenn ich noch einmal wählen könnte, würde ich um einen Medizinstudienplatz kämpfen und nicht nach der ersten Ablehnung aufgeben. Diesen Rat würde ich auch meinem jüngeren Ich geben: Nicht so einfach aufgeben und sich nicht von anderen reinreden lassen.

Luise, 30: Ich habe einen Bachelorabschluss in BWL und arbeite in der Personalabteilung einer großen Firma. Nach einer gescheiterten Beziehung lebe ich allein mit meinen zwei Katzen. Mit 18 war ich mir ganz sicher, dass ich mit 30 eine Familie mit Kindern habe, in einer Eigentumswohnung wohne, unaufhaltsam Karriere mache und viel Geld verdiene. Naja, die Realität sieht anders aus. Ich bin auf der Suche nach einem verlässlichen Partner und einer Arbeit, die mir wirklich Freude bereitet. Vielleicht mache ich mal was ganz Neues, gehe für ein paar Jahre ins Ausland oder so, mal sehen. Meinem jüngeren Ich würde ich empfehlen, weniger an Geld und Anerkennung zu denken und stattdessen das zu tun, was man wirklich mag.

Aufgabe: 1. falsch 2. c 3. richtig 4. a 5. richtig 6. c 7. falsch 8. b

b) **Jan:** überlegen, was man wirklich kann und will, sein Ziel ohne Umwege verfolgen, auf die Meinung anderer Menschen nicht so viel geben | **Julius:** sich nicht über Misserfolge ärgern, die Dinge so nehmen, wie sie sind, und das Beste daraus machen | **Annemarie:** nicht aufgeben, sich nicht von anderen reinreden lassen | **Luise:** weniger an Geld und Anerkennung denken, das zu tun, was man wirklich mag

d) **Beispiele:** 1. nicht hören 2. sich nicht über etwas ärgern, was man nicht ändern kann 3. nicht weitermachen/aufhören 4. versuchen, jemanden zu beeinflussen 5. andauernd/beständig/ohne Unterbrechungen 6. zuverlässigen

e) Ratschläge kann man sich zu Herzen nehmen, in den Wind schlagen; Wünsche kann man jemandem von den Augen ablesen; Wünsche können in Erfüllung gehen

3 b) **Gleichzeitigkeit:** mehrmalig Vergangenheit/einmalig Gegenwart und Zukunft: *wenn*, Satz 5, Satz 9; **Parallelität:** *wäh-*

rend, Satz 2; Parallelität, Angabe des Endes: *solange*, Satz 7 | **Zeitliches Nacheinander:** Aktion des Nebensatzes vor Aktion des Hauptsatzes: *nachdem*, Satz 1; Aktion des Nebensatzes nach Aktion des Hauptsatzes: *bevor*, Satz 3, Angabe eines Anfangspunktes: *sobald*, Satz 10 | **Zeitdauer:** Anfangspunkt: *seit, seitdem*, Satz 8; Endpunkt: *bis*, Satz 6

c) 1. Als/Während ich auf dem Gymnasium war, habe ich in einer Jugendmannschaft gespielt. 2. Wenn mich der Trainer lobte, war ich immer ganz stolz. 3. Erst nachdem wir den zweiten Platz in der Jugendmeisterschaft gewonnen hatten, interessierte sich auch meine Mutter für Fußball. 4. Als/Während die Fußballweltmeisterschaft in Deutschland stattfand, nahm ich mir Urlaub. 5. Seit ich mir mit 16 Jahren den Fuß gebrochen habe, spiele ich nicht mehr regelmäßig. 6. Bevor ich mir heute Abend mit Freunden das Endspiel der Fußball-WM im Fernsehen ansehe, muss ich im Supermarkt Getränke und Snacks kaufen. 7. Bis der Anpfiff des Spiels erfolgt, habe ich noch zwei Stunden Zeit. 8. Seit das Spiel vorbei ist, diskutiere ich mit meinen Freunden über die Leistung jedes einzelnen Spielers.

4 a) 1. b 2. a 3. b 4. b 5. c 6. a 7. c 8. a 9. b 10. c

6 b) 1. Sie hätte beinahe an den Olympischen Spielen teilgenommen. 2. Er hätte beinahe Probleme mit seinem Herzen bekommen. 3. Diesmal hätte er fast die Festplatte formatiert. 4. Die Stadtzeitung hätte den Artikel beinahe veröffentlicht. 5. Er hätte beinahe Medizin studiert.

c) 1. Wenn Senta fleißiger trainiert hätte, hätte sie an den Olympischen Spielen teilnehmen können. 2. Wenn Andreas sich mehr bewegt hätte, hätte er keine Probleme mit seiner Gesundheit gehabt. 3. Wenn Hans am Computer konzentrierter gearbeitet hätte, hätte ihm der IT-Mitarbeiter nicht wieder helfen müssen. 4. Wenn Nico genauer recherchiert hätte, hätte die Stadtzeitung seinen Artikel sicher publiziert. 5. Wenn Georg bessere Schulnoten gehabt hätte, hätte er Medizin studieren können.

d) 1. Beate benimmt sich, als wäre sie hier die Chefin. 2. Stefan tat in der Besprechung so, als würde er sich für das Projekt interessieren. 3. Bernd hat heute so viel Geld ausgegeben, als hätte er im Lotto gewonnen. 4. Eva gibt ihren Freundinnen Anlagetipps, als würde sie sich mit Investitionen und Renditen gut auskennen.

7 b) **Platz 1:** Tierpfleger/in | **Platz 2:** Schriftsteller/in | **Platz 3:** Psychologe/Psychologin | **Platz 4:** Forscher/in | **Platz 5:** Archäologe/Archäologin

d) **Beispielsätze:** 1. Ein/Eine Tierpfleger/in versorgt und betreut Tiere, oft in Zoos oder Tierheimen. 2. Ein/Eine Schriftsteller/in schreibt literarische Werke wie Romane, Gedichte, Erzählungen. 3. Ein/Eine Psychologe/Psychologin analysiert das Verhalten von Menschen und führt psychologische Behandlungen oder Beratungen durch. 4. Ein/Eine Forscher/in ist in einem bestimmten Fachbereich mithilfe neuer wissenschaftlicher Methoden auf der Suche nach neuen Erkenntnissen. 5. Ein/Eine Archäologe/Archäologin beschäftigt sich mit den Überresten früherer Kulturen und Gesellschaften. Sie suchen, konservieren und restaurieren historische Fundstücke 6. Ein/Eine Arzt/Ärztin untersucht Patienten, diagnostiziert Krankheiten, legt Therapiemaßnahmen fest und führt medizinische Behandlungen und Eingriffe durch. 7. Ein/Eine Profisportler/in betreibt als Beruf eine Sportart und erhält dafür Einkünfte/Prämien, von denen er/sie seinen Lebensunterhalt bestreiten kann. 8. Ein/Eine Fotograf/in macht analoge oder digitale Bilder von Menschen, Produkten, Gebäuden, Landschaften, Ereignissen und bearbeitet die Ergebnisse in entsprechender Form. 9. Ein/Eine Anwalt/Anwältin berät Mandanten und vertritt deren Interessen in Rechtsangelegenheiten, z. B. bei Gerichtsprozessen. 10. Ein/Eine Software-Entwickler/in analysiert, plant, entwickelt und implementiert informationstechnische Anwendungen und Softwarebausteine (Datenbanken, Programme).

8 b) 1. wollen 2. unterstützen 3. träumen 4. ausschließen 5. feststellen 6. bewerben 7. tun 8. jagen 9. erscheinen 10. trinken

9 c) 1. Jeder sechste Onlinenutzer <u>in</u> diesem Alter kaufte bereits Produkte, die er vorher <u>bei</u> Influencern gesehen hatte, Tendenz steigend. 2. Das ist der wichtigste Grund, weshalb Influencer <u>beim/im</u> Marketing vieler Firmen eine immer größere Rolle spielen. **3.** Wer <u>mit</u> Social Media Geld verdienen will, muss sich selbst als Werbefigur vermarkten. **4.** Dabei verschwimmen oft die Grenzen <u>zwischen</u> Privatleben und Werbebotschaft. **5.** Influencer müssen sich der Gefahr bewusst sein, dass Privates plötzlich öffentlich wird und diese Öffentlichkeit nicht selten <u>für</u> negative Kommentare sorgt. **6.** Nicht jeder kann <u>mit</u> Kritik oder persönlichen Anfeindungen gut umgehen. **7.** Gleichzeitig wird <u>von</u> Influencern erwartet, dass sie gute Laune verbreiten und eine positive Lebenseinstellung vermitteln. **8.** Lächeln, Achtsamkeit und Dankbarkeit sind Pflicht, Negatives wird ausgeblendet. **9.** Sowohl <u>für</u> potenzielle Werbepartner als auch <u>für</u> die Follower ist ein perfekt wirkendes Leben und ein positives Image der Influencerin/des Influencers sehr wichtig. **10.** Die Anzahl der Anhänger ist ebenfalls von großer Bedeutung. **11.** Viele Firmen erwarten eine mindestens fünfstellige Followerzahl, um ein Profil attraktiv zu finden und <u>mit</u> der Influencerin/dem Influencer zu werben. **12.** Eine einträgliche Möglichkeit <u>zum</u> Geldverdienen bietet neben Instagram auch YouTube. **13.** <u>Mit</u> der Videoplattform wird nach der Anzahl der Werbeeinblendungen abgerechnet. **14.** <u>Für</u> 1 000 Videoabrufe erhält man ein bis zwei Euro. **15.** Wenn man <u>auf/über</u> YouTube monatlich 1 000 Euro verdienen will, müssen die Videos eine halbe bis eine Million Mal abgerufen werden. **16.** Das erhöht den Druck <u>auf</u> die Social-Media-Stars und den Konkurrenzkampf. **17.** In Wirklichkeit können die allerwenigsten Influencer <u>in</u> Deutschland <u>von</u> ihren Einkünften leben. **18.** Und ein Blick hinter die wenigen erfolgreichen Accounts zeigt, dass es sich <u>um</u> einen Fulltime-Job mit Überstundengarantie und hohem Risikopotenzial handelt.

f) 1. e 2. i 3. a 4. h 5. b 6. g 7. c 8. f

10 **b)** 1. für, b) Die Influencerin ist ihren Anhängern für das positive Feedback sehr dankbar. 2. an, a) Die Firma ist an einer Zusammenarbeit mit dem Influencer interessiert. b) Wir sind an der Kampagne „Fairer Sport" beteiligt. 3. auf, a) Nico ist auf sein erstes Video stolz. b) Er ist auf die Reaktionen gespannt. 4. von, a) Nico ist von den negativen Kommentare enttäuscht. b) Doch viele User sind von Nicos Video total begeistert. 5. mit, a) Wann bist du mit der Konzeption der neuen Werbemaßnahme fertig? b) Bist du mit der Veröffentlichung deines Kommentars einverstanden?
c) 1. behilflich sein + Dativ 2. böse sein + Dativ 3. kalt sein + Dativ 4. gleichgültig sein + Dativ 5. recht sein + Dativ 6. wert sein + Akkusativ

13 **c)** 1. e 2. c 3. d 4. f 5. b 6. a

15 **Transkription Hörtext:** *Smarthome (Vortrag)*
Liebe Zuhörerinnen, liebe Zuhörer, ich bedanke mich für die Einladung und die Möglichkeit, heute hier zum Thema Smarthome-Nutzung in Deutschland sprechen zu dürfen. Wie Sie wissen, arbeite ich beim Landeskriminalamt in Nordrhein-Westfalen, und ich möchte den heutigen Vortrag nutzen, um vor allem auf die Risiken, die mit der intelligenten Technologie verbunden sind, einzugehen.
Lassen Sie mich aber mit ein paar Sätzen zur Begriffserklärung beginnen: Als Smarthome bezeichnet man einen Haushalt, in dem Haushalts- und Multimedia-Geräte miteinander kommunizieren und digital ferngesteuert werden können. Das schließt auch Türen, Fenster, Rollläden und Gardinen, Rauchmelder und Alarmsysteme mit ein.
Mithilfe der neuen technologischen Möglichkeiten können wir unser Leben komfortabler gestalten – ein Wunsch, den übrigens viele Menschen in Deutschland haben. Laut einer kürzlich publizierten Online-Umfrage besitzen immerhin schon 65 Prozent der Haushalte mindestens ein smarthomefähiges Gerät. 85 Prozent der Umfrageteilnehmer haben vor, in den nächsten 12 Monaten ihr Geld in ein cleveres Gerät zu investieren. Im Moment gehören Smart-TVs und WLAN-Lautsprecher zu den beliebtesten smarten Produkten.
Eine Smarthome-Anwendung ist heute nicht mehr allzu teuer und lässt sich in der Regel einfach installieren. Vielen Nutzern geht es vor allem darum, dass sich die Produkte Schritt für Schritt, flexibel und individuell in die vorhandene Ausstattung integrieren lassen. Das ist nicht immer ganz einfach, denn verschiedene Produkte haben, vor allem wenn sie von unterschiedlichen Herstellern sind, unterschiedliche Übertragungsstandards und ihre eigenen Steuereinheiten. Sinn

eines Smarthomes ist es aber, dass alle Geräte, die dazu in der Lage sind, miteinander kommunizieren. Um das Problem mit der Unterschiedlichkeit zu lösen, werden in vielen Fällen die verschiedenen Standards der Geräte über eine zentrale Steuereinheit synchronisiert, die Nutzer mit einer App zu Hause oder unterwegs sehr leicht bedienen können.
Dass die Nutzung der smarten Geräte viele Vorteile bietet, ist inzwischen bekannt: Sie reichen von der Heizung, die man per Smartphone hochdrehen kann, über den smarten Staubsauger, der in unserer Abwesenheit die Wohnung sauber macht, bis hin zur Lichtinstallation oder den hoch- und runterfahrenden Rollläden, die während unseres Urlaubs vortäuschen, dass jemand zu Hause ist. Das ist aus kriminalistischer Sicht der richtige Weg, Einbrüchen vorzubeugen und somit die Anzahl der Eigentumsdelikte zu reduzieren.
Allerdings, und jetzt komme ich zu den Risiken, sollten Verbraucher beim Kauf von smarten Geräten auch kritisch sein. Das betrifft vor allem den Punkt der Datennutzung. Es ist wichtig, sich beim Kauf auch darüber zu informieren, welche Daten vom Betreiber gesammelt und gespeichert werden. Besonders vorsichtig sollten Verbraucher dann sein, wenn personenbezogene Daten erhoben werden, obwohl sie für die Funktionalität des Geräts gar nicht nötig sind, oder wenn private Gespräche mitgehört werden können. Ein zweiter Punkt sind die Sicherheitsrisiken. Vernetzte Haushaltsgeräte speichern und verarbeiten Informationen und sie kommunizieren über das WLAN. Das bedeutet aber gleichzeitig, dass Unbefugte die Signale mitlesen, manipulieren oder für ihre Zwecke missbrauchen können, z. B. zur Vorbereitung von Einbrüchen oder Computerattacken. Illustrieren möchte ich Ihnen das anhand eines Beispiels: Vor einiger Zeit erregte ein smarter Kühlschrank in den Medien Aufsehen, weil er unzählige Spam-Mails verschickt hat. Hacker hatten ihn angegriffen und ihn für Attacken missbraucht. Außer dem Kühlschrank waren noch etwa 100 000 andere Geräte wie Multi-Media-Player und Smart-TVs in die Attacken involviert.
Hier kann man sehr gut sehen, dass smarte Haushaltsgeräte genauso gehackt oder mit Viren infiziert werden können wie PCs. Wer also sein Zuhause technisch aufrüstet, sollte seine neuen Geräte genauso schützen wie seinen Computer. Das bedeutet: Installieren Sie eine Firewall und ein Virenschutzprogramm, übernehmen Sie keine vorgegebenen Passwörter der Firma, verwenden Sie individuelle, sichere Passwörter.
Wir haben eine Broschüre mit Sicherheitshinweisen für Verbraucher zusammengestellt, die ich Interessenten nach dem Vortrag gerne aushändige.
Ich danke Ihnen zunächst für Ihre Aufmerksamkeit und stehe im Anschluss noch für weitere Fragen zur Verfügung.
Aufgabe: 1. b 2. a 3. a 4. c 5. b 6. a 7. b

16 1. besitzen 2. gehören 3. installieren 4. integrieren 5. haben 6. kommunizieren 7. bedienen 8. hochdrehen 9. sauber macht 10. vortäuschen 11. gespeichert 12. erhoben 13. gehackt

Vertiefungsteil

Ü1 1. a) Hätte er den Rat des Mathelehrers doch befolgt! b) Wenn er den Rat des Mathelehrers ernst genommen hätte, könnte er heute als IT-Spezialist viel Geld verdienen. 2. a) Hätte er sich doch für die Suche nach seiner Traumfrau ein bisschen mehr Zeit genommen! b) Wenn er mehr Zeit in die Suche investiert hätte, hätte er die Richtige vielleicht schon gefunden. 3. a) Hätte sie doch mehr Mut gehabt und sich um die Stelle bemüht. b) Wenn sie die Stelle bekommen hätte, könnte sie heute wichtige Entscheidungen treffen. 4. a) Hätte sie ihre beruflichen Träume doch nicht so schnell aufgegeben! b) Wenn sie um einen Studienplatz gekämpft hätte, würde sie heute vielleicht als Ärztin arbeiten. 5. a) Würde sie doch das Leben mehr genießen! b) Wenn sie mehr Freude am Privatleben hätte, würde sie nicht so unter Stress leiden.

Ü2 1. geben 2. nehmen 3. kreisen 4. warnen 5. geben 6. umgehen 7. einschlagen 8. liefern

Ü3 1. zufolge 2. Zu 3. ohne 4. von 5. von 6. Laut/Nach 7. an 8. ohne 9. Auf 10. zwischen 11. auf 12. nach 13. mit 14. ohne 15. an 16. mit

Ü4 a) 1. Nach Werbeaktionen von Influencern sind viele Anhänger zum Kauf der vermarkteten Produkte bereit. 2. Einige Follower sind regelrecht verrückt nach den empfohlenen Artikeln ihrer Stars. 3. Diese Tatsache ist für Firmen sehr interessant. 4. Wenn die Firmen von dem Erfolg eines Social-Media-Stars überzeugt sind, lassen sie für ihre Produkte werben. 5. Für Firmen sind Followerzahlen erst im fünfstelligen Bereich attraktiv. 6. Für Follower ist ein perfekt wirkendes Leben und ein positives Image des Influencers sehr wichtig. 7. Wenn man mit Social Media Geld verdienen will, muss man zu seinen Anhängern immer nett und freundlich sein. 8. Man darf nicht über negative Kommentare traurig oder empört sein. 9. Man sollte auch mit einer Veröffentlichung von privaten Dingen einverstanden sein.

b) 1. a) zu + Dativ b) Die Kollegen sind in dieser Situation zu Überstunden bereit. 2. a) über + Akkusativ b) Ich bin über das Ergebnis sehr erfreut. 3. a) auf + Akkusativ b) Die National-mannschaft ist auf diesen Sieg besonders stolz. 4. a) für + Akkusativ b) Wir sind für die Unterstützung dankbar. 5. a) mit + Dativ b) Die Verwaltungsleiterin ist mit der Jahresabrechnung beschäftigt. 6. a) an + Dativ b) Mein Freund ist sehr an moderner Kunst interessiert. 7. a) an + Akkusativ b) Die Pflanzen sind an die Hitze nicht gewöhnt. 8. a) nach + Dativ b) Die meisten Kinder sind verrückt nach Süßigkeiten. 9. a) bei + Dativ b) Die neue Abteilungsleiterin ist bei den Mitarbeitern nicht beliebt. 10. a) in + Akkusativ b) Ist Peter in die neue Kollegin verliebt?

Ü5 1. führen 2. ermöglichen 3. integrieren 4. erweitern 5. kommunizieren 6. haben, bedient 7. bieten 8. widerstehen 9. missbraucht 10. infiziert 11. geschützt 12. einschalten 13. informieren

Ü6 1. Er studierte ab 1983 Informatik und Mathematik an der Technischen Universität München. Nachdem er 1987 sein Diplom erworben hatte, promovierte er 1991 in Informatik. 2. Während er als Post-Doktorand an der University of Colorado in Boulder arbeitete, schrieb er seine Habilitationsarbeit. 3. Er war an der TU München tätig, bevor er 1995 wissenschaftlicher Direktor des Forschungsinstituts für Künstliche Intelligenz in Lugano wurde. 4. Er bekam die Professorenstelle in der Schweiz, als er eine Arbeitsgruppe gründete, die rekurrente (rückgekoppelte) neuronale Netzwerke (RNN) entwickelte. Diese Netze können in effizienter Weise komplexe Aufgaben durchführen sowie Sprachen und Handschriften erkennen, Roboter steuern oder Musik komponieren. 5. Seit er sich dem Thema des Maschinenlernens und der Künstlichen Intelligenz widmete, erhielt er zahlreiche renommierte Preise. 6. Auch einige seiner Studenten machten Karriere. So gründete einer der ehemaligen Studierenden Google Deep-Mind, nachdem er sein Studium bei Schmidhuber in Lugano abgeschlossen hatte. 7. Wenn sich Jürgen Schmidhuber über das Thema Künstliche Intelligenz und Gesellschaft äußert (äußerte), weist (wies) er immer auf die langfristigen Folgen wie z. B. Verlust von Arbeitsplätzen hin. 8. Wissenschaftler vermuten, dass es noch einige Zeit dauern könnte, bis eine Arbeitswelt mit superintelligenten Robotern zur Realität wird.

Abschlusstest

T1 1. Nachdem Ralf sein Studium abgebrochen hatte, arbeitete er ein Jahr als Kellner. 2. Bevor Birte die Assistentenstelle bekommen hat, war sie zwei Jahre wegen ihres Kindes zu Hause. 3. Immer wenn Petra die Studienrichtung wechseln wollte, rieten ihr ihre Eltern davon ab. 4. Seit Egon eine Ausbildung als Koch begonnen hat, ist er endlich glücklich. (4 x 1,5 P.)

T2 1. Hätte sie doch die Kommentare nicht gelesen! 2. Hätte sie doch eine Auswahl getroffen! 3. Hätte sie doch auch mal weniger gute Momente gezeigt! 4. Hätte sie sich doch mehr Zeit für persönliche Kontakte genommen! 5. Hätte sie das doch schon viel eher getan! (5 x 1 P.)

T3 1. Kriminelle sind an den Daten der Geräte interessiert, um sie für ihre Zwecke zu missbrauchen. 2. Diese Datenunsicherheit kann für allerlei kriminelle Aktivitäten verantwortlich sein. 3. Auch Firmen erheben Daten, die für die Funktion der Geräte nicht notwendig sind. 4. Deshalb sind individuelle Passwörter für den sicheren Gebrauch der Geräte wichtig. (4 x 1 P.)

Kapitel 11

Hauptteil

2 **a)** 1. erkennen, zuordnen, ausgeht – der ELEFANT 2. nachahmen, lösen, sind – der PAPAGEI 3. zählen, planen, anzupassen – die BIENE 4. lernen, öffnen – der/die KRAKE 5. gelten, überraschen, setzen ein, einfühlen – der AFFE 6. beobachten, legen, knacken, will – der RABE 7. verstehen, verfügen, übertragen – die KATZE 8. steuern, bewältigen – der DELFIN 9. besitzt, verfügt, versteht – der HUND **Lösungswort:** Tierarten

3 **a) Transkription:** *Bedrohte Tierarten (Radiogespräch mit zwei Gästen)*

Moderator: Guten Morgen, liebe Zuhörerinnen und liebe Zuhörer. Wie immer sind die Themen unseres Morgenmagazins brandaktuell. Heute geht es um das Thema Artenschutz. In den vergangenen Tagen war in allen Medien zu sehen, zu hören und zu lesen, dass rund eine Million Tierarten vom Aussterben bedroht sind. Wissenschaftler sprechen vom größten Artensterben seit dem Verschwinden der Dinosaurier. Darüber möchte ich heute mit meinen beiden Gästen diskutieren. Herzlich willkommen, Eva Schiller, die als freie Wissenschaftsjournalistin für verschiedene Medien arbeitet, und Samuel Bauer vom Ministerium für Umwelt und Naturschutz. | **E. Schiller:** Guten Morgen. | **S. Bauer:** Guten Morgen. | **Moderator:** Frau Schiller, viele Leute waren geschockt, als sie diese Zahl gehört haben. | **E. Schiller:** Ja, das sind auch wirklich alarmierende Zahlen, die der Weltbiodiversitätsrat in seinem Bericht vorgelegt hat. Ich würde die gerne noch ein bisschen konkretisieren: Mehr als 40 Amphibienarten, dazu gehören zahlreiche Froscharten, sind vom Aussterben bedroht. Der Bestand der Meeressäugetiere, also Wale, Delfine, Robben oder Seelöwen, ist um ein Drittel zurückgegangen. Die Vielfalt der Lebewesen auf dem Land ist seit 1900 um 20 Prozent gesunken. Oder nehmen wir die Insektenarten. In Deutschland gibt es 33 000 Insektenarten, 7 800 davon stehen auf der Roten Liste der stark gefährdeten Tiere. | **Moderator:** Das ist wirklich sehr beunruhigend. | **E. Schiller:** Leider verschwinden viele Arten in aller Stille von diesem Planeten. Nur ganz selten gewinnen aussterbende Tierarten mediales Interesse, wie z. B. das letzte männliche Breitmaulnashorn, für das ein eigener Twitter-Account betrieben wurde. Es wird wirklich Zeit, dass diese globale Katastrophe in das Bewusstsein der Menschen rückt. | **Moderator:** Was sind die Ursachen, wer ist dafür verantwortlich? | **S. Bauer:** Ursachen gibt es viele und für alle trägt der Mensch die Verantwortung. Eine Hauptursache ist die Zerstörung der Lebensräume. Wälder werden gerodet, um Felder für Nahrungsmittel, Weideflächen für Nutztiere oder Straßen anzulegen. Große Gebiete werden zur Gewinnung von Rohstoffen zerstört und Küstengebiete werden mit Betonsiedlungen zugebaut. Eine zweite wichtige Ursache ist die Umweltverschmutzung. Umweltschädliche Praktiken in der Land- und Fischereiwirtschaft wie der Einsatz von Pflanzenschutzmitteln oder die Überfischung der Meere tragen erheblich zum Artensterben bei. Auch durch die gezielte Jagd von Tieren aus diversen Gründen kommen Tierarten wie Elefanten oder Löwen an den Rand ihrer Existenz. | **Moderator:** Welchen Einfluss hat das Artenstreben auf das Leben der Menschen? | **E. Schiller:** Klar ist, dass sich der Mensch mit seinem Handeln selbst schadet. Nehmen wir die Insekten: Sie bestäuben Pflanzen und sorgen so für ihre Vermehrung. Durch die intensive Landwirtschaft und die Verwendung von Insektiziden wird ihr Lebensraum vergiftet. Der Verlust der Insekten wie das Sterben der Bienen bedroht direkt unsere Nahrungsmittelproduktion. Oder nehmen wir die Zerstörung von Küstengebieten, z. B. von Mangrovenwäldern. Das gefährdet die Lebensgrundlage von vielen Menschen, die vom Fischfang leben. 23 Prozent der Landfläche auf der Erde gelten dem Bericht zufolge als ökologisch heruntergewirtschaftet und können nicht mehr genutzt werden. Das sind die Fakten und wir müssen endlich anfangen, etwas dagegen zu tun. Für meinen eigenen Bereich heißt das, dass wir den Naturschutz und die biologische Vielfalt noch viel mehr im öffentlichen Bewusstsein verankern müssen. Wir dürfen nicht nur darüber reden, wenn mal wieder ein Bericht einer Expertenkommissi-

on kommt. | **Moderator:** Ich denke, dass auch die Politik endlich effektive Maßnahmen ergreifen muss, um diese negative Entwicklung zu stoppen. | **S. Bauer:** Da gebe ich Ihnen absolut recht. Aber: Es ist ein globales Problem und es lässt sich nur global lösen. | **E. Schiller:** Das höre ich andauernd und es hat sich in den letzten Jahrzehnten nichts verbessert. | **S. Bauer:** Einzelprojekte oder Projekte von einzelnen Staaten sind eine gute Sache, aber sie bringen uns nicht richtig voran. Wir brauchen mehr internationale Zusammenarbeit und müssen den Schutz der Natur noch viel mehr in den Mittelpunkt stellen. Dazu gehört, dass wir umweltfeindliche Projekte nicht mehr subventionieren, sondern stoppen. Das gilt auch für die Agrarpolitik in der Europäischen Union. Die Entwicklung erfordert ein komplettes Umdenken, denn es geht um unser Überleben. | **Moderator:** Ich bedanke mich fürs Erste bei meinen Gästen. Nach den Nachrichten sind wir wieder zurück …
Aufgabe: 1. b **2.** b **3.** c **4.** a **5.** c

b) Beispielantworten: 1. Sie sprechen über das Artensterben/den Artenschutz/bedrohte Tierarten. **2.** Betroffen sind Amphibienarten, z. B. zahlreiche Froscharten, Meeressäugetiere, z. B. Wale, Delfine, Robben oder Seelöwen, und Insektenarten. **3.** Es war gering./Es gab kaum mediales Interesse. **4.** Wälder werden gerodet./Große Gebiete werden zur Gewinnung von Rohstoffen zerstört./Küstengebiete werden mit Betonsiedlungen zugebaut./Der Mensch zerstört die Umwelt durch den Einsatz von Pflanzenschutzmitteln oder die Überfischung der Meere. **5.** Der Mensch schadet sich selbst./Die Nahrungsmittelproduktion wird bedroht. **6.** Es muss eine internationale Zusammenarbeit geben./Der Naturschutz muss in den Mittelpunkt gestellt werden./Ein komplettes Umdenken ist erforderlich.

4 **a) 1.** vom Aussterben **2.** seit dem Verschwinden **3.** in seinem Bericht **4.** um ein Drittel **5.** auf der roten Liste **6.** in aller Stille **7.** in das Bewusstsein **8.** Dem Bericht zufolge **9.** zur Gewinnung **10.** von Pflanzenschutzmitteln **11.** mit seinem Handeln **12.** um ein globales Problem **13.** in den Mittelpunkt **14.** um unser Überleben
b) 1. Heute gibt es ein Drittel weniger Meeressäugetiere. **2.** Auch viele Insekten sind vom Aussterben bedroht. **3.** Es wird wirklich Zeit, dass die Menschen etwas über diese globale Katastrophe erfahren. **4.** An dieser Entwicklung ist der Mensch schuld. **5.** Umweltschädliche Praktiken in der Land- und Fischereiwirtschaft haben einen großen Anteil am Artensterben. **6.** Auch durch die gezielte Jagd von Tieren aus diversen Gründen werden Elefanten oder Löwen in ihrer Existenz bedroht. **7.** Wir müssen noch viel mehr über den Naturschutz und die biologische Vielfalt schreiben und sprechen. **8.** Die Politik sollte etwas für den Schutz der Tierarten tun. **9.** Wir müssen komplett umdenken, denn es geht um unser Überleben.

5 **b) Bildung Zustandspassiv:** *sein* und Partizip II, Vergangenheit: Präteritum von *sein (waren)* + Partizip II
c) 1. Die Meere sind überfischt. **2.** Ein Teil des Lebensraums der Insekten ist vergiftet. **3.** Die Öffentlichkeit ist über die dramatische Entwicklung informiert. **4.** Die Umweltprobleme sind noch nicht gelöst. **5.** Bereits existierende Umweltgesetze sind noch nicht umgesetzt. **6.** Der Kampf gegen das Artensterben ist noch nicht abgeschlossen.

8 **a) B)** benutzen **C)** teilen **D)** wählen **E)** vermeiden **F)** konsumieren **G)** lenken **H)** umstellen **I)** investieren **J)** bevorzugen
b) 1. F **2.** G **3.** H **4.** B **5.** D **6.** E **7.** J **8.** I **9.** C

9 **a)** das Alltagsleben, das Futtermittel/die Futtermittel *(Pl.)*, die Dienstleistungen *(Pl.)*, die Sonnenkollektoren *(Pl.)*, die Ölheizung, die Lebensmittelverschwendung, der Kunstdünger, die Anbaumethode, der Bekanntenkreis
b) 1. e **2.** h **3.** d **4.** a **5.** i **6.** f **7.** b **8.** c

10 **b) Beispielsätze: 1.** Wir werden auch öffentliche Gebäude auf Sonnenenergie umstellen. **2.** Es ist an der Zeit, dass wir im Zentrum von Großstädten eine Maut einführen. **3.** Wir werden auch Landwirte finanziell unterstützen, die auf biologische Produktion umstellen. **4.** Außerdem haben wir vor, Plastikartikel in privaten Haushalten zu reduzieren. **5.** Im nächsten Jahr werden wir Fördermittel für Gebäudesanierungen zur Verfügung stellen. **6.** Es ist an der Zeit, dass öffentliche Parkplätze mit Ladestationen für Elektroautos ausgerüstet werden. **7.** Außerdem haben wir vor, mehr Bäume in den Städten anzupflanzen.

12 **b) 1.** Die Gletscher an den Polen werden schmelzen. **2.** Der Meeresspiegel wird sich um 18 bis 59 Zentimeter erhöhen. **3.** Es wird zu mehr Hitzewellen und Extremwetter kommen. **4.** Der Regenwald wird massiv schrumpfen.
c) 1. Ich werde aus dem Supermarkt keine Plastiktüten mehr mitbringen. **2.** Ich werde öfter mit dem Fahrrad fahren. **3.** Ich werde meinen Fleischkonsum reduzieren. **4.** Ich werde beim Einkaufen auf ein/das Öko-Label achten.
d) 1. Sie wird an einer anderen Konferenz teilnehmen. **2.** Sie wird keine neuen politischen Maßnahmen präsentieren können. **3.** Sie wird Probleme bei der Anreise haben. **4.** Sie wird die Konferenz nicht so wichtig finden.
e) 1. Er wird lieber an der großen Demonstration in Berlin teilgenommen haben. **2.** Er wird mit dem Konferenzprogramm nicht einverstanden gewesen sein. **3.** Er wird ein wichtiges Gespräch mit dem Verkehrsminister gehabt haben. **4.** Er wird den Sinn der Konferenz bezweifelt haben.

13 **b) Transkription Hörtext:** *Naturschützer (Vortrag)*
Viele junge Menschen sehen den Naturschutz als eine der wichtigsten Aufgaben der Zukunft und möchten auch in diesem Bereich arbeiten. Doch die Suche nach einem geeigneten Beruf ist nicht so einfach, denn der Begriff „Naturschützer" umfasst eine Vielzahl an Tätigkeiten. Dazu gehört auch die Tatsache, dass nicht alle Naturschützer in Outdoor-Kleidung in schönen Gegenden seltene Tiere zählen, Wale in den Weltmeeren beschützen oder vom Aussterben bedrohte Vogelarten retten. Das berufliche Einsatzgebiet ist viel größer: Es reicht vom Waldarbeiter bis zum Forscher an einer Universität.
Wenn jemand dem Naturschutz im Bereich der Forschung dienen möchte, dann eignet sich auf jeden Fall ein Studium an einer Universität. In Deutschland, Österreich und der Schweiz wird heute von renommierten Universitäten eine Vielzahl an Studiengängen mit ökologischen Inhalten angeboten. Wer sich eher für angewandtes Wissen in Kombination mit praktischen Erfahrungen interessiert, ist an einer Hochschule oder Fachhochschule gut aufgehoben. In Norddeutschland zum Beispiel haben einige kleinere Hochschulen ganz gezielt Studiengänge für angehende Naturschützer konzipiert. Als Beispiel möchte ich die Hochschule Anhalt und die Hochschule für nachhaltige Entwicklung Eberswalde nennen, wo man Naturschutz in Kombination mit Landschaftsplanung oder Landschaftsnutzung studieren kann. Diese Studiengänge vermitteln angewandte Kenntnisse und die Studierenden arbeiten im Rahmen von Projekten mit Partnern aus der Naturschutzpraxis zusammen. Hier werden die angehenden Naturschützer neben den theoretischen Fächern wie Tier- und Pflanzenkunde, Geologie, Ökologie, Landschaftskunde, Wirtschaft und Recht auf ihre künftige Arbeit praxisnah vorbereitet. Deshalb findet ein Teil der Ausbildung nicht im Vorlesungssaal, sondern in der freien Natur statt. Viele Absolventen arbeiten später als Ranger in einem der vielen Schutzgebiete in Deutschland oder finden eine Stelle bei einer Naturschutzorganisation im In- und Ausland.
Warum ist eine gute Ausbildung so wichtig? Vielleicht kann ich das am besten anhand der Arbeit der Ranger deutlich machen. Den Beruf des Rangers gibt es in Deutschland schon seit über 100 Jahren. Früher beschränkte sich die Arbeit der Ranger hauptsächlich auf den Schutz von Tieren und Pflanzen. Heute umfasst das Tätigkeitsfeld neben der Arbeit zum Artenschutz auch Aufgaben im Bereich des Marketings, der Öffentlichkeitsarbeit und der Umweltbildung. Ranger vermitteln im persönlichen Kontakt, in Seminaren oder Vorträgen Wissen über die Natur und unterstützen mit ihren Dokumentationen auch die Arbeit von Wissenschaftlern. Für das breite Einsatzspektrum benötigen sie ein umfangreiches Wissen über die biologischen Arten, verschiedene Gesetze, wirtschaftliche Abläufe und die aktuelle Politik. Aber auch Einfühlungsvermögen und sehr gute Kommunikationsfähigkeiten sind für eine erfolgreiche Ausübung des Berufs wichtig. Am wichtigsten aber, und das unterscheidet sich wiederum nicht von früher, sind Interesse und Freude am Fach sowie großes persönliches Engagement.
Aufgabe: 1. c **2.** b **3.** a **4.** b **5.** c

14 1. Schon als Kind hatte Julius großes Interesse an der Natur. – Interesse haben an + Dativ 2. Im letzten Jahr hatte er die Gelegenheit zu einem Praktikum in Kanada. – die Gelegenheit haben zu + Dativ 3. Es gibt einen Bedarf an gut ausgebildeten Naturschützern. – einen Bedarf geben an + Dativ 4. Experten haben keine Zweifel an der Existenz des Klimawandels. – Zweifel haben an + Dativ 5. Gleichzeitig haben sie Hoffnung auf eine Verbesserung der Situation. – Hoffnung haben auf + Akkusativ

15 a) **Text 1:** 1. bietet 2. spazieren geht 3. überlassen 4. ermöglicht 5. verfügt 6. beobachtet | **Text 2:** 1. Netz 2. Kanälen 3. Schutz 4. Urlauber 5. Wasser 6. Dörfer 7. Traditionen

Vertiefungsteil

Ü1 **Tiere:** 1. einschätzen 2. nachahmen 3. lösen 4. anpassen 5. öffnen 6. einsetzen 7. beobachten 8. übertragen 9. verstehen
Menschen: 1. ernst nehmen 2. rücken 3. stellen 4. zerstören 5. zubauen 6. verzichten 7. schaden 8. ergreifen 9. subventionieren

Ü2 1. Die Registrierungsstelle ist ebenfalls seit 8.00 Uhr geöffnet. 2. Die Rezeption ist besetzt. 3. Alle Unterlagen sind gedruckt. 4. Die Namensschilder sind ausgelegt. 5. Die Räume sind eingerichtet. 6. Die Präsentationstechnik ist installiert. 7. Die Smartboards und Computer sind schon eingeschaltet. 8. Die Kameras sind aufgestellt. 9. Das Programm ist aktualisiert.

Ü3 1. Er wird mit seiner Freundin nach Schottland fahren (gefahren sein), um dort Vögel zu beobachten. 2. Sie werden viele Fotos machen (gemacht haben). 3. Sie werden jeden Tag früh aufstehen (aufgestanden sein), um das Ausschwärmen der Vögel nicht zu verpassen. 4. Markus wird mit einigen schottischen Forschern Kontakt aufnehmen (aufgenommen haben). 5. Er wird mit ihnen Erfahrungen austauschen (ausgetauscht haben). 6. Er wird auch für seine Doktorarbeit über Artenschutz viel nützliches Material sammeln (gesammelt haben).

Ü4 1. In Zukunft werde ich nur Produkte kaufen, die ich brauche. 2. Ich werde bewusster mit Lebensmitteln umgehen. 3. Ich werde den Müll reduzieren und trennen. 4. Ich werde die Lampen ausschalten, wenn ich nicht im Zimmer bin. 5. Ich werde lieber duschen. 6. Ich werde auf vegetarische Ernährung umstellen. 7. Ich werde auf Plastiktüten aller Art verzichten. 8. Ich werde öffentliche Verkehrsmittel benutzen. 9. Ich werde nur noch in Nachbarländer reisen.

Ü5 1. Aber nicht alle Naturschützer zählen <u>in</u> schönen Gegenden seltene Tiere oder retten <u>vom</u> Aussterben bedrohte Vogelarten. 2. Das berufliche Einsatzgebiet reicht <u>vom</u> Waldarbeiter bis <u>zum</u> Forscher <u>an</u> einer Universität. 3. Wer Interesse <u>an</u> angewandtem Wissen <u>in</u> Kombination mit praktischen Erfahrungen hat, ist <u>an</u> einer Hochschule oder Fachhochschule gut aufgehoben. 4. Hier werden die angehenden Naturschützer neben den theoretischen Fächern <u>auf</u> ihre künftige Arbeit praxisnah vorbereitet. 5. Viele Absolventen arbeiten später <u>als</u> Ranger <u>in</u> einem Schutzgebiet <u>in</u> Deutschland, manche hoffen sogar <u>auf</u> einen Auslandseinsatz. 6. Heute gehören <u>zum</u> Tätigkeitsfeld eines Rangers neben der Arbeit zum Artenschutz auch Aufgaben <u>im</u> Bereich des Marketings und der Öffentlichkeitsarbeit. 7. Ranger vermitteln <u>im</u> persönlichen Kontakt, <u>in</u> Seminaren oder Vorträgen Wissen <u>über</u> die Natur. 8. Sie leisten <u>mit</u> ihren Dokumentationen auch Unterstützung <u>für</u> die Arbeit von Wissenschaftlern. 9. <u>Für</u> eine erfolgreiche Arbeit sind Interesse und Freude <u>am</u> Fach sowie ein großes persönliches Engagement am wichtigsten.

Ü6 **Transkription Hörtext:** *Der ökologische Fußabdruck (Kurzvortrag)*
Guten Tag, meine Damen und Herren, und herzlich willkommen zu meinen kurzen Ausführungen zum Thema Ökologischer Fußabdruck. Den Ausdruck „ökologischer Fußabdruck" werden Sie sicher alle schon gehört haben. Aber vielleicht wissen Sie nicht genau, was hinter diesem Begriff steckt. Nun, der ökologische Fußabdruck ist eine Metapher für eine wissenschaftliche Methode, die 1994 vom Schweizer Rechtsanwalt Mathis Wackernagel und dem amerikanischen Wissenschaftler William Rees entwickelt wurde. Es handelt sich dabei um ein Rechenmodell, das gegenüberstellt, wie viel Platz zum Beispiel ein Land für das derzeitige Leben

braucht und wie groß die biologisch-produktiven Kapazitäten eines Landes in Wirklichkeit sind. In den Berechnungen des ökologischen Fußabdrucks werden unter anderem die Kapazitäten, die zur Produktion von Nahrung, Kleidung, Möbeln und sonstigen Gebrauchsgegenständen benötigt werden, die genutzte Wohnfläche, der produzierte Müll, die Bereitstellung von Energie und das freigesetzte Kohlendioxid berücksichtigt. Auf die gesamte Erde bezogen, kann man aus der nutzbaren Fläche der Erde und der Anzahl der Menschen genau kalkulieren, wie viel Fläche jedem theoretisch zusteht. Wenn man nun dieses Rechenmodell zugrunde legt, wird schnell deutlich, dass es ein ungleiches Verhältnis zwischen den Ressourcen und ihrer Nutzung gibt: Jedem Bürger stehen 1,8 Hektar zur Verfügung, aber es werden 2,2 Hektar pro Person verbraucht. Wir müssen also feststellen, dass wir weit über unsere Verhältnisse leben und dagegen sollten wir dringend etwas tun. Ein Anfang wurde jetzt gemacht und wir können einige positive Trends beobachten. Abfall-, Ressourcen- und Energieverbrauch sowie Emissionen sind inzwischen zurückgegangen. Viele Unternehmen versuchen, mit der Berechnung ihrer eigenen Ökobilanz und dem Ergreifen von Maßnahmen zur Effizienz und Sparsamkeit ihren Anteil am ökologischen Fußabdruck zu senken. Einige wenige Firmen haben sich sogar das strategische Ziel gesetzt, bald eine positive Ökobilanz vorzuweisen. Ich persönlich hoffe, dass diese Tendenz aufrechterhalten bleibt. Und dafür können wir alle einen Beitrag leisten. Vielen Dank für Ihre Aufmerksamkeit.
Aufgabe: 1. richtig 2. falsch 3. falsch 4. richtig 5. richtig 6. falsch
b) 1. entwickelt 2. gegenübergestellt 3. benötigt 4. berücksichtigt 5. zusteht 6. gibt 7. stehen 8. verbraucht 9. tun 10. zurückgegangen 11. gesetzt 12. vorzuweisen
c) 1. Soforthilfe 2. Strom 3. ein Konzept 4. Entwicklungen im gesellschaftlichen Bewusstsein 5. einen Trend 6. Kosten 7. positive Wirkung

Abschlusstest

T1 1. Viele Wälder sind gerodet. 2. Die Meere sind überfischt. 3. Der Lebensraum für Insekten ist vergiftet. 4. Die Daten der Umweltschützer sind publiziert. 5. Neue Gesetze sind schon beschlossen. *(5 x 1 P.)*

T2 1. Sie wird zum Einkaufen einen Stoffbeutel mitgenommen haben. 2. Sie wird viele Produkte in Bioqualität gekauft haben. 3. Sie wird eine Heizung mit Sonnenkollektoren eingebaut haben. 4. Ihren Urlaub wird sie in einem Nachbarland verbracht haben. 5. Lebensmittelabfälle wird sie weitgehend vermieden haben. *(5 x 1 P.)*

T3 1. Er weiß, dass es einen Bedarf an ausgebildeten Fachkräften gibt. 2. Er hatte schon immer Freude an der Arbeit in der freien Natur. 3. Er hatte nie Zweifel an seinem Berufswunsch. 4. Er macht sich Sorgen um den Zustand des Waldes in seiner Nähe. 5. Natürlich hat er keine Angst vor kleinen und großen Tieren. *(5 x 2 P.)*

Kapitel 12

Hauptteil

1 b) 1. lag/liegt 2. gewannen/gewinnen 3. dienen 4. erleiden 5. machte/macht 6. verzeichneten/verzeichnen 7. gab/gibt 8. verloren/verlieren 9. stabilisiert

2 c) 1. a 2. b 3. b

3 **Lösungswort:** Kriminalistik 1. MEDIATHEKEN 2. PRODUKTION 3. EINSCHALTQUOTEN 4. MORD 5. AUSWIRKUNGEN 6. STUDIENGÄNGE 7. TATORT 8. AUFKLÄRUNG 9. IDENTIFIKATION 10. TATUMSTÄNDE 11. VERHALTEN 12. VERHINDERUNG 13. KENNTNISSE

6 a) 1. Da wir ständig mit dem Handy beschäftigt sind 2. sondern einen analogen Wecker zu benutzen 3. wie lange man an dem Tag online war 4. wo die Zeit geblieben ist 5. um nach einer Unterbrechung wieder mit voller Konzentration arbeiten zu können 6. weil das Gehirn zu viele Informationen nicht gleichzeitig verarbeiten könne 7. Wenn einem der Verzicht besonders schwerfalle **8.** denn man könne sich gegenseitig motivieren und an die guten Vorsätze erinnern

c) Auswirkungen: Es besteht der Druck, auch nach Feierabend noch E-Mails zu lesen./Viele Menschen können das Handy nicht mehr aus der Hand legen./Der Blick auf das Handy ist oft das Erste und Letzte, was wir am Tag machen./Es gibt negative Auswirkungen auf die Entspannung in der Freizeit./ Auch die Konzentration im Büro leidet./Die Aufmerksamkeitsspanne wird durch das Smartphone immer kürzer.

Vorschläge: Das Handy nicht mehr auf dem Nachttisch liegen zu lassen und die Weckfunktion einzustellen./Den Tag offline beginnen./Spezielle Apps zur Kontrolle der Onlinezeit installieren./Zeitvorgaben auf dem Handy einstellen, um den Handykonsum auf bestimmte Stunden am Tag zu reduzieren./ Regeln am Arbeitsplatz einführen, z. B. das Handy auf keinen Fall auf den Schreibtisch legen./Einen sogenannten „Detox-Tag" am Wochenende machen. Das Handy einer anderen Person anvertrauen, um einen plötzlichen Rückfall zu vermeiden./Gemeinsam fasten.

7 **a) 1.** So wollte/will jeder Dritte in der Fastenzeit vor dem Osterfest zumindest zeitweise den Handykonsum einschränken. **2.** Der Weg in den Offline-Modus ist allerdings schwierig. **3.** Das sind mindestens zwei Stunden am Tag, die man mit WhatsApp und den sozialen Netzwerken verbringt. **4.** Man versteht besser, wo die Zeit geblieben ist. **5.** Unsere Aufmerksamkeitsspanne verkürzt sich durch das Smartphone.
b) 1. j **2.** l **3.** b **4.** a **5.** d **6.** g **7.** i **8.** k **9.** c **10.** f **11.** m **12.** e

9 **b) 1.** sei **2.** habe **3.** leide **4.** könne **5.** schwerfiele **6.** solle **7.** werde **8.** gewöhne

10 **1.** Außerdem wies sie darauf hin, dass Push-Nachrichten ständige Aufmerksamkeit fordern würden. Ihrer Meinung nach sei es besser, sie auszustellen. **2.** Die Medientrainerin sagte, viele Menschen würden innerhalb kürzester Zeit auf Nachrichten, Mails oder Bilder reagieren. Das müsse nicht sein. Man könne sich oft auch etwas mehr Zeit zum Antworten lassen. **3.** Sie war zudem der Meinung, dass auch ein smartphone-freier Raum in der Wohnung oder eine smartphone-freie Zeit gegen ständige Ablenkung helfen würden.

11 **a) Transkription Hörtext:** *Der Kopf ist voll (Auszug aus einem Vortrag)*
Viele Menschen – egal ob jung oder alt – haben im Alltag oft das Gefühl, dass sie ein schlechtes Gedächtnis haben. „Ich glaube, ich kriege Alzheimer" ist fast schon ein geflügeltes Wort, sobald man nach Schlüsseln sucht oder sich nicht mehr an bestimmte Fakten erinnert.
Für diese Vergesslichkeit gibt es aber oft eine einfache Erklärung: Bei vielen Menschen ist der Kopf zu voll, sie sind einfach immer mit irgendetwas beschäftigt. Durch die moderne Technik und die permanente Erreichbarkeit machen jüngere Erwachsene und Berufstätige kaum noch geistige Pausen und sind deshalb mental erschöpft. Der Begriff der „digitalen Demenz" beschreibt letztlich diesen Zusammenhang. Aber auch Menschen, die nicht ständig am Mobiltelefon hängen, überfordern ihr Gedächtnis häufig durch Hektik, Stress und Multitasking. Deshalb geht es in den Aufgaben dieser Woche darum, mehr Pausen in den Alltag einzubauen und so eine gewisse Erholung für die grauen Zellen zu schaffen. Sie werden wahrscheinlich überrascht sein, wie effektiv diese Übungen sind.
Beginnen möchte ich mit einer Aufgabe für Smartphone-Junkies. Eine der Schwierigkeiten der modernen Arbeits- und Lebenswelt besteht darin, dass wir Pausen dazu nutzen, Mails zu checken, WhatsApp-Nachrichten zu schreiben oder eigene Inhalte zu posten. Eine wirkliche Pause ist das nicht. Vom Nachmittagskaffee im Job bis zum Warten an der Bushaltestelle – wir sind so gut wie immer mit Informationsaufnahme beschäftigt. Auch wenn wir das amüsant und sogar „erholsam" finden – unser Gehirn wird von der Informationsflut so überlastet, dass das Gedächtnis nachlässt.
Versuchen Sie deshalb in dieser Woche, jeden Tag zwei medienfreie Pausen zu machen. Bleiben Sie bei Ihrem Kaffee zwischendurch einfach offline. Oder in der Mittagspause. Oder lassen Sie das Mobiltelefon in Wartezeiten in der Tasche. Wenn Sie zwei Pausen von etwa 10 bis 15 Minuten pro Tag ohne Blick auf das Smartphone schaffen, wird sich das

schon positiv auf Ihre geistige Fitness auswirken. Fragen Sie sich am Ende jedes Tages, ob Sie sich frischer und weniger durcheinander fühlen. Und halten Sie eine Woche durch – es lohnt sich.
Aufgabe: 1. richtig **2.** falsch **3.** richtig **4.** falsch **5.** richtig **6.** falsch
b) 1. hätten **2.** betreffe **3.** sei **4.** werde **5.** überfordere **6.** würden nutzen **7.** sei **8.** überfordere, lasse **9.** sei **10.** würden auswirken

13 **Transkription Hörtexte:** *Nachrichten (Kurzberichte)*
Wohlstand in Deutschland: In Deutschland gibt es ein großes Wohlstandsgefälle, das geht aus einer Studie der Hans-Böckler-Stiftung hervor. Der wohlhabendste Landkreis Starnberg in Bayern kann ein durchschnittliches Pro-Kopf-Einkommen von knapp 35 000 Euro im Jahr vorweisen. Das durchschnittliche Einkommen ist damit mehr als doppelt so hoch wie in Gelsenkirchen. Städte und Kreise mit niedrigem Einkommen sind im Ruhrgebiet, im Saarland, in Niedersachsen und vor allem im Osten Deutschlands zu finden. Nur in sechs von 77 Kreisen überschritt das Einkommen in den östlichen Bundesländern die Marke von 20 000 Euro. Die reichste Großstadt ist der Studie zufolge nach wie vor München. Deutlich schlechter schneiden Berlin, Leipzig und Duisburg ab.
Extreme Temperaturen: Mit einer Temperatur von 42,6 Grad Celsius stellte der diesjährige Sommer in Deutschland einen neuen Hitzerekord auf. Auch in Ländern wie Belgien oder den Niederlanden sind die Temperaturen erstmals seit Beginn der Wetteraufzeichnungen auf über 40 Grad Celsius gestiegen. Ein internationales Wissenschaftlerteam, das sich mit dem Zusammenhang von Wetter und Klima beschäftigt, kam in einer Analyse zu dem Ergebnis, dass die jüngste Hitzewelle an allen gemessenen Standorten in Europa ohne Klimawandel um anderthalb bis drei Grad geringer ausgefallen wäre. Außerdem stellten die Experten fest, dass extreme Hitzewellen eigentlich nur alle 50 bis 100 Jahre auftreten würden. Derzeit hätten sich die Abstände allerdings deutlich verringert und es werde durch die Erderwärmung häufiger zu Extremwerten kommen. Im Jahr 2050 könnten die Rekorde dann in Mitteleuropa statt bei 42 Grad bei 45 Grad Celsius liegen, wenn der Mensch nichts gegen den Klimawandel unternehme.
Außenminister in Stockholm: Auf Einladung der schwedischen Außenministerin kommen am Wochenende Vertreterinnen und Vertreter aus 16 Ländern zum Ministertreffen nach Stockholm, darunter auch der deutsche Außenminister. Auf dem Programm steht ein Meinungsaustausch zu Fragen der nuklearen Abrüstung. Neben der offiziellen Agenda wird sich der deutsche Außenminister mit Vertretern aus verschiedenen Regionen über Möglichkeiten unterhalten, den Frieden langfristig zu sichern. Der Außenminister betonte vor seiner Abreise, dass sich Deutschland auf internationaler Ebene weiter mit großem Engagement dafür einsetzen werde, die Kommunikation zu verbessern, damit friedliche Lösungen bei internationalen Konflikten eine bessere Chance haben.
Steigende Flughafen-Aktien: Reisen wird für immer mehr Menschen erschwinglich. Das wirkt sich wirtschaftlich positiv auf das Transportgewerbe und somit die Flughäfen aus. Auch der Flughafen Wien profitiert davon. Die Aktie des Flughafens hat sich in den letzten Jahren versiebenfacht und ist zurzeit eine der attraktivsten Aktien in Österreich. Nach Meinung der Flughafenbetreiber liege das unter anderem daran, dass das Passagieraufkommen rasant gewachsen sei. Gleichzeitig seien die Abfertigungsprozesse und Umsteigezeiten schneller geworden, der Service für die Passagiere habe sich enorm verbessert. Wien fungiere heute als wichtiges Drehkreuz nach Osteuropa. Allerdings müsse der Flughafen nach Aussagen des Vorstandes um eine dritte Startbahn erweitert werden, um die steigende Anzahl von Starts und Landungen auch in Zukunft gut bewältigen zu können.
Aufgabe: 1. richtig **2.** a **3.** falsch **4.** c **5.** falsch **6.** b **7.** richtig **8.** b

14 **1.** Der wohlhabendste Landkreis Starnberg <u>in</u> Bayern kann ein durchschnittliches Pro-Kopf-Einkommen <u>von</u> knapp 35 000 Euro <u>im</u> Jahr vorweisen. **2.** Das durchschnittliche Einkommen ist damit mehr als doppelt so hoch wie <u>in</u> Gelsenkirchen. **3.** Nur <u>in</u> sechs von 77 Kreisen überschritt das Einkommen in den östlichen Bundesländern die Marke <u>von</u> 20 000 Euro. **4.** <u>Bei</u> einer Temperatur <u>von</u> 42,6 Grad Celsius stellte der diesjährige Sommer in Deutschland einen neuen

Hitzerekord auf. **5.** Auch <u>in</u> Belgien oder den Niederlanden sind die Temperaturen erstmals <u>seit</u> Beginn der Wetteraufzeichnungen <u>auf über</u> 40 Grad Celsius gestiegen. **6.** Ein internationales Wissenschaftlerteam kam <u>in/bei</u> einer Analyse <u>zu</u> dem Ergebnis, dass die jüngste Hitzewelle <u>in</u> Europa ohne Klimawandel um anderthalb bis drei Grad Celsius geringer ausgefallen wäre. **7.** Die Forscher meinten, dass die Höchsttemperaturen <u>im</u> Jahr 2050 <u>in</u> Mitteleuropa statt bei 42 Grad bei 45 Grad Celsius liegen könne, wenn der Mensch nichts <u>gegen</u> den Klimawandel unternehme. **8.** Auf Einladung der schwedischen Außenministerin kamen <u>am</u> Wochenende Vertreterinnen und Vertreter <u>aus</u> 16 Ländern <u>zum</u> Ministertreffen <u>nach</u> Stockholm. **9.** <u>Auf</u> dem Programm steht ein Meinungsaustausch <u>zu</u> Fragen der nuklearen Abrüstung. **10.** Neben der offiziellen Agenda wird sich der Außenminister <u>mit</u> Vertretern aus verschiedenen Regionen <u>über</u> Möglichkeiten, den Frieden langfristig zu sichern, unterhalten.

15 b) Die Vergangenheit des Konjunktivs I wird aus der Konjunktiv I-Form von *haben* und *sein* und dem Partizip II gebildet.
c) Text 1: 1. durchgesagt habe **2.** habe gegeben **3.** sei gewesen **4.** bemerkt habe **5.** sei geflogen | **Text 2: 1.** habe gebracht **2.** habe ergeben **3.** stamme **4.** sei **5.** habe getroffen **6.** habe gegeben **7.** habe gelegt **8.** sei zugetegekommen; **Text 3: 1.** handle **2.** müssten **3.** hätte gekostet **4.** sei **5.** könne **6.** habe getroffen **7.** sei **8.** esse **9.** bearbeitet habe

17 b) 1. fasste – einen Entschluss fassen **2.** traf – eine Entscheidung treffen **3.** unterzogen – etwas einer Prüfung unterziehen **4.** ergreifen – Maßnahmen ergreifen **5.** führen – eine Diskussion führen **6.** gebracht – etwas in Erfahrung bringen **7.** zieht – etwas in Betracht ziehen **8.** übernimmt – Verantwortung übernehmen

Vertiefungsteil

Ü1 1. Doch jeder Dritte hat für die Fastenzeit vor dem Osterfest den Plan gefasst, zumindest zeitweise auf das Handy zu verzichten. **2.** Das ist für viele schwer. **3.** Viele Menschen sind nicht mehr in der Lage, das Smartphone aus der Hand zu legen. **4.** Der andauernde Blick auf das Smartphone wirkt sich nicht nur negativ auf die Entspannung in der Freizeit aus, auch im Arbeitsleben lässt die Konzentration nach. **5.** Nach Empfehlungen von/der Experten sollten wir ganz bewusst Strategien im Umgang mit dem Smartphone entwickeln. **6.** Man sollte das Handy im Büro in der Tasche lassen, man darf es auf keinen Fall auf den Schreibtisch legen.

Ü2 a) Transkription Hörtexte: *Erfahrungen mit sozialen Medien (Kurzberichte)*
Marion: Ich nutze die sozialen Medien ausschließlich für private Zwecke. Ich chatte regelmäßig mit meinen Freunden und Verwandten. Wir teilen auch Fotos, so weiß ich immer, wer was macht, und kann kurze Kommentare zu den Bildern schreiben. Das kann ganz lustig sein. Zwar mache ich mir manchmal Sorgen um den Datenschutz, aber ich finde, dass die Vorteile deutlich überwiegen. Wenn man sich nicht regelmäßig treffen kann, bieten soziale Medien einfach die Möglichkeit, in Kontakt zu bleiben und am Leben der anderen ein bisschen teilzunehmen. | **Luisa:** Ich habe Accounts in verschiedenen sozialen Netzwerken. Ich habe mich vor einigen Monaten selbstständig gemacht und verkaufe handgemachten Schmuck. Ich brauche die sozialen Medien, um mich zu profilieren und Kontakte zu knüpfen. Auf diese Weise habe ich in der Vergangenheit schon einige neue Kunden gewonnen. Außerdem weiß ich dank dieser Kanäle ziemlich genau, was die Konkurrenz macht. Um erfolgreich zu sein, muss man jedoch sehr aktiv sein. Man muss jeden Tag etwas posten, und ob es sich auf Dauer lohnt, so viel Zeit und Energie in diese Art der Werbung zu stecken, weiß ich noch nicht. | **Conrad:** Ich bin grundsätzlich gegen Social Media, weil ich es für Zeitverschwendung halte. Man findet vielleicht zwei oder drei neue berufliche Kontakte, kann mit einigen alten Freunden in Verbindung bleiben, aber um welchen Preis? Man vergisst die Menschen, die einen umgeben. Wie oft sieht man Menschen, die in einem Restaurant zusammen essen – oder vielleicht sollte ich sagen: am selben Tisch essen – und ständig auf ihr Handy schauen? Die andere Person sitzt dann still auf ihrem Stuhl und wartet, bis sie wieder angesprochen wird ... oder sie greift auch zum Handy.

Aufgabe: Marion: 1, 3, 5, 7 Luisa: 4, 6, 9 Conrad: 2, 8
b) 1. Sie wolle mit ihren Freunden in Kontakt bleiben. **2.** Sie mache sich manchmal Sorgen wegen des Datenschutzes. **3.** Luisa meinte, sie habe Accounts in verschiedenen sozialen Netzwerken. **4.** Sie suche neue Kunden und informiere sich über die Konkurrenz. **5.** Sie investiere viel Zeit und wisse nicht, ob sich das auf Dauer lohnt. **6.** Conrad sagte, er halte soziale Medien für Zeitverschwendung.
c) 1. Conrad bezweifelt den/einen positiven Einfluss der sozialen Medien. **2.** Conrad warnt vor der Vernachlässigung unserer unmittelbaren Umgebung. **3.** Marion ist von der Nützlichkeit/dem Nutzen von sozialen Netzwerken überzeugt. **4.** Marion schätzt die Möglichkeit, mit Freunden und Familie in Kontakt bleiben zu können. **5.** Marion betont die vielen Vorteile der sozialen Netzwerke. **6.** Luisa ist sich der Nachteile der sozialen Medien in Bezug auf den Datenschutz bewusst.

Ü3 a) 1. dürfe **2.** sehe **3.** sei **4.** sei **5.** werde
b) 1. Das zeige unter anderem die Tatsache, dass die Gleitzeit in immer mehr Unternehmen eingeführt werde. Bereits bei knapp 25 Prozent der österreichischen Firmen würde die Mehrheit der Beschäftigten ohne Kernzeiten arbeiten. **2.** Sie meinte, dass auch die Anzahl der Menschen, die in Teil- oder Vollzeit von zu Hause arbeiten würden, kontinuierlich zunehme. Vor allem die jüngere Generation würde diese Möglichkeit als selbstverständlich ansehen. **3.** Nach Meinung der Expertin würden flexible Arbeitszeiten und die Möglichkeit von Homeoffice mehr Freiheit und Selbstständigkeit für die Mitarbeiter bringen. Aufgrund der fehlenden Grenzen zwischen Arbeit und Privatleben gehe diese Freiheit aber oft wieder verloren. Wir würden deswegen klare Spielregeln brauchen, damit sich die Mitarbeiter nicht selbst unter Druck setzen würden. **4.** Einer Umfrage zufolge erwarte man gerade von Führungskräften, dass sie auch in ihrer Freizeit erreichbar seien. **5.** Im Rahmen der Umfrage sagten 75 Prozent der Führungskräfte, dass sie ihren Mitarbeitern vertrauen würden. Trotzdem würden 39 Prozent der Unternehmen in diesem Zusammenhang auf zusätzliche Kontrollmechanismen setzen. **6.** Zum Schluss gab die Expertin noch den Ratschlag, dass die Unternehmen klare Regeln etablieren und eine gesunde Vertrauenskultur entwickeln müssten. Nur so könnten sie als zeitgemäße Arbeitgeber attraktiv bleiben.

Ü4 a) 1. ergreifen **2.** stellen **3.** nehmen **4.** treffen **5.** kommen **6.** stehen **7.** machen **8.** setzen
b) 1. Fragen gestellt **2.** eine Entscheidung treffen **3.** kamen zur Sprache **4.** kamen ums Leben **5.** einen Antrag gestellt **6.** nehmen in Anspruch
c) 1. zur Verfügung zu stellen **2.** neue Chancen eröffnen **3.** Zugang verschaffen **4.** ein wichtiger Grundstein gelegt **5.** hat große Bedeutung **6.** in die Praxis umgesetzt

Abschlusstest

T1 1. investieren/stecken **2.** erzielen **3.** kämpfen/werben/ringen **4.** sein/werden **5.** interessieren/bewerben **6.** spezialisieren/konzentrieren **7.** beschäftigen/auseinandersetzen, führen **8.** verfügen **9.** sammeln *(10 x 0,5 P.)*

T2 1. dass das negative Auswirkungen auf die Entspannung und die Konzentration habe. **2.** dass das Gedächtnis mit der Informationsflut überfordert sei. **3.** dass man neue Strategien im Umgang mit dem Handy entwickeln müsse. **4.** dass man zum Beispiel eine spezielle App auf dem Smartphone installieren könne. **5.** dass auch eine medienfreie Pause bei der Erholung helfe. *(5 x 2 P.)*

T3 1. Ergebnis **2.** Entscheidungen **3.** Entschluss **4.** Maßnahmen **5.** Verantwortung *(5 x 1 P.)*

Übungstest (B2-Prüfung)

Lesen
Teil 1 1. A **2.** C **3.** C **4.** B **5.** A **6.** D **7.** C **8.** D **9.** B
Teil 2 10. d **11.** a **12.** f **13.** i **14.** c **15.** g
Teil 3 16. c **17.** b **18.** b **19.** a **20.** c **21.** b
Teil 4 22. H **23.** C **24.** F **25.** G **26.** E **27.** D
Teil 5 28. D **29.** E **30.** A

Hören

Teil 1: Transkription Hörtexte: *Hören Teil 1 (Kurzpräsentation, kurze Gespräche)*

Äußerung 1: Herzlich willkommen zu unserer Firmenpräsentation. Wir sind ein Start-up aus Köln und bieten maßgeschneiderte Reisen. 2019 haben wir unser Onlinereisebüro für Individual- und Gruppenreisen gegründet.

Was gehört zu unseren Tätigkeiten? Eigentlich alles. Wir stellen unseren Kunden das Programm für ihre Auslands- und Inlandsreisen zusammen, inklusive aller Flüge, Unterkünfte und Aktivitäten vor Ort. Außerdem stehen den Reisenden persönliche Ansprechpartner mit regionaler Expertise rund um die Uhr zur Verfügung. Diese Dienstleistungen werden von unseren Kunden sehr geschätzt. Auf dem Tisch liegen einige Broschüren, die Sie mitnehmen können, wenn Sie an unseren Angeboten interessiert sind.

Gespräch 2: Rosa: Hallo Adam. Bist du schon umgezogen? | **Adam:** Ja, schon vor zwei Wochen. | **Rosa:** Und? Wie ist die neue Wohnung? | **Adam:** Klasse. Endlich wohne ich alleine und kann die Wohnung nach meinem eigenen Geschmack gestalten. Wohnen in einer WG war ja sehr nett, aber auch anstrengend. Seit ich in meinem neuen Job tätig bin, brauche ich mehr Ruhe, vor allem in der Homeoffice-Zeit. Ich versuche übrigens, die neue Wohnung minimalistisch einzurichten. Im japanischen Stil halt. Ich will einfache, funktionelle und haltbare Möbelstücke kaufen, möglichst aus Holz. Und ich will nur Dinge haben, die ich wirklich brauche. Wenn die Wohnung einigermaßen vorzeigbar ist, kannst du ja mal vorbeikommen. | **Rosa:** Sehr gern.

Gespräch 3: Reporter: Frau Bürgermeisterin, welche Veränderungen können wir in nächster Zeit in unserer Stadt erwarten? | **Bürgermeisterin:** Viele Menschen beschweren sich über das von Autos überfüllte Stadtzentrum und das mit Recht. Im Laufe dieses Jahres wollen wir den Verkehr in der Innenstadt stark reduzieren und uns gegen Luftverschmutzung engagieren. Mit einem neuen Programm möchten wir die Einwohner dazu anregen, öfter mit dem Fahrrad zu fahren oder die öffentlichen Verkehrsmittel in Anspruch zu nehmen. In den nächsten Monaten werden wir die Fahrpreise für Busse und Straßenbahnen um zehn Prozent senken, um die Attraktivität dieser Alternative zum Pkw zu erhöhen.

Gespräch 4: Berndt: Du siehst müde aus. Ist alles in Ordnung? | **Lisa:** Ja, ja, alles bestens. Aber letzte Woche habe ich einen Kurs über Führungsstrategien besucht und das war sehr anstrengend. | **Berndt:** Das glaube ich dir. Und ... hast du dabei etwas Nützliches gelernt? | **Lisa:** Sehr viel sogar! Der Kurs war recht interessant, vor allem, weil die meisten Referenten nicht so im Theoretischen steckengeblieben sind, sondern über ihre Erfahrungen berichtet haben, zum Beispiel wie sie als Leiter Entscheidungen treffen, welche konkreten Probleme sie lösen müssen oder wie sie sich fortbilden. | **Berndt:** Das klingt wirklich interessant. Vielleicht mache ich später mal auch so einen Kurs.

Text 5: Nora: Stell dir vor, ich werde im nächsten Semester in Frankreich studieren. | **Gerd:** Gratulation! Wo gehst du hin? | **Nora:** Also, ich hatte die Wahl zwischen Paris und Straßburg. Am Ende habe ich mich für Straßburg entschieden. Die Stadt liegt an der Grenze und ist viel kleiner als Paris. | **Gerd:** Also, wenn ich die Möglichkeit hätte, würde ich bestimmt nach Paris gehen. Das ist doch eine wunderschöne Stadt mit vielen kulturellen Angeboten, guten Restaurants und tausend Freizeitaktivitäten. | **Nora:** Das kann schon sein, aber von Straßburg habe ich auch nur Gutes gehört. Außerdem fühle ich mich in kleineren Städten irgendwie wohler und kann auch einfacher Kontakte knüpfen.

1. falsch 2. c 3. richtig 4. a 5. falsch 6. a 7. richtig 8. b 9. richtig 10. c

Teil 2: Transkription Hörtext: *(Radiointerview)*

Moderator: Zu unserer heutigen Gesprächsrunde in der Reihe „Neues aus Wirtschaft, Wissenschaft und Politik" begrüße ich Dr. Michael Baier, Verkehrsexperte von der Universität Dortmund. Herzlich willkommen! | **Dr. Baier:** Guten Tag! | **Moderator:** Unser heutiges Thema ist ein Dauerbrenner, das in regelmäßigen Abständen nach oben kommt, zu hitzigen Diskussionen führt – aber zu keiner Veränderung: das Tempolimit. In Europa ist Deutschland das einzige Land, in dem

kein Tempolimit auf der Autobahn gilt. Alle anderen europäischen Länder haben längst eine Geschwindigkeitsbegrenzung auf Autobahnen eingeführt. Warum zieht Deutschland nicht nach? | **Dr. Baier:** Das ist eine gute Frage. Es gab, wie Sie bereits angedeutet haben, schon unzählige Versuche, in Deutschland ein Tempolimit auf den Autobahnen zu beschließen – aber alle Versuche sind bisher gescheitert. | **Moderator:** Warum? | **Dr. Bayer:** Ein Grund ist sicherlich die starke Automobilindustrie in Deutschland. Der Auto-Industrieverband spricht gerne und bei jeder Gelegenheit davon, dass die Autobahnen die sichersten Straßen in Deutschland seien, und führt an, dass zum Beispiel auf Landstraßen, wo ja ein Tempolimit herrscht, viel mehr Unfälle passieren würden. Das Tempolimit würde die Autofahrer frustrieren und die würden deshalb riskanter fahren. Außerdem, so argumentiert die Autoindustrie, würde ein Tempolimit keine Staus verhindern und auch den Lärm nicht reduzieren.

Dann gibt es noch den Automobilklub ADAC. Dieser Klub hat sich in früheren Zeiten deutlich gegen ein Tempolimit positioniert, heute hat er diese Haltung zurückgezogen. Der Klub hat gemerkt, dass die Frage nach eine Geschwindigkeitsgrenze die Menschen polarisiert, auch die eigenen Mitglieder. Deshalb gibt er nun keine offiziellen Empfehlungen zu diesem Thema mehr ab.

Und auch die Politiker sind sich uneins. Neben verschiedenen Umweltverbänden fordern auch einige Politiker ein Umdenken. Die Grünen und die Sozialdemokraten wollen gerne Tempo 130 auf allen Autobahnen einführen, das von der Union geführte Bundesverkehrsministerium hat diese Vorschläge aber bisher abgelehnt.

Das Interessante an der Debatte ist, dass Befürworter und Gegner des Tempolimits die gleichen Argumente benutzen, zum Beispiel die Sicherheit auf den Straßen oder den besseren Verkehrsfluss. | **Moderator:** Mir ist nicht ganz klar, wieso die Gegner des Tempolimits behaupten, hohe Geschwindigkeiten beim Fahren hätten keinen oder sogar positiven Einfluss auf die Sicherheit? | **Dr. Baier:** Die von der Automobilindustrie angeführte Sicherheitsdebatte bezieht sich in der Regel auf den Vergleich von Autobahn und Landstraße. Das ist meines Erachtens ein unzulässiger Vergleich, da Landstraßen meist einspurig und zum Teil recht kurvig sind. Dort kommt es daher, trotz einer Geschwindigkeitsbegrenzung, zu mehr tödlichen Unfällen. Befürworter der Begrenzung berufen sich beim Thema Sicherheit gerne auf eine Untersuchung in Brandenburg. Dort wurde auf einem 62 Kilometer langen Autobahnabschnitt eine Geschwindigkeitsbegrenzung von 130 km/h eingeführt. Die Zahl der Verunglückten sank in einem vergleichbaren Zeitrahmen von jeweils drei Jahren um 57 Prozent. | **Moderator:** Das sind doch klare Ergebnisse zugunsten eines Tempolimits. | **Dr. Baier:** Genau. Und das ist auch die Meinung von unabhängigen Sicherheitsexperten, denn grundsätzlich gilt: Je höher die Geschwindigkeit, desto länger ist der Bremsweg und desto heftiger ist die Wucht, mit der Fahrzeuge aufeinanderprallen. Dies gilt übrigens nicht nur für hohe Geschwindigkeiten. Untersuchungen in der Schweiz haben gezeigt, dass nach der Einführung des Limits von 30 km/h in Innenstädten die Unfallzahlen um 20 Prozent gesunken sind, die Anzahl der Verletzten sogar um 50 Prozent. | **Moderator:** Es gibt natürlich noch ein Argument für ein Tempolimit: die Umwelt. Hier wurden ja bereits einige wissenschaftliche Studien veröffentlicht, die ganz klar belegen, dass zumindest bei der Senkung von Spitzengeschwindigkeiten mit der Einführung eines Tempolimits die CO_2-Emissionen deutlich sinken. | **Dr. Baier:** Absolut. Das löst natürlich nicht das Klimaproblem, aber man kann auf diese Weise einfach und kostengünstig CO_2 einsparen. | **Moderator:** Wann werden die Politiker in Deutschland diese Argumente anerkennen und die Wende in Bezug auf ein Tempolimit herbeiführen? | **Dr. Baier:** Wenn die Mehrheit der Bevölkerung dafür ist – denn Politiker wollen ja wiedergewählt werden. Und die Zeichen stehen nicht schlecht. Während sich in der Vergangenheit noch eine Mehrheit gegen eine Geschwindigkeitsbeschränkung von 130 km/h ausgesprochen hat, hat die letzte FORSA-Umfrage ergeben, dass 57 Prozent der Deutschen ein Tempolimit begrüßen würden. Wir sind also auf einem guten Weg.

11. b 12. a 13. b 14. c 15. c 16. a

Teil 3: Transkription Hörtext: (*Gespräch mit zwei Gästen*)
Moderator: Herzlich willkommen zu unserer Diskussions-runde am Nachmittag. Heute geht es um ein Thema, über das wir schon öfter gesprochen haben, das aber unsere Zuhörer immer wieder aufs Neue interessiert: Es geht um unsere Er-nährung. Meine Gäste sind diesmal die Ernährungsberaterin Elke Schimmel und der Hobbykoch und überzeugte Veganer Arno Holz. Herzlich willkommen. Und ich werde gleich per-sönlich und richte das Wort an Frau Schimmel: Wie ernährt sich eine Ernährungsberaterin? | **E. Schimmel:** Hm, wenn ich mein Essverhalten einer Kategorie zuordnen müsste, würde ich sagen, ich bin Flexitarier, das heißt, ich esse grundsätz-lich alles, reduziere aber meinen Fleischkonsum auf zwei Mahlzeiten in der Woche. | **Moderator:** Essen Sie dann mehr Fisch? | **E. Schimmel:** Nein, ich esse nur einmal in der Woche Fisch. Ich habe mir einfach angewöhnt, mehr Getreide, Obst und Gemüse, Hülsenfrüchte oder auch Nüsse zu essen. | **Moderator:** Die letztgenannten Lebensmittel gehören ja auch zur veganen Ernährung, Herr Holz? | **A. Holz:** Genau. Obst und Gemüse, Hülsenfrüchte, Getreide, Nüsse und Samen sind die Grundlage der veganen Ernährungsweise, das stimmt. Wir verzichten prinzipiell auf alle tierischen Produkte, das betrifft nicht nur Fleisch und Fisch, sondern auch Käse, Milch, Eier, Honig und tierische Verarbeitungsprodukte wie Gelatine. | **Moderator:** Nun hört man ja von Experten immer wieder, dass eine rein vegane Ernährung zur Unterversorgung mit Eisen, Zink, Kalzium oder bestimmten Vitaminen wie B2 und B12 führen kann. | **A. Holz:** Das stimmt, es gibt immer wieder Kritiker, die genau das anführen. Aber man kann mithilfe von Nahrungsergänzungsmitteln zum Beispiel den Mangel an Vitamin B ausgleichen. Für den Kalziumbedarf sind grüne Gemüse wie Brokkoli oder Spinat geeignet und Eisen kann man mit roten Linsen oder Kidneybohnen zu sich nehmen. Oft wird auch ein Mangel an Omega-3-Fettsäuren beklagt, der in Fischarten vorkommt. Aber in Rapsöl oder Leinöl sind genau diese wichtigen Fette ebenfalls enthalten. Niemand sagt, dass vegane Ernährung leicht ist – aber man kann alle Probleme lösen. Wir setzen uns ganz bewusst mit Nahrungsmitteln, ihrer Herstellung, ihrer Herkunft und auch ihren Inhalts-stoffen auseinander. | **Moderator:** Ist die Kritik am veganen Essen also haltlos, Frau Schimmel? | **E. Schimmel:** Zunächst möchte ich anmerken, dass Gemüse, Obst und auch Hül-senfrüchte tatsächlich lebenswichtige Nährstoffe enthalten und sehr wichtige Lebensmittel sind, die wir alle in ausrei-chenden Mengen zu uns nehmen sollten. Ich würde meine Kritik auf etwas anderes lenken. Es gibt in Deutschland etwa 1,3 Millionen Menschen, die sich vegan ernähren – und es werden immer mehr. Wer sich vegan ernährt, überträgt diese Ernährungsweise in der Regel auf die eigenen Kinder. Und das kann tatsächlich bei jüngeren Menschen, deren Körper sich im Wachstum befindet, zu deutlichen Mangelerscheinungen führen. Nicht nur die Deutsche Gesellschaft für Ernährung, sondern auch die Gesellschaft für Kinder-und Jugendmedizin hat sich hier ganz klar positioniert und empfiehlt für Kinder und Jugendliche eine ausgewogene Ernährung mit tierischen Produkten wie Milch, Fisch und Fleisch. Es gibt Studien, die beweisen, dass bei der Hälfte der Kinder mit Vitamin-B12-Mangel lebenslange neurologische Schäden zurückbleiben. Deshalb wird bei Schwangeren, Säuglingen, Kindern und Jugendlichen von einer veganen Ernährung dringend abgera-ten. | **Moderator:** Welche Vorteile bietet die Ernährungsweise eines Flexitariers? Wie viele Flexitarier gibt es überhaupt? | **E. Schimmel:** Schätzungen gehen davon aus, dass etwa 12 Pro-zent der Deutschen als Flexitarier angesehen werden können. Das sind Menschen, die sich aus unterschiedlichen Gründen für einen ganz bewussten Konsum von Lebensmitteln ent-schieden haben und oft zu Produkten in Bioqualität greifen. Flexitatier nehmen alle lebenswichtigen Nährstoffe mit der Nahrung auf und halten gleichzeitig empfohlene Richtwerte zum Beispiel zum Verzehr von Fleisch – der liegt bei 300 bis 600 Gramm pro Woche – problemlos ein. Ein weiterer Vorteil ist, dass Flexitarier keinen Mangel mit irgendwelchen Zusatz-stoffen ausgleichen müssen. | **Moderator:** Was man meines Wissens auf eigene Faust und ohne Absprache mit einem Arzt sowieso nicht machten sollte. | **E. Schimmel:** Richtig. |

A. Holz: Für mich klingt das alles irgendwie halbgar. Man kann mit der Einstellung: „Ich esse alles – aber von allem nur ein bisschen" nichts verändern. Tiere werden trotzdem getötet und es kommt zu keinen gesellschaftlichen Veränderungen. | **E. Schimmel:** Doch, wenn alle Menschen ihren Fleischkon-sum reduzieren und beim Einkaufen auf Bioqualität achten würden, hätte das schon Auswirkungen auf die Tierhaltung. | **Moderator:** Ich möchte die spannende Diskussion hier kurz unterbrechen für die aktuellen Nachrichten. Bleiben Sie dran, liebe Zuhörerinnen und Zuhörer, es geht in zehn Minuten weiter.

17. c **18.** b **19.** b **20.** b **21.** a **22.** c

Teil 4: Transkription Hörtext: (*Vortrag*)
Sehr geehrte Damen und Herren, mein Name ist Lisa Gärtner, ich arbeite bei der Bundesagentur für Arbeit als Bewerbungs-beraterin. Sie sind heute hier, weil Sie sich vielleicht in naher Zukunft um eine neue, eventuell Ihre erste Stelle bewerben möchten. Und Sie sind nicht die Einzigen, die ein neues beruf-liches Einsatzgebiet suchen. In vielen Bereichen ist die Anzahl der Interessenten höher als die Zahl der zu besetzenden Stellen. Deshalb spielt gerade hier die Frage: „Wie mache ich nach Möglichkeit alles richtig?" eine große Rolle.
Wer sich um eine neue Stelle bemüht, muss zunächst einmal mit seinen Bewerbungsunterlagen überzeugen, damit er zu einem Vorstellungsgespräch eingeladen wird.
Beginnen wir mit der Frage: Wie sieht eine gute Bewerbung aus? Schon bei der Länge einer Bewerbung kann Verunsiche-rung entstehen. Hier lautet die Empfehlung ganz klar: Fassen Sie sich kurz. Eine gute Bewerbung sollte so knapp und kompakt wie möglich und so ausführlich und aussagekräftig wie nötig sein. Alle von der Bewerberin oder vom Bewerber verfassten Dokumente müssen zudem klar strukturiert sein. Außerdem dürfen sprachliche Korrektheit und grafische Darstellung nicht vernachlässigt werden. Ein Anschreiben und ein Lebenslauf mit vielen Fehlern machen keinen guten Ein-druck und bedeuten oft, dass man über die erste Runde nicht hinauskommt. Der Inhalt und der Umfang einer Bewerbung sind aber von der Bewerbungssituation, der Art der Stelle und den Anforderungen der Arbeitgeber abhängig. Beachten Sie auf jeden Fall alle Vorgaben und Hinweise, die Sie in der Stellenausschreibung finden.
Normalerweise besteht eine Bewerbung aus dem Anschrei-ben, dem Lebenslauf, dem Zeugnis der höchsten Berufsqua-lifikation und den letzten drei Arbeitszeugnissen. Verzichten Sie aber auf Arbeitszeugnisse, die älter als zehn Jahre sind. Zertifikate über Fort- und Weiterbildungen sollten nur beigefügt werden, wenn sie einen Bezug zur neuen Stelle haben und auch wirklich noch aktuell sind. Kommen wir nun zu einigen Details, zum Beispiel zur Frage: Sollte ich ein Foto beifügen und meinen Familienstand angeben? Hier scheiden sich die Geister. Rein rechtlich gesehen ist es einzig und allein der Bewerberin oder dem Bewerber überlassen, ob sie oder er zum Beispiel den Lebenslauf mit einem Foto versieht oder den Familienstand angibt. Durch das Allgemeine Gleichbe-handlungsgesetz wurde der Familienstand im Lebenslauf zu einer optionalen Angabe, dasselbe gilt für das Bewerbungs-foto. Durch dieses Antidiskriminierungsgesetz soll verhindert werden, dass Kandidatinnen oder Kandidaten aufgrund des angegebenen Familienstands oder der beigefügten Bewer-bungsfotos unterschiedlich behandelt und bewertet werden und wegen ihrer Hautfarbe, Religion, Herkunft oder ihres Geschlechtes diskriminiert werden. Die Juristen vertreten die klare Meinung, dass der Familienstand oder ein Foto im Lebenslauf nichts über die Qualifikationen einer Bewerberin oder eines Bewerbers aussagen und deshalb für Unterneh-men keine relevante Information darstellen. In der Praxis ist es in Deutschland allerdings so, dass ein beigefügtes Foto eher die Regel als die Ausnahme ist. Viele Bewerberinnen und Bewerber nutzen Fotos, um sich auch visuell von anderen Interessenten abzuheben. Wenn Sie meinen, ein Foto bringt Ihnen vielleicht Vorteile, dann können Sie Ihren Lebenslauf ruhig mit einem Foto versehen.
Zum Schluss möchte ich noch kurz etwas zu einem Thema sagen, das viele Bewerberinnen und Bewerber verunsichert, nämlich die Frage: Wer liest meine Bewerbung? Wird sie

unter Umständen schon aussortiert, bevor die entscheidende Person sie zu Gesicht bekommt? Die Antwort hängt von mehreren Faktoren ab. In kleineren Firmen zum Beispiel wird das Anschreiben meistens von der Chefin oder vom Chef persönlich gelesen, in größeren Unternehmen kommt es auf die Position an, die besetzt werden soll. Handelt es sich um eine höhere Position, erfolgt die erste Auswahl in der Regel durch die Personalabteilung. Die vorausgewählten Kandidatinnen und Kandidaten werden dann der oder dem zukünftigen Vorgesetzten der ausgeschriebenen Stelle vorgelegt.

Kommt man eine Runde weiter und wird zum Vorstellungsgespräch eingeladen, kann man sicher sein, dass diejenigen, die das Bewerbungsgespräch führen, zumindest das Bewerbungsanschreiben und den Lebenslauf gelesen haben. Wenn Sie nun ganz konkret wissen wollen, ob sich Ihr Anschreiben oder Ihr Lebenslauf für eine erfolgreiche Bewerbung eignet oder was Sie daran noch verbessern können, dann vereinbaren Sie mit mir einen Termin. Hier auf dem Whiteboard stehen meine Telefonnummer und meine E-Mail-Adresse.

23. b **24.** b **25.** a **26.** a **27.** c **28.** b **29.** c **30.** b

Quellenverzeichnis

Textquellen: S. 144, 4/Info aus: Heiko Müller: Die Reisetrends der Zukunft auf der ITB Berlin, 2018 [https://www.people-abroad.de/blog/itb-berlin-reisetrends-der-zukunft/], **S. 147 u. 148, 9**/ Bernadette Mittermeier: Reiseblog: „Ich verdiene kein Geld damit, faul am Strand zu liegen", 27.12.2017 [http://www.zeit.de/campus/2017-12/reiseblog-verdienst-blogger-lifestyle], **S. 152, 15**/ Silke Fokken: NASA sucht Bewohner für den Mars, 17.6.2016 [http://www.spiegel.de/karriere/nasa-sucht-bewohner-fuer-den-mars-a-1098181.html], **S. 154, 18**/ Franz Hohler: Made in Hongkong © Franz Hohler, **S. 158, Ü4**/Info aus: 15 deutsche Museen, die jeder besucht haben sollte [https://www.geo.de/reisen/reise-inspiration/15-deutsche-museen-die-jeder-besucht-haben-sollte-30167182.html], **S. 163, 2**/Info aus: Welche Effekte hat Kaffee wirklich auf unsere Gesundheit?, 9.8.2020 [https://www.t-online.de/leben/id_82769914/kaffee-19-positive-effekte-auf-die-gesundheit.html], Info aus: Wie Essen die Gesundheit beeinflusst, 17.11.2016 [https://www.openscience.or.at/hungryforscienceblog/wie-essen-die-gesundheit-beeinflusst/], Info aus: Julius Heinrichs: Strittige Studien: Wie Nonsens-Forschung der Wissenschaft schadet, 21.4.2019 [http://www.goettinger-tageblatt.de/Nachrichten/Wissen/Strittige-Studien-Wie-Nonsens-Forschung-der-Wissenschaft-schadet], **S. 169, 7**/Infos aus: Thorsten Mumme: Ernährungsreport 2019. Die Deutschen essen immer weniger Fleisch, 9.1.2019 [https://www.tagesspiegel.de/wirtschaft/ernaehrungsreport-2019-die-deutschen-essen-immer-weniger-fleisch/23846372.html], **S. 170, 10**/Info aus: Lebensmittelverschwendung in Deutschland, 21.8.2020 [https://de.statista.com/infografik/16586/lebensmittelverschwendung/], **S. 171, 11**/Info aus: „Containern" ist Diebstahl: Urteil gegen Studentinnen bestätigt, 14.10.2019 [https://www.br.de/nachrichten/bayern/containern-ist-diebstahl-urteil-gegen-studentinnen-bestaetigt, ReqxuaZ], Info aus: Verfassungsklage zum „Containern". Studentinnen wehren sich gegen Diebstahlvorwurf, 8.11.2019 [https://www.spiegel.de/lebenundlernen/uni/containern-studentinnen-klagen-vor-bundesverfassungsgericht-a-1295502.html], **S. 175, 16**/Info aus: Jana Hannemann: Darum sind Insekten das Nahrungsmittel der Zukunft, 25.5.2018 [https://www.morgenpost.de/ratgeber/article214386681/Darum-sind-Insekten-das-Nahrungsmittel-der-Zukunft.html], **S. 178, Ü2**/Info aus: Lebensmittel richtig lagern. Wie lagern Lebensmittel am besten?, 11.8.2020 [[https://www.bzfe.de/nachhaltiger-konsum/lagern-kochen-essen-teilen/lebensmittel-richtig-lagern/], **S. 180, Ü6**/Info aus: „Containern" bleibt illegal, 6.6.2019 [https://www.spiegel.de/panorama/justiz/containern-bleibt-illegal-a-1271261.html], **S. 186, 2b**/Info aus: Das sind die 15 Top-Start-ups aus Deutschland, 23.9.2018 [https://www.basicthinking.de/blog/2018/09/23/top-start-ups-deutschland/], Info aus: Österreichs beste Start-ups 2018: Plätze 1 bis 10, 17.12.2018 [https://www.trend.at/trendventure/start-up-ranking-1-10], Info aus: Die besten Schweizer Startups 2018, 2018 [https://www.swissinfo.ch/ger/wirtschaft/innovation_die-besten-schweizer-startups-2018/44376852], **S. 189, 6**/Info aus: Niko Emran: Warum Startups scheitern. Diese Fehler solltest du vermeiden, 2019 [https://www.einstein1.net/warum-startups-scheitern/], Info aus: Stephan Grabmeier: Arbeiten in der Start-up-Welt. Das Blendwerk der Möchtegern-Stars, 24.4.2019 [https://www.manager-magazin.de/lifestyle/artikel/start-up-szene-new-work-arbeitswelt-ist-oft-eine-schoene-neue-scheinwelt-a-1264963.html], Info aus: Julian Eberling: 5 TOP-Gründe, warum Startups scheitern, 3.3.2020 [https://www.lead-innovation.com/blog/gründe-startups-scheitern], **S. 194, 10**/ Johanna Hoffmann: 10 Golden Rules für erfolgreiches Netzwerken, 13.6.19 [https://onlinemarketing.de/jobs/artikel/10-golden-rules-erfolgreiches-netzwerken], **S. 200, 15**/Info aus: Neuer Trend: Bewerbercheck per Computer-Sprachanalyse, 15.1.2017 [https://bewerbung.com/bewerbercheck-per-computer-sprachanalyse/], Info aus: Sonja Dietz: Robot Recruiting: Algorithmus statt Bauchgefühl [https://arbeitgeber.monster.de/hr/personal-tipps/rekrutierung-verguetung/rekrutierung/robot-recruiting-algorithmus-statt-bauchgefuehl.aspx], **S. 212, 4**/Daniela Mocker: Was Menschen ihrem jüngeren Ich raten würden, 7.6.2019 [https://www.spektrum.de/news/was-menschen-ihrem-juengeren-ich-raten-wuerden/1652116], **S. 215, 8b**/Info aus: Bettina Malter: Arzt werden – wie im Fernsehen, 8.7.2011 [https://www.karriere.de/berufswahl-arzt-werden-wie-im-fernsehen/23042070.html], **S. 218/12** aus: Horst Evers: Zukunftssplitter, In: Wäre ich du, würde ich mich lieben, 2015, Rowohlt-Berlin Verlag, **S. 219, 15**/Info aus: Smart Home kann das Leben bequemer machen, 17.7.2018 [https://www.nrz.de/leben/mein-dienstag/niederrhein/smart-home-kann-das-leben-bequemer-machen-id214866639.html], Info aus: Tom Nebe, Benedikt Wenck: Die Tücken des Smart Home, 12.5.2018 [https://rp-online.de/leben/bauen/die-tuecken-des-smart-home_aid-22550459], Info aus: Lars Klaaßen: Smart Home. Spam aus dem Kühlschrank, 26.3.2015 [https://www.sueddeutsche.de/geld/smart-home-spam-aus-dem-kuehlschrank-1.2411111], **S. 222, Ü3**/Info aus: Weltreise, eigene Insel, Liebe – davon träumen die Deutschen, 5.2.2019 [https://www.eurojackpot.org/aktuelles/weltreise-eigene-insel-liebe-davon-traeumen-die-deutschen/], **S. 229, 2**/Info aus: Die intelligentesten Tiere der Welt [https://www.welt.de/wissenschaft/umwelt/gallery159378298/Die-intelligentesten-Tiere-der-Welt.html], **S. 231, 4**/Info aus: Laura Réthy: Eine Million Arten vom Aussterben bedroht, 6.5.2019 [https://www.thueringer-allgemeine.de/leben/wissenschaft/eine-million-arten-vom-aussterben-bedroht-id225405021.html], Info aus: Christian Schwägerl: Dramatischer Uno-Bericht. Eine Million Arten vom Aussterben bedroht, 6.5.2019 [https://www.spiegel.de/wissenschaft/natur/artensterben-uno-bericht-beschreibt-dramatischen-verlust-der-artenvielfalt-a-1265482.html], Info aus: Erst fünf „Massenaussterben" in 500 Millionen Jahren – und jetzt wieder, 23.4.2019 [https://www.welt.de/wissenschaft/article192351333/Artensterben-Bis-zu-eine-Million-Tier-und-Pflanzenarten-bedroht.html], **S. 234, 8**/WWF Schweiz: 10 besonders wirksame Umwelt-Tipps für Privatpersonen [https://www.wwf.ch/de/nachhaltig-leben/10-besonders-wirksame-umwelt-tipps-fuer-privatpersonen], **S. 239, 13**/Info aus: Naturmagazin, 02/2017 [http://www.naturundtext.de/naturmagazin/magazine/nm_2_2017_gesamt3.pdf], **S. 240, 15**/FOCUS Online: Vom Watt bis an die Alpen. Wildnis vor der Haustür: Das sind Deutschlands schönste Naturschutzgebiete, FOCUS Online vom 11.04.2021 [https://www.focus.de/reisen/reise-inspiration/wildnisse-vor-unserer-haustuer-von-der-nordsee-bis-an-die-alpen-das-sind-deutschlands-schoenste-naturschutzgebiete_id_10000744.html], **S. 243, Ü6**/Info aus: Lexikon der Nachhaltigkeit. Ökobilanzierung, 18.11.2015 [www.nachhaltigkeit.info/artikel/oekobilanzierung_oekologischer_fussabdruck_1567.htm], Info aus: Martina Frietsch, Wiebke Ziegler: Der ökologische Fußabdruck, 28.10.2019 [https://www.planet-wissen.de/natur/umwelt/globaler_wandel/pwiederoekologischefussabdruck100.html], **S. 251, 2b**/Info aus: Roberta Fischli: Die Lehre vom Verbrechen wird zum Trendstudium, 18.2.2013 [https://www.derbund.ch/wissen/die-lehre-vom-verbrechen-wird-zum-trendstudium/story/20050498?track], Info aus: Gereon Asmuth: Blutrünstige TV-KrimiS. Tod durch Fernsehen, 30.12.2017 [http://www.taz.de/!5473334/], **S. 253, 6**/Tatjana Tempel: Digitales Fasten. Wie der Verzicht auf das Handy gelingt, 14.2.2018 [https://www.nrz.de/leben/digitales-fasten-wie-der-verzicht-auf-das-handy-gelingt-id213436045.html], **S. 257, 11**/ Anne Ott: Handy weglegen, Stress abstreifen, 24.5.2019 [https://www.spiegel.de/gesundheit/diagnose/weniger-multitasking-auszeiten-vom-smartphone-gedaechtnis-trainieren-a-1267232.html], **S. 260, 15c-2**/Info aus: Anonymer Spender wirft Landrat 55 000 Euro in den Briefkasten, 17.4.2019 [https://www.sueddeutsche.de/bayern/donauwoerth-anonyme-spende-landrat-1.4413740], **3**/Info aus: Halles Schilder-Guerilla schlägt wieder zu, 12.8.2019 [https://www.dnn.de/Region/Mitteldeutschland/Halles-Schilder-Guerilla-schlaegt-wieder-zu], **S. 265, Ü3b**/Info aus: Zwölfstundentag in fast jeder dritten Firma, 13.8.219 [https://orf.at/stories/3133559/], **S. 266, Ü4c**/Info aus: BMBF: Freier Zugang zu Wissen in der digitalen Welt [https://www.bildung-forschung.digital/de/freier-zugang-zu-wissen-in-der-digitalen-welt-1777.html], **S. 272, Teil 2**/Daniela Mocker: Drei Wege, wie wir unsere Freizeit mehr genießen, 4.7.2018 [https://www.spektrum.de/news/drei-wege-wie-wir-unsere-freizeit-mehr-geniessen/1575556?utm_medium=newsletter&utm_source=sdwnl&utm_campaign=sdw-nl-daily&utm_content=heute] **S. 273, Teil 3**/Julia Lohrmann: Deutschunterricht. Lesen, 7.6.2021 [https://www.planet-wissen.de/gesellschaft/lernen/deutschunterricht/pwielesen100.html], **S. 276, Teil 5**/Info aus: Deutsche Nationalbibliothek. Benutzung [https://www.dnb.de/DE/Benutzung/benutzung_node.html], **S. 277, Teil 2**/Info aus: Das wissen wir über Tempolimits, 16.1.2020 [https://www.quarks.de/technik/mobilitaet/faq-tempolimits/], **S. 278, Teil 3**/Info aus: Darum kann vegane Ernährung Kindern schaden, 9.9.2018 [https://www.quarks.de/gesundheit/ernaehrung/darum-kann-vegane-ernaehrung-kindern-schaden/], Info aus: Vegane Ernährung. Was essen Veganerinnen und Veganer?, 27.6.2018 [https://proveg.com/de/ernaehrung/vegane-ernaehrung/], Info aus: Stephanie Pingel: Flexitarier. Wie gesund ist diese Ernährung?, 10.1.2020 [https://www.brigitte.de/gesund/ernaehrung/flexitarier--wie-gesund-ist-diese-ernaehrung--11706492.html], **S. 278, Teil 4**/Info aus: Bastian Midasch: Wie bewerbe ich mich richtig?, 21.10.2020 [https://www.spiegel.de/karriere/bewerbung-schreiben-auf-diese-dinge-sollten-sie-achten-a-fc7330bc-865c-4fb7-a10b-680b12b24f7c]

Bildquellen: *stock.adobe.com:* S. 3/(1, Cover) Pixel-Shot, (2, Cover) Robert Kneschke, (3, Cover) thebigland45, (4, Cover) ArTo, (5, Cover) ashtproductions, (6, Cover) Zoran Zeremski, (7, Cover) simona, (8, Cover) baibaz, (9, Cover) NDABCREATIVITY, (10, Cover) Fxquadro, (11, Cover) Iulia, (12, Cover) Pixel-Shot, **S. 141**/(1) simona, (2) ErnstPieber, (3) adogg, **S. 39**/(1, Cover) rh2010, **S. 142**/(1) Jrgen, (2) fottoo, (3) Blickfang, (4) Elisabeth, (5) Noppasinw, (7) kama71, **S. 143**/JFL Photography, **S. 77**/(1, Cover) sweasy, **S. 79**/(1, Cover) Mistervlad, (4) puhhha, (2) Maridav, (3) Soloviova Liudmyla, **S. 137**/(1, Cover) Lunghamme, **S. 147**/Impact Photography, **S. 148**/(1) Iryna, (2) Maksim, (3) Nattakorn, **S. 150**/Eléonore H, **S. 152**/(1) dottedyeti, (2) Agor2012, **S. 155**/(1) Microgen, (2) LIGHTFIELD STUDIOS, **S. 156**/Tobias Arhelger, **S. 157**/(1) ryanking999, (2) fizkes, (3) nyul, (4) afe207, (5) Egon, **S. 158**/(1) Patricia, (2) Tobias Arhelger, **S. 165**/baibaz, **S. 166**/(1) master1305, (2) Printemps (2), **S. 168**/(1) BullRun, (2) Antonioguillem, (3) luchschenF, (4) AntonioDiaz, **S. 169**/(1) goodluz, (2) HLPhoto, (3) leungchopan, **S. 170**/(1) Alexander Raths, (2) Victoria M, (3) Bits and Splits, **S. 172**/Aleksandr Volkov, **S. 174**/EdNurg, **S. 175**/CK Bangkok Photo, **S. 178**/(1) Jeanette Dietl, (2) goodluz, (3) goodluz, (4) kite_rin, **S. 179**/Tobilander, **S. 185**/NDABCREATIVITY, **S. 186**/(1) tostphoto, (2) liramaigums, (3) SFIO CRACHO, **S. 87**/sharafmaksumov, **S. 188**/DoraZett, **S. 189**/Mechanik, **S. 190**/(1) YuliyaKirayonak, (2) Kostiantyn, **S. 191**/(1) Markus Bormann, (2) oneinchpunch, **S. 193**/(1, Cover) MIND AND I, **S. 194**/Rymden, **S. 195**/(1) Monkey Business, (2) Rido, **S. 197**/industrieblick, **S. 199**/(1, Cover) Ranta Images, (2) fizkes, **S. 200**/fizkes, **S. 201**/(1) MclittleStock, (2) Daxiao Productions, **S. 202**/(1, Cover) Johan Larson, **S. 203**/Stock Rocket, **S. 204**/Drobot Dean, **S. 205**/(1, Cover) Rawpixel.com, **S. 209**/Fxquadro, **S. 210**/(1) Tamara Sushko, (2) ivolodina, (3) Ruben, (4) OceanProd, **S. 214**/(1, Cover) Kzenon, **S. 215**/LIGHTFIELD STUDIOS, **S. 217**/Jacob Lund, **S. 219**/JuanCi Studio, **S. 220**/Robert Kneschke, **S. 221**/Pixel-Shot, **S. 224**/Daria Lukoiko, **S. 224**/(3) sdecoret, (3) Alexander Limbach, **S. 225**/contrastwerkstatt, **S. 229**/Iulia, **S. 230**/(1) zhengzaishanchu, (2) Eva, **S. 231**/(1) fizkes, (2) dubova, (3) ajr_images, **S. 232**/(1) Eric Isselée, (2) Alekss, **S. 233**/(1) anankkml, (2) st1909, **S. 234**/angkhan, **S. 235**/Animaflora PicsStock, **S. 236**/(1, Cover) Sunny studio, (2) imagedb.com, (3) Alexander, (4, Cover) shellygraphy, **S. 239**/(1) Chudakov, (2, Cover) Robert Kneschke, (3) Robert Kneschke, **S. 240**/Andreas Neßlinger, **S. 242**/(1) Robert Kneschke, (2) sonyakamoz, **S. 244**/SimpLine, **S. 245**/rh2010, **S. 249**/(1) Pixel-Shot, REDPIXEL, **S. 250**/(1) deagreez, (2) NDABCREATIVITY, **S. 251**/New Africa, **S. 252**/Andrey Kuzmin, **S. 253**/Prostock-studio, **S. 254**/Farknot Architect, **S. 256**/dusanpetkovic1, **S. 257**/gstockstudio, **S. 258**/ifeelstock, **S. 259**/Eléonore H, **S. 260**/(1) Lukas Wunderlich, (2) AYAimages, **S. 262**/(1) goir, (2) kasto, **S. 263**/bernardbodo, **S. 264**/(1) Jacob Lund, (2) samuel, (3) fizkes, **S. 265**/DDRockstar, **S. 267**/olgasparrow, **S. 271**/(1) Kitty, (2) contrastwerkstatt, **S. 272**/(1) contrastwerkstatt, (2) Kitty, **S. 273**/(1) olezzo, (2) Ljupco Smokovski, **S. 275**/(1) Vasyl, (2) A-Stock-Studio, (3) Rido, (4) be free, (5) contrastwerkstatt, (6) Gelpi, (7) Andrey Popov, (8) annanahabed, **S. 278**/(1) fizkes, (2) digitalskillet1, (1) contrastwerkstatt, **S. 279**/(1) cl_stock, (2) Wolfilser, **S. 280** bloomicon

ITB: **S. 144**/(1)

picture alliance: **S. 260** (2) Sascha Steinach

Wikimedia: **S. 142** (6) Lutz Fischer-Lamprecht, **S. 157** (5) Pierre Poschadel, **S. 224** (1) ITU/R.Farrell

Zeichnungen: Jean-Marc Deltorn